企业合同管理

法律实务应用全书

戚庆余
胡朝阳　著

中国法制出版社
CHINA LEGAL PUBLISHING HOUSE

前　言

　　企业，是社会分工的产物。在市场经济运行模式当下，任何一家企业都不可能离开产业链而独自经营和生存，都必须与它的能源、生产设备、原料供应商、批发商、经销商、消费者等进行交易活动，而大部分交易活动都要以合同的形式确定双方的权利义务关系。因此，合同之管理，关乎企业之兴衰成败、生死存亡，关乎企业领导人之是非功过、宠辱毁誉。

　　《中华人民共和国民法典》（以下简称《民法典》）的颁布和实施更是彰显了合同在企业经营活动中的基础性地位。《民法典》共1260条，其中第三编合同就有526条，占全部条款的41.7%，可见合同在民事法律关系和民事法律活动中的重要地位。合同是达成交易的重要手段，企业和个人最重要的经营活动和经济活动几乎都要通过签订合同的方式进行。

　　物权保护静态的财产关系，就是产权关系、产权制度；合同保护动态的财产关系，也就是财产的流转关系，保护交易的安全。因此，《民法典》中的物权和合同这两大法律体系是社会主义市场经济的基本法。合同追求的核心价值是诚实信用，要通过合同保护诚实信用的交易行为，打击失信违约行为，以此来保护交易的安全，平等地保护所有市场主体在交易活动中的合法权益。

　　从合同主体的角度来说，要保护自身合法权益，就需要认真学习《民法典》中的第三编，知法、懂法、依法维权。包括企业法律顾问在内的企业合同管理人员，对关乎合同之法律、法规、司法解释、典型案例，不可不常读之而慎思之，防微杜渐，确保无虞。

　　本书两位作者，第一位作者戚庆余从事企业法律顾问工作二十余年，为数十家企业担任过常年和专项法律顾问。第二位作者胡朝阳，从事外贸工作多年，历任某对外贸易公司外销员、外资企业（墨西哥、荷兰等）中国代表处首席代表、某国际贸易公司财务顾问、安阳学院财会学院副院长等职，具有十五年外贸企业、外资公司工作经验。

企业合同管理存在的问题很多，常见的有两类：第一类是组织、制度层面的，表现在组织不健全，制度不完善；第二类是实际工作层面的，主要有：（1）合同谈判准备不足；（2）合同文本审查不严；（3）合同经验总结不够；（4）合同纠纷处理不当。组织不健全，专业法律人才配备不足，造成企业合同管理缺乏专业性，往往会犯一些简单的错误，陷入一些常见的陷阱。制度不完善导致在合同管理中权责不明确，要么互相推诿，无人负责；要么多头管理，权力重合，互相掣肘。合同谈判准备不足，导致不能在谈判中为企业争取最大利益，输在谈判桌上。合同文本审查不严，错误百出，输在文字上。合同经验不能得到及时总结，对反复发生的交易事项没有及时总结出适用的合同范本，导致重复劳动、浪费企业大量人力物力，输在工作方法上。合同纠纷发生后处理不当，不能有效地维护企业的合法权益，输在法庭、仲裁庭上。

如何解决这些问题呢？要做到"三个到位"，即人员到位、制度到位、工作到位。其中，人员到位和制度到位是制度层面的要求，工作到位是实务操作层面的要求。所谓人员到位就是建立起规范的合同管理机构、配备称职的合同管理人员。所谓制度到位就是建立和完善合同管理相关制度，规范管理行为，从制度上保障合同风险降低到最低限度。所谓工作到位就是在人员到位和制度到位的前提下，抓好合同从谈判到签订、履行、纠纷处理各个环节的具体工作。

目　录

第一章 法律与制度

◎ **本章导读**

市场经济最大的特点就是契约[①]关系。本章简要介绍合同管理基本制度，包括国家制定的民法典法律制度和企业的合同管理制度。

第一节 民法典法律规范

一、合同的概念

合同与契约、协议虽然叫法不同，但在本质上是一样的。罗马法中的"契约"，其拉丁文"contractus"本义为"相互交易""连在一起"。引申于法律上两个以上当事人的意思合致。它是最常见的一种债权关系。在优士丁尼《法学汇纂》中，把这种当事人间的意思合致称为"conventio"，即"协议"。《法国民法典》第一千一百零一条继承了罗马法对契约的认识，"契约，为一人或数人对另一人或另数人承担给付某物、作为或不作为某事的义务的合意"。[②]

在《现代汉语词典》中，"协议"一词有两个含义：（1）协商；（2）国

---

① 中国社会科学院语言研究所词典编辑室编：《现代汉语词典》，商务印书馆 2002 年增补本。契约，证明出卖、抵押、租赁等关系的文书。所谓契约，字典上解释为：契约是两人以上相互间在法律上具有约束力的协议。目前学界各版本的《民法典》教材都认为：合同又叫契约、合约。由此可见，合同、契约、合约，三者本质上是一样的。而协议的范围要大于这三者。合同、契约、合约，都是协议的一种表现形式。

② 《法国民法典》，马育民译，北京大学出版社 1982 年版，第 221 页。

家、政党或团体间经过谈判、协商后取得的一致意见。① 《中华人民共和国民法典》（以下简称《民法典》）第四百六十四条第一款规定："合同是民事主体之间设立、变更、终止民事法律关系的协议。"

理解合同的概念，首先需要辨明的是合同与债的关系。按照大陆法系的民法体系，民法典是债法的组成部分。所谓债法，是指调整特定当事人之间请求为特定行为的财产关系的法律规范的总称。债的概念始于罗马法，罗马法将债分为契约之债和不法行为之债，从而形成了一套较为完备的债法制度。

债是按照合同约定或者依照法律规定，在当事人之间产生的特定权利和义务关系，享有权利的人是债权人，负有义务的人是债务人。债权人有权要求债务人按照合同的约定或者依照法律的规定履行义务。

合同关系本质上是财产流转关系。合同以债权债务关系，即当事人之间的权利义务关系为主要内容，其体现的深层社会关系则是社会的财产流转关系。民法调整的财产关系包括静态的财产关系和动态的财产关系，即财产所有和财产流转关系两大部分。《民法典》合同编调整的是其中动态的财产流转关系，它反映的是平等主体间在转让产品或货币，完成工作和提供劳务活动中产生的债务的清偿或履行，具体体现着财产从一个民事主体到达另一个民事主体的合法移转过程。这是《民法典》合同编与物权编法律分工的明显不同。

按照大陆法系的债的概念，合同与侵权行为、不当得利、无因管理等均为债的发生原因，因此，合同是债的一种形式，从这个意义上说，也可将合同称为合同之债。合同之债是因为当事人的合意产生的，权利和义务内容是事先约定的。它与侵权损害赔偿之债的区别在于，侵权行为之债并不存在事先由当事人约定权利和义务的问题，只是因侵权行为的发生，才使当事人之间产生了债的关系。

正因为合同是债的一种形式，因此合同上的请求权也是一种债权请求权。

二、合同关系

（一）合同关系的构成

合同作为一种民事法律关系，由主体、内容和客体三个要素构成。

---

① 中国社会科学院语言研究所词典编辑室编：《现代汉语词典》，商务印书馆 2002 年增补本。

合同关系的主体，又称为合同当事人，包括债权人和债务人。债权人有权请求债务人依据法律规定和合同约定履行义务；债务人则依据法律规定和合同约定负有实施一定行为的义务。当然，债权人与债务人的地位是相对的。在很多合同关系中，当事人双方互负权利义务，一方享受的权利是另一方所承担的义务，另一方承担的义务是一方享有的权利，因此，双方互为债权人和债务人。合同关系的主体是特定的，主体的特定化是合同关系与物权关系、人身权关系、知识产权关系等的重要区别。

合同关系的客体和标的是一对非常接近的概念。法律关系的客体和标的是从不同角度提出的概念：从静态上研究民事法律关系，其构成要素为主体、客体和内容；从动态上研究民事法律关系，其构成要素为主体、标的和内容。因此，就合同关系而言，两者在内容上是相同的，都是指合同关系中权利义务所指向的对象。

从客体的内涵看，如果说物权的客体是物，那么合同债权的客体主要是行为。

合同关系的内容是指债权人的权利和债务人的义务，即合同债权和合同债务。从性质上看，债务是法律规定和合同约定的义务，它是债务人应当履行的行为。债务人除了应承担履行义务以外，还应依据诚信原则负有注意、照顾、忠实等附随义务。

责任以债务的存在为前提，但是，责任本身并不是债务，而是债务人违反债务所应承担的后果。《民法典》第五百七十七条规定："当事人一方不履行合同义务或者履行合同义务不符合约定的，应当承担继续履行、采取补救措施或者赔偿损失等违约责任。"债务是责任发生的前提，责任是债务不履行的结果；无债务不产生责任，但无责任的债务不是法律意义上的债务。

（二）合同关系的相对性

合同是当事人之间设立、变更或终止民事权利义务关系的协议。作为一种民事法律关系，合同关系不同于其他民事法律关系的重要特点，在于合同关系的相对性。

所谓合同相对性，主要是指合同关系只能发生在特定的合同当事人之间，只有合同当事人一方能够向另一方基于合同提出请求或提起诉讼；与合同当事人没有发生合同上权利义务关系的第三人不能依据合同向合同当事人提出请求或提起诉讼，也不应承担合同的义务或责任。

合同相对性规则起源于罗马法。根据罗马法，债作为法锁，能够并且也只能对债权人和债务人产生拘束力。由于债本质上是当事人之间一方请求他方为一定给付的法律关系，所以债权不能像物权那样具有追及性，而只能对特定人产生效力。债权的相对性决定了债权乃是对人权，并且，维护债权的诉讼只能是针对相对特定的并在原告请求中提到的人，这种诉讼叫作对人的诉讼。

案例1：第三人介入合同的特殊情况①

〔基本案情〕

王某某系王某母亲，李某某、田某某系夫妻，为李某父母。王某与李某原系夫妻。2016年11月28日至2016年11月30日，石某向王某某转账支付20万元。2016年12月1日，王某某将上述款项转账支付至李某某账户。同日，田某某出具《借款条》，确认借到石某20万元，会尽量一笔还清。2017年5月6日，王某某向石某转账支付10万元；2017年5月19日，王某某向石某转账支付1.3万元；2017年8月1日，王某某向石某转账支付5万元；2017年11月9日，王某某向石某转账支付5万元。2017年11月，石某向王某某出具《收条》，确认收到王某某代田某某偿还的2016年12月1日借款20万元，借条原件交给王某某本人。

北京市朝阳区人民法院认为：债务应当清偿。本案中李某某、田某某作为夫妻向案外人石某借款并出具《借条》，借款用于夫妻共同生活。李某某、田某某与石某之间形成民间借贷的法律关系，现有证据可以证明石某通过王某某已经向李某某、田某某支付了借款，李某某、田某某理应偿还借款本金。现有证据不能证明李某某、田某某实际偿还了向石某的借款，而王某某向石某偿还借款的行为实际上与石某形成了债权转让的关系。李某某、田某某在明知欠付石某借款而未偿还的情况下，理应向债权受让人也就是王某某偿还借款。因李某某、田某某与石某并未约定利息，故王某某向石某支付利息的行为系王某某

---

① （2021）京03民终11854号，载中国裁判文书网，https：//wenshu.court.gov.cn/website/wenshu/181107ANFZ0BXSK4/index.html？docId=27c357ae5c71438c80c4a295a0b01d96，2022年6月30日访问。

自己的意思表示，该部分不应作为债权向李某某、田某某主张。综上，对于王某某要求李某某、田某某偿还借款本金的请求，法院予以支持，利息一节不予支持。

综上，依照《中华人民共和国民法通则》①（以下简称《民法通则》）第一百零八条，《最高人民法院关于审理民间借贷案件适用法律若干问题的规定》第二十五条之规定，判决如下：

一、李某某、田某某于判决生效后七日内偿还王某某借款本金二十万元；

二、驳回王某某的其他诉讼请求。如果未按判决指定的期间履行给付金钱义务，应当依照《中华人民共和国民事诉讼法》（以下简称《民事诉讼法》）第二百五十三条之规定，加倍支付迟延履行期间的债务利息。

北京市第三中级人民法院认为，根据《最高人民法院关于适用〈中华人民共和国民事诉讼法〉的解释》第九十条之规定，当事人对自己提出的诉讼请求所依据的事实或者反驳对方诉讼请求所依据的事实，应当提供证据加以证明，但法律另有规定的除外。在作出判决前，当事人未能提供证据或者证据不足以证明其事实主张的，由负有举证证明责任的当事人承担不利的后果。

本案中，李某某、田某某上诉提出王某某作为无关的第三人代债务人李某某、田某某向债权人石某偿还债务的行为是第三人履行，不是债权转让，也不是债务转移。依照法律规定，王某某作为民间借贷关系的第三人，对履行该债务并无合法利益，其代履行行为不能取得债权转让的效果，因此无权向债务人追偿或要求债务人履行债务。对此法院认为，根据法院查明的事实，案涉债务系因李某某、田某某与王某某之间存在姻亲关系，王某某为帮助亲家购买房屋，找朋友代为协调出借的案涉款项，也正是基于该姻亲关系，王某某在李某某、田某某未能及时偿还借款的情况下代为先行履行了偿还义务，取得了案涉债权的转移；现李某某、田某某虽主张王某某无权进行代为偿还行为，及其对于履行该债务并无合法利益，不能取得债权转让的效果，但并未就此提交充分的事实和法律依据，故对于其该项上诉主张，法院不予采信。

李某某、田某某上诉还提出其与王某某之间并不成立借贷关系，王某某并不是真实的出借人，只是石某与李某某、田某某借贷关系成立的经手人；而李

---

① 裁判文书中均为当时生效的法律法规，以下不再标注。

某某、田某某与石某之间虽存在借贷关系，但是按照约定李某某、田某某已通过各种方式清偿了石某的债务，石某交还了田某某出具的借款条，故王某某所提诉求缺乏事实和法律依据，应予驳回。对此法院认为，首先，李某某、田某某虽然并未与王某某直接建立借款关系，但王某某通过代为偿还借款的行为已经取得了石某对于李某某、田某某享有债权的转让，故王某某与李某某、田某某之间的基础债权债务关系依然为民间借贷关系；其次，李某某、田某某虽主张已经通过各种方式自行偿还了案涉的债务，但其并未提交充分的证据证明其主张的事实成立，且其该项上诉主张与一审石某的证人证言内容相矛盾，与其一审陈述的相关内容亦自相矛盾，故法院亦不予采信。

综上所述，李某某、田某某的上诉请求不能成立，应予驳回；一审判决认定事实清楚，适用法律正确，应予维持。依照《民事诉讼法》第一百七十条第一款第一项规定，判决如下：

驳回上诉，维持原判。

〔借鉴意义〕

该案例就是合同关系相对性制度在实践中的具体运用，作为企业法律顾问和其他合同管理人员，在处理企业合同纠纷和相关法律事务时，首先要考虑的就是本企业是否是合同一方当事人，是否在纠纷指向的法律关系中享有权利和承担义务。

尽管合同的相对性规则包含了极为丰富和复杂的内容，且广泛体现在合同的各项制度之中，但概括起来，主要包含三个方面的内容：

1. 主体的相对性

所谓主体的相对性，是指合同关系只能发生在特定的主体之间，只有合同当事人一方能够向另一方基于合同提出请求或提起诉讼。

具体来说，首先，由于合同关系仅是在特定当事人之间发生的法律关系，因此，只有合同关系当事人之间才能相互提出请求，与合同关系当事人没有发生合同上权利义务关系的第三人，不能依据合同向合同当事人提出请求或者提起诉讼。其次，合同一方当事人只能向另一方当事人提出合同上的请求和提起诉讼，而不能向与其无合同关系的第三人提出合同上的请求和诉讼。

案例2：告错对象遭败诉①

〔基本案情〕

某大型服装商场业主方是某商贸公司，该物业整体出租给某服装批发市场公司。2004年8月，商场中某商户因商场物业服务问题要求解除租赁合同，返还租金，因此把某商贸公司告上法庭。

某商贸公司辩称：我公司未与原告签订任何租赁合同，双方不存在租赁关系。

经审查，原告提交的租赁合同上的出租方是某服装批发市场公司，原告解释说之所以把业主方告上法庭，是因为出租方某服装批发市场公司已经找不到任何人，只能起诉业主。

法庭驳回了原告的诉讼请求。

〔借鉴意义〕

本案中，原告找不到出租方，把业主告上法庭，已经违反了合同关系的相对性。租赁合同签订时，一定要对照房产证，审查出租方是否为真正的业主（"大房东"），还是"二房东"甚至"三房东"。如果是"二房东"，不仅要看房产证、租赁合同，还要看租赁合同是否允许"二房东"转租，以及转租是否要经过"大房东"的同意。还要审查租赁期限是否在原租赁期间之内，防止被"二房东"甚至"三房东"以预收房租的名义诈骗。

在实际诉讼中，常常有因为写错被告的名称被法院驳回起诉的案例，所以在合同纠纷处理中，要十分关注合同主体的相对性问题，对被告的名称也要对照合同上对方的签字盖章以及工商查询的结果进行仔细核对，避免因错写被告名称导致败诉。

2. 内容的相对性

所谓内容的相对性，是指除法律、合同另有规定外，只有合同当事人才能享有某个合同所规定的权利并承担该合同规定的义务。合同当事人以外的任何

① 未标明出处的案例为作者编写的教学案例，仅为说明相关法律问题，以下不再标注。

第三人不能主张合同上的权利。在双务合同中，合同内容的相对性还表现在一方的权利就是另一方的义务，另一方承担义务才使一方享有权利，权利义务是相互对应的。由于合同内容基于当事人的约定，因此权利人的权利需依赖于义务人履行义务的行为才能实现。具体来说有以下几项规则：

（1）合同规定由当事人享有的权利，原则上不及于第三人；合同规定由当事人承担的义务，一般也不能对第三人产生拘束力。

（2）合同当事人无权为他人设定合同上的义务。一般来说，权利会给主体带来一定的利益，而义务则会为义务人带来一定负担或使其蒙受不利益。如果合同当事人为第三人设定权利，法律可以推定此种设定是符合第三人意愿的；但如果为第三人设定义务，则只能在征得第三人同意之后，该义务方可生效，否则，实际上是在损害第三人利益，合同当事人约定的此种义务条款是无效的。在实践中，即使是当事人一方与第三人之间存在某种经济上的利害关系，也必须征得第三人同意才能为其设定义务。

案例3：无本人签字担保无效

〔基本案情〕

某私营企业由三位自然人股东出资设立，在企业与银行签订的《借款合同》中约定，"借款人三位股东以其个人财产对该笔借款承担连带保证责任"，合同上有借款企业和银行双方签字盖章，但没有三位股东的个人签名。合同签订后银行按时发放了贷款。2008年企业现金周转不开，无法支付到期借款。银行遂将该企业和三位自然人股东告上法庭，要求企业还款，股东承担连带保证责任。法院认为借款企业无权处分属于股东个人的财产，股东不承担连带保证责任。

〔借鉴意义〕

在实际工作中，一定要注意涉及第三方的权利义务的设定，是否取得了第三方的授权，保证条款必须经过保证人的签署才能生效。

（3）合同权利与义务主要对合同当事人产生约束力。在一般情况下，合同之债的效力主要是一种对内效力，即合同当事人之间的效力；但是法律为防止因债务人财产的不当减少而给债权人的债权带来损害，允许债权人对债务人和第三人的某些行为行使撤销权及代位权以保护其债权。这两种权利的行使都涉及合同关系以外的第三人，并对第三人产生法律上的拘束力。因此，合同的保全也可以看作合同相对性的例外。

3. 违约责任的相对性

违约责任是当事人不履行合同债务应承担的法律后果。债务是责任发生的前提，而责任则是债务人不履行其义务时国家强制债务人履行债务和承担责任的表现，所以责任与义务是相互依存、不可分割的。由于违约责任以合同债务的存在为前提，而合同债务则主要体现于合同义务之中，合同义务的相对性必然决定合同责任的相对性。

所谓违约责任的相对性，是指违约责任只能在特定当事人之间，即合同关系的当事人之间发生；合同关系以外的人，不负违约责任，合同当事人也不对其承担违约责任。违反合同的责任的相对性，包括三方面的内容：

（1）违约当事人应对因自己的过错造成的违约后果承担违约责任，而不能将责任推卸给他人。如果在实际工作中，债务人委托第三人代其履行债务或者辅助其履行债务的，债务人应对该代理人或者辅助人的行为负责。

（2）在因第三人的行为造成债务不能履行的情况下，债务人仍应向债权人承担违约责任；债务人在承担违约责任后，有权向第三人追偿。我国民法也确认了债务人应就第三人行为向债权人负责的原则。1986 年发布的《民法通则》（已失效）第一百一十六条规定："当事人一方由于上级机关的原因，不能履行合同义务的，应当按照合同约定向另一方赔偿损失或者采取其他补救措施，再由上级机关对它因此受到的损失负责处理。"这一规定就体现了合同相对性规则。

（3）债务人只能向债权人承担违约责任，而不应向国家或第三人承担违约责任，因为只有债权人与债务人才是合同当事人。其他人因不是合同的主体，债务人不应对其承担违约责任。如果因为违约造成国家、集体或者他人损害，债务人应承担相应的民事责任、行政责任甚至刑事责任。尽管多种责任有时相互并存，但并不丧失各自固有的属性，违约责任仍属于民事责任的范畴，而行政责任和刑事责任属于其他责任范畴。

三、合同的基本原则

原则是说话或行事所依据的法则或标准。①《民法典》规定了当事人订立合同的基本原则，这些原则包括以下几个方面。

第一，平等原则。

《民法典》第四条规定："民事主体在民事活动中的法律地位一律平等。"合同当事人的法律地位平等，依法享有自愿订立合同的权利，一方不得将自己的意志强加给另一方，任何单位和个人不得非法干预。平等原则讲的是合同上当事人之间的关系，在一个合同中，当事人之间关系要求平等，讲的不是合同当事人与其他人的关系，不是讲当事人在社会上的生活中平等与否。社会生活中的人，很可能是不平等的，可他一旦加入一个合同关系，作为合同当事人之一，他和对方就是平等的。因此，这里所说的平等是指合同关系中当事人之间的平等。

在合同关系上，仅指他们法律地位平等与否。法律地位平等表现出来就是在谈判、签订合同、履行合同的时候一方当事人应该和对方平起平坐，共同协商，而不能把自己的意志强加给对方。在这样的关系中，一方不能强迫对方接受不公平的条款。

案例 4：人民调解协议书履行纠纷②

〔基本案情〕

原、被告双方相邻而居，且系亲戚关系，三被告系同一户口家庭成员。2011 年上半年，原告廖某皇在现有房屋场地修建房屋。修建时，被告现有房屋场地均系被告及他人的承包经营田地，其现有房屋场地后有一约 2 尺宽的田埂及偏坡地，该田埂及偏坡地便成为原告修建房屋时的运输通道及生活通道。2014 年下半年，被告廖某飞、曾某英、廖某丽将田埂下方的承包经营田地进行

---

① 中国社会科学院语言研究所词典编辑室编：《现代汉语词典》，商务印书馆 2016 年版，第 1611 页。

② （2022）湘 08 民终 109 号，载中国裁判文书网，https：//wenshu. court. gov. cn/website/wenshu/ 181107ANFZOBXSK4/index. html？docId＝133eabe9a1f74a2f82a2ae69012eb0d1，2022 年 7 月 8 日访问。

填挖、平整为现有房屋宅基地以备修建房屋。此后，原告廖某皇的出行通道改为经过被告现有宅基屋场地。2016 年 10 月至 2017 年下半年，被告现有住宅房屋主体竣工。其间及以后，原告出行及车辆均经过被告房屋前面晒塔。2018 年 5 月，因原、被告双方关系恶化，被告在其房屋前晒塔周围修筑围墙，并为围墙大门上锁，阻隔了原告廖某皇家出行的通道，致使原告廖某皇家不能正常通行。2018 年 8 月 15 日，人民调解委员会及村委会对原、被告双方的相邻通行纠纷进行了调处，并由人民调解委员会出具了人民调解协议书，协议如下：1. 曾某英平时可以将院墙内的范围封闭，但在封闭前必须在院墙外留出足够使人正常行走的道路，如果曾某英允许从院墙内进出，也可以按原协议共享，但必须保证给廖某皇院墙大门钥匙。2. 如果廖某皇愿意另外修公路，曾某英可在土地置换时保证提供廖某皇屋后地基，所有修路费用廖某皇自行负责等。被告曾某英、村委会书记及人民调解员等人签字确认，并加盖了人民调解委员会印章，原告廖某皇未签字确认。尔后，被告廖某飞、曾某英、廖某丽按照人民调解协议将房屋前晒塔右边围墙拆除，留出 1 米宽、19 米长的通道，方便原告廖某皇家通行，然后重新修筑院墙，封闭房屋及晒塔。另查明，被告廖某飞、曾某英、廖某丽房屋前晒塔及院墙的土地使用权均系被告所有。2021 年 10 月，原告廖某皇以不便通车为由提起诉讼，要求拆除被告修建的房屋右侧对原告通行造成妨害的围墙以及围墙大门，恢复从被告屋前晒塔至原告房屋通车（小轿车）的历史性通道。

湖南省慈利县人民法院认为，不动产权利人对相邻权利人因通行等必须利用其土地的，应当提供必要的便利。本案中，原、被告双方互为邻居关系，理应相互包容，团结互助，但双方未正确处理好邻里关系，在矛盾加深后，双方因相邻通行问题产生纠纷。首先，本案要确认被告房屋前晒塔是否是原告出行的历史性通道。经庭审查明，原告廖某皇于 2011 年修建现有房屋时至 2014 年下半年，其全家均是利用被告现有房屋后的田埂及偏坡进行通行，后被告修建房屋平整宅基地，原告出行便改为从被告家房屋晒塔通行和通车，而该房屋晒塔的使用权系被告家所有，可见，被告现有房屋前的晒塔不能确定系原告廖某皇家出行的历史性通道，不具有历史性，即使要确认历史通道亦只能是被告房屋后的田埂，但亦不能确认该田埂是否被被告修建房屋时占用，故案涉被告房屋前晒塔并不是原告出行的历史性通道。其次，关于案涉人民调解协议问题。

案涉人民调解协议是人民调解委员会于2018年8月，会同当地村委会及原、被告双方达成初步意见后出具的协议，据村委会证实，原告当时仅要求恢复通行，从而形成该协议，从双方履行情况来看，被告廖某飞、曾某英、廖某丽已按照该协议将房屋前晒塔右边围墙拆除，留出1米宽、19米长的通道，供原告廖某皇家通行，被告廖某皇虽未在该协议上签字确认，但自被告按照协议留出原告通行的通道后至本案诉讼前，原、被告双方并未提出异议，可见，原、被告双方实际上均履行了该协议。最后，关于原告相邻通行权的行使问题。一般而言，不动产权利人有权禁止他人利用其土地通行，但根据《民法典》第二百九十一条规定，不动产权利人对相邻权利人因通行等必须利用其土地的，应当提供必要的便利，其"必要的便利"应控制在适当合理的范围内，不得无限制地权利延伸。

原、被告双方相邻而居，从目前通行现状来看，原告廖某皇的出行必须经过被告所有的晒塔范围，被告作为不动产权利人应当提供必要的便利，现被告廖某飞、曾某英、廖某丽已为原告廖某皇留出了宽1米、长约19米的通道，为原告家通行及生活提供了必要的便利，可见，原告廖某飞已利用被告的土地使用权行使了其相邻通行权，现要求利用被告的土地使用权通车（小轿车），应属于超出"必要的便利"的适当合理范围，系相邻通行权的延伸和扩大。另外，从原告的诉讼请求来看，要求利用被告的土地进行通车，其诉请完全满足了地役权中利用他人不动产的权利，来提高自己不动产效益的特征，而本案案由为相邻通行权纠纷。相邻关系与地役权之间其中一个区别就是在提供便利的内容方面存在差别，相邻一方提供必要的便利，实际上是他人为了使自己的权利得到正常行使而对另一方提出的提供便利的最低要求，而地役权的设立不是为了满足不动产权利行使中的最低要求，而是为了使自己的权利更好地得到行使，对他人提出了更高的提供便利的请求，对他人的不动产权利将进行较大的限制。现原告廖某皇要求利用被告的晒塔通车，实为对被告提出了更高的提供便利的请求，该请求只能通过原、被告双方协商，达成协议后以获得地役权的方式实现，不能通过相邻通行权的方式获准。综上，原告廖某皇要求依法拆除被告廖某飞、曾某英、廖某丽修建的位于被告房屋右侧对原告通行造成妨害的围墙以及围墙大门，并恢复从被告屋前晒塔至原告房屋的通车（小轿车）历史性通道的诉讼请求，既缺乏事实证据，又缺乏法律依据，应不予支持。综上所述，法院根据《民法典》第二百八十八条、第二百九十一条、第三百七十二条及《民事诉讼法》第六十四条第一款之规定，判决如下：

驳回原告廖某皇的诉讼请求。

湖南省张家界市中级人民法院认为，本案系相邻通行权纠纷。根据庭审查明的事实及现场所见，上诉人廖某皇与被上诉人廖某飞、曾某英、廖某丽的房屋相邻，廖某飞、曾某英、廖某丽与廖某皇的房屋之间有一条宽 1 米、长约 19 米的通道，该通道已经满足日常通行需要。廖某飞、曾某英、廖某丽在其土地使用权范围内修建围墙，并未影响日常通行，廖某皇提出廖某飞、曾某英、廖某丽的行为对其通行造成妨害，要求拆除围墙的诉请，法院不予支持。廖某皇要求通道能够满足轿车通行，已经超出相邻通行权的范围，属于利用他人的不动产（供役地）或者限制他人不动产的利用，以提高自己的不动产（需役地）效益的权利。双方可通过签订合同进行约定，形成地役权，提高自己房屋的效益。

综上所述，廖某皇的上诉请求不能成立，应予驳回；一审判决认定事实清楚，适用法律正确，应予维持。依照《民事诉讼法》第一百七十七条第一款第一项规定，判决如下：

驳回上诉，维持原判。

〔借鉴意义〕

1. 根据《中华人民共和国人民调解法》（以下简称《人民调解法》）第三十一条规定，经人民调解委员会调解达成的调解协议，具有法律约束力，当事人应当按照约定履行。因此，经人民调解委员会调解达成的、有民事权利义务内容的，并由双方当事人签字或者盖章的调解协议，具有民事合同性质。

2. 当事人应当按照合同约定履行自己的义务，不能擅自变更或者解除调解协议。这体现的是合同的平等原则。

平等原则是指地位平等的合同当事人，在权利义务对等的基础上，经充分协商达成一致，以实现互利互惠的经济利益的原则。

平等原则包括：（1）合同当事人法律地位平等，任何一方当事人不得将自己的意志强加给另一方当事人；（2）民事权利能力平等；（3）法律适用平等，任何合同主体依法取得的利益平等地受法律保护；当合同主体的合法权益受到非法侵害时，可以请求人民法院依法保护和救济；如果合同主体非法侵害他人的合法权益，同样要受到制裁或承担相应的民事责任。

第二，意思自治原则。

《民法典》第五条规定："民事主体从事民事活动，应当遵循自愿原则，按照自己的意思设立、变更、终止民事法律关系。"这里所说的自愿原则在合同订立方面就是合同自由。合同自由是指一个当事人订不订合同，与谁订合同，以什么形式订合同，合同规定什么样的内容都取决于他的自愿。因此，合同自由是《民法典》合同编的本质，是市场经济的本质。这一点是《民法典》合同编立法的指导思想，即要充分尊重和保护当事人的合同自由。

合同自由也有一定的限制。第一个限制就是法律的限制，就是说在法律的限制范围内自由。在参加市场交换的活动过程中，不能违反法律的强制性规定。在不违反法律规定的前提下，充分地尊重和保护自由，法律的规定就是一个大的范围。还有一个限制，出于重大的正当事由，可以限制当事人的合同自由。保护消费者、保护劳动者、保护社会公共利益，这些都是重大的正当事由。出于这些重大的正当事由，就会限制当事人一方的合同自由，这在法律中也有很多体现。为什么要保护消费者、保护劳动者，就要限制另一方的合同自由呢？这是因为在现在的市场经济中，一个最大的特征叫作两极分化。在这种情况下，应该由国家来保护这些劳动者和消费者。首先是在立法的时候，就要注意保护消费者和劳动者的利益。在这种情况下，出于保护消费者、劳动者利益的需要，就要限制企业的合同自由。就是说，出于重大的正当事由要限制合同自由，这一点在立法过程中得到了贯彻。

第三，公平原则。

《民法典》第六条规定："民事主体从事民事活动，应当遵循公平原则，合理确定各方的权利和义务。"当事人应当遵循公平原则确定双方的权利和义务，在行使权利、履行义务时，应当遵循诚信原则。它有两个要点：一是公平原则的适用范围。公平原则的适用范围是在合同当事人之间，是在一个合同关系中。公平原则的适用范围限于同一个合同关系中当事人之间的关系。二是公平原则的作用。公平原则的作用是用来衡量当事人之间权利义务关系的，当事人之间确定的权利与义务要公平。公平就是说双方当事人在利害关系上大体平衡。如果说一方当事人只享受权利，不承担风险、损失、亏损，而让另一方当事人去承担，却不享有权利，则当事人的权利义务关系严重不平衡。公平原则是从正面提出要求，要求当事人签订每一个合同时都要符合公平原则，维持双方当事人之间的利害关系平衡。公平原则还有一个反面规定：违反了公平原则，其结果就规定在《民法典》第一百五十一条。第一百五十一条规定："一方利用对方处于危困状态、缺乏判断能力等情形，致使民事法律行为成立时显失公平的，受损害方有权请求人民法院或者仲裁机构予以撤销。"公平原则和显失公平的规则一个从正面规定，一个从反面规定。正面规定要求当事人遵循公平的原则确定相互的权利义务，反面规定如果当事人确定的权利与义务不公平，利害关系严重不平衡，那么就要适用第一百五十一条规定的显失公平规则。这两个规则相互配合，从而使合同当事人能够达到大体上的公正、平衡。

第四，诚信原则。

《民法典》第七条规定："民事主体从事民事活动，应当遵循诚信原则，秉持诚实，恪守承诺。"诚信是道德要求，是市场经济社会中的道德规则。

市场经济社会就是合同社会，在签订合同、履行合同当中最重要的一个道德标准就是诚信。把它规定在法律上，作为一个法律规则，它已不仅是一个道德要求。按照诚信原则，在市场经济条件下，任何一个人要谋取利益，要获得财产、生活资料，都必须通过市场。

但是，法律绝不允许通过损害他人、损害社会公共利益来谋取利益。任何人通过损害他人、损害社会公共利益来谋取自己的利益，都违背诚信原则。

因此，诚信原则树立了一个评价每一个人、每一个企业的标准。必须按照这个标准，去签订合同、履行合同。诚信原则是指导当事人签订合同、履行合同的一个行为准则。

案例 5：房屋租赁纠纷

〔基本案情〕

2005 年 12 月 23 日，被告曾某作为出租方（甲方）与原告李某（承租方、乙方）就租赁某商铺签订《房屋出租合同》，约定租赁期限自 2006 年 1 月 8 日至 2012 年 1 月 7 日；租金每月人民币 155000 元，每月支付一次；保证金人民币 30000 元；第 13 条约定，如发生下列任何一种违约行为，须追究违约方的违约责任：1. 甲方无正当理由干扰乙方对场地的使用，导致乙方不能正常营业，2. 未经甲方同意，乙方对场地实行转租或转承包，或未履行付款约定，3. 租赁期间，除不可抗力和本合同另有规定的情况外，任何一方提前解除本合同；第 14 条约定，如发生第 13 条所列的任何一种违约行为，守约方有权终止本合同。在此情况下，违约方须向守约方支付违约金额，为本合同的押金；合同特别约定：1. 乙方有权转租该商铺，但乙方转租前，需提前 30 天告知甲方；2. 该房屋租金 3 年内保持不变，自第 4 年起每年调整递增 3%。

2009 年 6 月 5 日，被告向原告发出《房屋出租终止通知书》，告知原告"因多种原因，于 2009 年 5 月已通知提前终止某商铺租赁事宜，请尽快办理相关终止手续……"同日，原告复函拒绝。

2009 年 6 月 8 日，被告再次发函给原告，表示愿意承担押金作为违约金，并对原告发函的赔偿内容作出答复。2009 年 6 月 11 日，原告明确复函不同意解除租赁合同，提出保留追究违约损失的权利。

原告与某公司 2009 年 5 月 6 日签订的《房屋出租合同》约定租赁期限自 2009 年 7 月 8 日至 2012 年 1 月 7 日；特别约定，原告应按时交付场地，如未能按时交付超过 5 日，某公司有权要求解约，同时要求违约金，按年租金的一倍计算（人民币 360000 元），若原告于 2009 年 6 月 10 日前与原租客未能达成续租合同，则本协议生效。

由于被告要求解约，原告被迫于 2009 年 7 月 14 日与某公司签订《解约协议》，并协商支付了人民币 80000 元的违约金。

原告诉至法院，要求确认被告于 2009 年 6 月 5 日发出的《房屋出租终止通知书》等函件中要求提前解除合同的意思表示无效；判决被告继续履行原、被告于 2005 年 12 月 23 日签订的《房屋出租合同》；判令被告赔偿原告经济损失人民币 80000 元。

法院认为，当事人履行合同均应遵循诚信原则，全面履行自己的义务。根据原、被告合同约定，虽然第 13 条和第 14 条的内容为：未经被告同意，原告不得转租，否则被告有权终止合同。但在合同第 21 条同时特别约定原告有权转租，转租前需要提前 30 天告知被告，故特别约定变更了合同内容，明确原告享有转租权，但同时应履行通知义务。现原告虽然在转租时未提前通知被告，尤其是在再次转租给某公司时仍未尽通知义务，系未能全面履行合同，履行存在瑕疵。而被告以原告未经其同意转租及未通知为由要求终止合同，不符合双方约定，擅自提出解除合同，显然欠妥。因被告在发出解除函之后，已另行与第三人签订合同，第三人选择向被告履行合同并实际占有使用了租赁房屋，且在原告与第三人均主张履行的情况下，被告选择履行与第三人之间的合同，故被告以另行签订合同的行为提前解除了与原告之间的租赁合同，原、被告之间的合同已无可能继续履行。关于原告要求被告赔偿的损失，因原告与案外人签订租赁合同，并未按约定提前通知被告，故原告与案外人签订合同及原告与案外人约定解除合同并进行赔偿均不在被告的可预期范围内，故该诉请法院不予支持。因原告坚持继续履行合同的诉讼主张，经法院反复释明，原告仍坚持诉请，故本案仅就现有诉请进行处理。据此，依据《民法典》相关法律和《最高人民法院关于审理城镇房屋租赁合同纠纷案件具体应用法律若干问题的解释》第六条之规定，判决：

一、原告李某继续履行其与被告曾某于 2005 年 12 月 23 日签订的《房屋出租合同》之诉讼请求，不予支持；

二、原告李某其余诉讼请求，不予支持。

〔借鉴意义〕

1. 诚信原则要求当事人在订立和履行合同的过程中，应诚实守信，不得滥用权利及规避法律或合同约定的义务。当事人在从事交易活动时不仅要按照诚信原则履行自己的义务，而且在法律和合同规定的义务不明确或者不完全的情况下，当事人应当依据诚信原则所产生的附随义务来履行自己的义务。

2. 诚信原则在平衡当事人利益、填补合同漏洞方面起着不可替代的作用。

第五，公序良俗原则。

《民法典》第八条规定："民事主体从事民事活动，不得违反法律，不得违背公序良俗。"这个条文包括两部分内容。第一部分内容讲的是应当遵守法律的问题，第二部分内容讲的是应当遵守公序良俗的问题。公共秩序和善良风俗是现代各个法治国家的法律共同规定的规则。

案例 6：悬赏广告纠纷

〔基本案情〕

YX 公司与 RP 公司之间订立广告合同关系情况。2020 年 9 月 1 日，YX 公司、RP 公司签订《VR 竞技赛活动报名，宣发执行合同》，载明："YX 公司（甲方）为 VR 竞技赛活动主办方，RP 公司（乙方）为该活动线上报名、宣发执行方。就该活动经甲乙双方友好协商，甲方将 VR 竞技赛活动委托乙方进行报名、宣发执行事宜，达成以下一致协议。"第一条"委托事项"项下约定："甲方委托乙方对 VR 竞技赛活动赛前线上报名、活动前宣发执行等事宜，具体委托事项为：1. 网上报名：甲方委托乙方通过乙方公众号进行参赛人员信息收集，报名确认。2. 活动宣发：甲方委托乙方根据甲方要求使用乙方公众号进行活动宣发。"第二条"委托事项要求"项下约定："1. 乙方根据甲方给出的方案、企划进行参赛人员信息线上报名收集。2. 乙方根据甲方宣传方案进行线上宣发。"第四条"双方的权利和义务"项下约定："2. 甲方根据约定提供比赛场馆某电竞馆，一等奖某轿车一台。"被告 RP 公司述称，根据该合同约定，RP 公司受 YX 公司的委托，运营微信公众号用于本案电竞大赛的宣传报名等事项。公众号于 2020 年 8 月 27 日注册，2020 年 12 月 5 日注销，账号运营主体为 RP 公司。

关于电竞大赛活动公告和组织情况。2020 年 9 月 8 日，SC 在线等门户网站发布《体验真实 VR 游戏，全民电竞大赛开赛》等消息，主要载明，9 月 8 日，某电竞馆 VR 游戏发布会开启，标志着本次全民电竞大赛正式开赛。平台由某电竞馆依托线上系统形成。参加正式大赛冠军获得者的奖品为某轿车一台。微信公众号发布的赛事详情主要载明："VR 电竞赛由运营方和某电竞馆联手，于 2020 年推出。冠军奖品为某轿车一台。报名方式：进入关注公众号，填写战队名称和报名选手名字电话号码，缴纳报名费。报名时间：2020 年 9 月 8 日 10：00am—2020 年 9 月 16 日 12：00am。比赛时间：2020 年 9 月 17 日起。报名费用：198 元每组。冠军大奖：某轿车。"某用户在微信群"VR 对抗赛 1 群"亦发布消息，内容和前述公告大致相同。庭审中，RP 公司述称该用户为 YX 公司员工，现可能已离职。

　　江某平、罗某行报名与参加电竞比赛情况。2020 年 9 月 10 日 21 时 22 分，微信公众号回复称报名成功。2020 年 9 月 12 日 18 时 42 分，该公众号回复："活动变为免费参与，款项会立即退还。战队名称：某战队。报名者姓名：江某平。组队成员姓名：罗某行。"庭后，二原告提交转账记录显示，2020 年 9 月 12 日，RP 公司通过微信将 198 元报名费退还。RP 公司庭后补充述称，报名费由 YX 公司委托 RP 公司收取，后拟交于某电竞馆，后某电竞馆担心收取报名费导致报名人数不够，YX 公司再次委托 RP 公司全部退还。江某平、罗某行提交现场获奖照片、选手证明、奖杯等证据反映，江某平、罗某行在电竞比赛中取得了冠军。

　　江某平、罗某行赛后与 YX 公司协商情况。RP 公司提交 2020 年 10 月 25 日江某平、罗某行签名捺印的《领奖协议书》，主要约定："某战队：获得第一届 2v2 全民电竞赛冠军，奖项由团队全体成员（以参赛时系统提交的成员名单为准）商议，现就获奖奖金领取有关事项说明如下：一致同意指定江某平、罗某行领取奖金人民币 16 万元，今后涉及奖金分配和使用有关事项，由获奖团队统一商议，与运营方无关。补充说明：本赛事原定冠军奖项为某轿车一台，由于获奖选手个人原因，向主办方提出申请将奖品替换为现金奖励。"RP 公司述称该《领奖协议书》系 YX 公司员工提供。二原告认可《领奖协议书》真实性。江某平、罗某行提交与 YX 公司员工的微信聊天记录显示，从 9 月初至 11 月中旬，江某平、罗某行一直未收到转款。11 月 20 日，YX 公司员工称："公司已经给我说了，钱已经在公司了，16 万元。"江某平回复："打款吧，认了。"江某平、罗某行向法院提交的证据目录中明确陈述赛事主办方为 YX 公司。

　　法院判决：被告 YX 公司于本判决生效之日起十日内向原告江某平、罗某行支付电竞赛冠军奖励折现款 160000 元。

〔借鉴意义〕

　　1. 悬赏广告，系广告人以广告的方法，对完成一定行为的人给付报酬的行为。只要行为人依法完成了所指定的行为，广告人即负有给付报酬的义务。悬赏广告一经发布，就是对广告人的有效承诺。因此，YX 公司与江某平、罗某行之间形成了民事法律关系，即债权债务关系。依照相关法律关于"民事法律行为从成立时起具有法律约束力。行为人非依法律规定或者取得对方同意，不得擅自变更或者解除"的规定，YX 公司负有广告中许诺的给付奖励义务。

2. 悬赏广告是当事人以广告声明方式，对于完成广告所指定的一定行为的人，给付一定报酬的行为。

四、合同的效力

《民法典》第五百零二条第一款规定，依法成立的合同，自成立时生效，但是法律另有规定或者当事人另有约定的除外。合同成立就生效，这是一般的规则。例外规定在第二款："依照法律、行政法规的规定，合同应当办理批准等手续的，依照其规定。未办理批准等手续影响合同生效的，不影响合同中履行报批等义务条款以及相关条款的效力。应当办理申请批准等手续的当事人未履行义务的，对方可以请求其承担违反该义务的责任。"第二款是一个特殊的规则，一般的合同依法成立就生效，但是有一些重要的合同、一些例外的情况是法律、行政法规特别要求办理某种手续的。这里所说的"批准等手续"是法律规定合同生效的一个特殊的要件。如中外合资、合作的合同应该经过主管部门批准才生效。第三款规定："依照法律、行政法规的规定，合同的变更、转让、解除等情形应当办理批准等手续的，适用前款规定。"

订立合同是一种民事法律行为，所以，合同的效力也应遵循《民法典》关于民事法律行为效力的规定。民事法律行为自成立时生效，但是法律另有规定或者当事人另有约定的除外。行为人非依法律规定或者未经对方同意，不得擅自变更或者解除民事法律行为。

（一）具备下列条件的民事法律行为有效：

1. 行为人具有相应的民事行为能力；

2. 意思表示真实；

3. 不违反法律、行政法规的强制性规定，不违背公序良俗。

（二）无民事行为能力人实施的民事法律行为无效。

（三）限制民事行为能力人实施的纯获利益的民事法律行为或者与其年龄、智力、精神健康状况相适应的民事法律行为有效；实施的其他民事法律行为经法定代理人同意或者追认后有效。

相对人可以催告法定代理人自收到通知之日起三十日内予以追认。法定代理人未作表示的，视为拒绝追认。民事法律行为被追认前，善意相对人有撤销的权利。撤销应当以通知的方式作出。

（四）行为人与相对人以虚假的意思表示实施的民事法律行为无效。

以虚假的意思表示隐藏的民事法律行为的效力，依照有关法律规定处理。

（五）基于重大误解实施的民事法律行为，行为人有权请求人民法院或者仲裁机构予以撤销。

（六）一方以欺诈手段，使对方在违背真实意思的情况下实施的民事法律行为，受欺诈方有权请求人民法院或者仲裁机构予以撤销。

（七）第三人实施欺诈行为，使一方在违背真实意思的情况下实施的民事法律行为，对方知道或者应当知道该欺诈行为的，受欺诈方有权请求人民法院或者仲裁机构予以撤销。

（八）一方或者第三人以胁迫手段，使对方在违背真实意思的情况下实施的民事法律行为，受胁迫方有权请求人民法院或者仲裁机构予以撤销。

（九）一方利用对方处于危困状态、缺乏判断能力等情形，致使民事法律行为成立时显失公平的，受损害方有权请求人民法院或者仲裁机构予以撤销。

《民法典》在合同的效力方面还有如下特殊规定：

1. 关于格式条款的效力。

格式条款是当事人为了重复使用而预先拟定，并在订立合同时未与对方协商的条款。

采用格式条款订立合同的，提供格式条款的一方应当遵循公平原则确定当事人之间的权利和义务，并采取合理的方式提示对方注意免除或者减轻其责任等与对方有重大利害关系的条款，按照对方的要求，对该条款予以说明。提供格式条款的一方未履行提示或者说明义务，致使对方没有注意或者理解与其有重大利害关系的条款的，对方可以主张该条款不成为合同的内容。

有下列情形之一的，该格式条款无效：

（1）具有《民法典》第一编第六章第三节和第五百零六条规定的无效情形；

（2）提供格式条款一方不合理地免除或者减轻其责任、加重对方责任、限制对方主要权利；

（3）提供格式条款一方排除对方主要权利。

对格式条款的理解发生争议的，应当按照通常理解予以解释。对格式条款有两种以上解释的，应当作出不利于提供格式条款一方的解释。格式条款和非格式条款不一致的，应当采用非格式条款。

2. 无权代理人以被代理人的名义订立合同，被代理人已经开始履行合同义务或者接受相对人履行的，视为对合同的追认。

3. 当事人超越经营范围订立的合同的效力，应当依照《民法典》第一编第六章第三节和第三编的有关规定确定，不得仅以超越经营范围确认合同无效。

4. 违反法律、行政法规的强制性规定的民事法律行为无效。但是，该强制性规定不导致该民事法律行为无效的除外。违背公序良俗的民事法律行为无效。

5. "强制性规定"，是指效力性强制性规定。

从《民法典》第一百四十三条的规定可知，只有违反了这些法律、行政法规的强制性规定的合同才无效。这是因为法律、行政法规包含强制性规定和任意性规定。强制性规定排除了合同当事人的意思自治，即当事人在合同中不得合意排除法律、行政法规强制性规定的适用，如果当事人约定排除了强制性规定，则构成《民法典》第一百四十三条规定的情形；对任意性规定，当事人可以约定排除，如当事人可以约定商品的价格。法律、行政法规的强制性规定与法律、行政法规的禁止性规定是不同的。法律、行政法规的强制性规定是指法律、行政法规中规定人们不得为某些行为或者必须为某些行为的规定，如法律规定当事人订立的合同必须经过有关部门的审批等都属于强制性规定；而法律、行政法规的禁止性规定只是指规定人们不得为某些行为的规定。由此可见，法律、行政法规的强制性规定应当包括法律、行政法规的禁止性规定。

应当特别注意的是《民法典》第一百四十三条规定只限于法律和行政法规，不能任意扩大范围。这里的法律是指全国人大及其常委会颁布的法律，如刑事法律或者行政管理法律；行政法规是指由国务院颁布的法规，如我国税收征管、外汇管理的法规。实践中将违反地方行政管理规定的合同都认定为无效是不妥当的。

案例 7：代位权纠纷①

〔基本案情〕

2012 年 11 月 22 日，田某霞的丈夫白某杰（已去世）向孙某借款 30 万元用于机场桥工程，约定利息 3 分，还款日期 2012 年 11 月 30 日，白某杰向孙某出具借条并签字加按手印。后由于白某杰去世，田某霞与孙某及担保人范某君签订补充协议，协议确定施工方白某杰、田某霞向孙某、张某龙借款 30 万元，月息 3 分，于 2012 年 11 月 30 日开始至今，如田某霞还款还有困难，将由担保方范某君从应向田某霞支付工程款扣除（经田某霞本人同意），本金利息按实际发生计算，借款人田某霞签字并加按手印，担保人范某君签字并加按手印，出资人处孙某、张某龙签字。经查，2019 年 7 月 4 日，辽宁省营口市站前区人民法院作出（2019）辽 0802 民初 200 号民事判决书，判决张某龙、王某锦、孙某、周某给付晏某营工程欠款 2877402 元并从 2018 年 1 月 24 日起按照人民银行同期贷款利率支付利息。现张某龙、孙某未按判决履行相关给付义务，因此原告晏某营请求以自己的名义代为行使张某龙、孙某的相关债权。另查，田某霞以范某君拖欠其工程款为由将范某君诉讼至辽宁省营口市西市区人民法院诉讼，该院作出（2020）辽 0803 民初 1536 号民事判决，判决范某君给付田某霞工程款 562 万余元。

辽宁省营口市站前区人民法院认为，根据已生效的民事判决认定第三人孙某、张某龙应偿还本案原告晏某营工程款 287 万余元，而第三人未按约定给付，现查明第三人对被告田某霞、范某君有债权，因此原告持第三人给付的债权凭证向法院起诉二被告要求履行债务，根据《民法典》第五百三十五条"因债务人怠于行使其债权或者与该债权有关的从权利，影响债权人的到期债权实现的，债权人可以向人民法院请求以自己的名义代位行使债务人对相对人的权利"的规定，原告晏某营具有诉讼主体资格。根据本案查明的事实，被告田某霞欠孙某、张某龙 30 万元本金的事实清楚，证据确实充分，双方约定的利息 3

① （2021）辽 08 民终 3627 号，载中国裁判文书网，https：//wenshu. court. gov. cn/website/wenshu/181107ANFZ0BXSK4/index. html? docId＝7ce70ab87e074f3bbdecae41003417f5，2022 年 7 月 11 日访问。

分超出法律保护的范围，法院依法予以调整。被告范某君作为田某霞借款的担保人，自愿承担担保责任，原告主张被告范某君连带偿还欠款，法院予以支持。被告田某霞认为其与范某君之间就该笔欠款已经对账，抵顶工程款，因此不应承担还款责任，因二被告之间内部约定由谁偿还借款并未取得出借人的同意，二被告之间的内部约定不能对抗出借人，被告田某霞的抗辩，法院不予支持。田某霞同时抗辩，原告起诉超过诉讼时效，但根据田某霞与孙某、张某龙的借款补充协议中并没有约定还款时效，因此原告的起诉并未超过诉讼时效。综上，依照《最高人民法院关于适用〈中华人民共和国民法典〉时间效力的若干规定》第一条、《民法典》第五百三十五条、《中华人民共和国担保法》（以下简称《担保法》）第十九条、《最高人民法院关于审理民间借贷案件适用法律若干问题的规定》（法释〔2015〕18 号）第二十六条、《最高人民法院关于审理民间借贷案件适用法律若干问题的规定》（法释〔2020〕17 号）第三十一条之规定，判决如下：

一、被告田某霞于本判决生效后十日内向原告晏某营偿还欠款 30 万元及利息，利息从 2012 年 11 月 30 日起至 2020 年 8 月 19 日止按年利率 24%标准计算，从 2020 年 8 月 20 日起至实际给付之日止按年利率 15.4%标准计算。

二、被告范某君对上述一款项承担连带保证责任。

二审期间，上诉人田某霞提交了辽宁省营口市西市区人民法院协助执行通知书以及工程结算书一组，证明范某君已经拿走 3000 多万元的工程款，但是没还给孙某。被上诉人晏某营质证，一审已经举证不属于新证据，另外法院的协助执行通知书是对上诉人和范某君之间的工程款合同纠纷协助他执行的通知书，从通知书上来看反映不出本案的另一被上诉人范某君已经将上诉人欠孙某的 30 万元及利息给付的事实，只能证明他和范某君之间的合同纠纷的执行情况，与本纠纷没有任何关联性。

辽宁省营口市中级人民法院认为，本案争议焦点在于田某霞是否应当承担对晏某营 30 万元债权还本付息的责任。本案中，晏某营根据已生效民事判决享有对孙某、张某龙 287 万元的工程款债权，孙某、张某龙对田某霞、范某君享有债权，各方当事人对此均无异议。晏某营以自己的名义向田某霞、范某君代位行使债务人对相对人的权利，符合法律规定，应予支持。关于诉讼时效的问题，上诉人称孙某于 2012 年 11 月 22 日之后再未向其主张过权利，认为已经超过诉讼时效，但根据田某霞与孙某、张某龙的借款补充协议中没有约定还款时间，因此本案中晏某营起诉并未超过诉讼时效。关于上诉人主张其与范某君之间就该笔欠款已经对账，抵顶工程款，应由范某君支付，但田某霞与范某君之间的内部约定不应成为对抗债权人晏某营的要件，故对上诉人的该项上诉请求，法院不予支持。

综上所述，上诉人田某霞的上诉请求不能成立，应予驳回；一审判决认定事实清楚，适用法律正确，应予维持。依照《民事诉讼法》第一百七十七条第一款第一项规定，判决如下：

驳回上诉，维持原判。

〔借鉴意义〕

债权人的代位权是基于债权人的债权保全权能而产生的一项从权利，债务人与次债务人之间存在合法、有效、确定的债权债务关系是代位的基础。

代位权体现在现行有效的《民法典》第五百三十五条的规定中：因债务人怠于行使其债权或者与该债权有关的从权利，影响债权人的到期债权实现的，债权人可以向人民法院请求以自己的名义代位行使债务人对相对人的权利，但是该权利专属于债务人自身的除外。

代位权的行使范围以债权人的到期债权为限。债权人行使代位权的必要费用，由债务人负担。

相对人对债务人的抗辩，可以向债权人主张。

《民法典》第五百三十六条规定：债权人的债权到期前，债务人的债权或者与该债权有关的从权利存在诉讼时效期间即将届满或者未及时申报破产债权等情形，影响债权人的债权实现的，债权人可以代位向债务人的相对人请求其向债务人履行、向破产管理人申报或者作出其他必要的行为。

《民法典》第五百三十七条规定：人民法院认定代位权成立的，由债务人的相对人向债权人履行义务，债权人接受履行后，债权人与债务人、债务人与相对人之间相应的权利义务终止。债务人对相对人的债权或者与该债权有关的从权利被采取保全、执行措施，或者债务人破产的，依照相关法律的规定处理。

第二节　企业合同管理制度

本节主要内容是关于企业合同管理组织结构和人员配备以及合同管理工作的开展，引导企业真正做到"人员到位"，选贤与能，充实到合同管理的各相关部门，为合同管理奠定组织基础。

一、企业合同管理机构

企业的合同管理部门与其他部门应当是一个有机的整体，合同管理部门包括合同主办部门、合同审核部门、合同监督部门、合同审批部门和发文归档部门。

（一）合同主办部门

合同主办部门负责合同起草、合同谈判和合同签署的全过程，是企业中负责特定合同的业务部门。如负责与发包方签订建设工程总承包合同的建筑企业的工程部、负责与装修公司签订建筑企业办公楼装修合同的后勤部、负责与职工签订劳动合同的人力资源部等，都是合同主办部门。

合同主办部门的职责包括以下九个方面：

（1）对合同相对方主体资格和资质进行审查；

（2）组织合同、项目谈判；

（3）负责合同文本起草工作；

（4）负责合同文本审查会签的流转；

（5）办理授权委托申请；

（6）组织、监督合同履行；

（7）负责合同档案的整理及移交；

（8）制定和落实合同保密措施；

（9）根据法定代表人的指示或者根据本部门职权确定合同承办人。

（二）合同审核部门

合同审核主要是就合同内容是否符合法律法规的规定、是否违反法律法规的强制性规定、双方权利义务是否符合公平原则、合同结构是否完整、表述是否严谨确切、是否存在歧义、是否存在漏洞进行审核，因此该项工作要由企业法律部门进行。

合同审核部门就是企业的法律部或者履行同样职责的法律和合规部、政策法规部、办公室等部门。该部门既可以由企业内部专职法律人员和公司律师组成，又可以外聘律师作为企业常年法律顾问协助工作。

合同审核部门的具体职责如下：

（1）拟订合同管理制度；

（2）负责办理签订合同授权委托的有关事宜；

（3）负责合同编号、统计、备案；

（4）管理合同专用章；

（5）合同的法律审查；

（6）参与公司重大合同的谈判；

（7）监督合同依法签订和履行；

（8）负责协调与办理重大合同签订过程中的外聘律师工作；

（9）参与合同纠纷的调解和处理，负责合同纠纷仲裁或诉讼的外聘律师工作。

（三）合同监督部门

合同监督就是对合同签订、履行的全过程进行的监督。

合同监督部门主要包括企业内部审计部门和纪检监察部门。内部审计部门的工作包括：对重大合同谈判、签订、履行、变更、解除等事项实施审计；对重大合同订立、履行中出现的失控点和违法、违规、违纪情况，提出审计意见或审计建议。纪检监察部门的职责包括：依据国家法律、行政法规和企业管理制度，对合同的谈判、签订、履行、变更、解除等事项实施全过程监察；对合同管理中出现的违法、违规、违纪情况进行调查处理，提出监察建议或监察决定。

（四）合同审批部门

合同审批就是将经过上述环节通过的合同文本提交拥有相应职权的部门或领导最后审查并批准签署的行为。通常根据合同重要程度、性质、金额由企业内部制度规定授权对象。通常包括如下层级：部门负责人；主管副总经理；总经理；董事长；董事会；股东会（或股东大会）。

（五）发文归档部门

发文归档部门的作用主要是对已经批准签署的合同正式用印寄发并将原件归档保存。企业印信代表企业在签署法律文件时使用，应当制定严格的印信管理制度，防止随便使用。企业印信应由专门人员管理，并在使用中履行严格的审批程序和登记制度。印信的使用应和合同的审批实行两权分离、互相制衡。

合同签署后，在谈判、签署和履行的整个过程中形成的所有的文字材料、录音录像、电子文档等资料的原件，应当由档案管理员统一整理归档，以备查阅。这些档案是今后处理合同履行中的争议和纠纷的重要依据和证据，也是企业通过分析有关资料、完善合同管理工作的依据，无论对企业、对客户、对股东、对政府都具有重大的意义，应当妥善管理。

二、合同管理制度示例

下文主要是通过示例向读者介绍企业合同管理制度、合同档案管理制度和劳动合同管理制度，帮助企业在合同管理方面真正做到"制度到位"。

企业合同管理工作必须实行制度化管理，建立健全合同管理相关的内部制度，使各项合同管理工作有章可循。

企业合同管理机构的正常运作需要靠制度来保障。一般来说，企业内部合同管理制度包含合同管理职责分工与合同办理流程中的各个环节。

制度的重要性毋庸讳言，在企业合同领域也不例外。企业合同管理的流程大同小异，请读者通过下面的示例了解企业合同管理制度一般涉及的内容。

[制度示例]

ZSH 公司合同管理规定
第一章　总　　则

第一条　为加强 ZSH 集团公司（以下简称集团公司）本部的合同管理，防范合同风险，依据国家有关法律、法规，制定本规定。

第二条　本办法适用于集团公司本部各部门主办、以集团公司名义签订、变更、解除的各类合同，包括合同、合同书等（以下简称合同）。

第三条　以集团公司名义对外签订合同的，均应当采用书面形式。

第四条　合同管理遵循归口管理与有关部门协同管理相结合的原则。法律部是合同管理的归口部门。

第五条　集团公司实行合同主办制度、合同审查制度、合同保密制度，加强合同监督和系统闭环管理。

第六条　集团公司积极推进合同信息化管理，努力提高合同管理效率。

第二章　合同管理职责分工

第七条　法律部职责：

（一）拟订合同管理制度；

（二）负责办理签订合同授权委托的有关事宜；

（三）合同档案管理；

（四）管理合同专用章；

（五）合同的法律审查；

（六）参与集团公司重大合同的谈判、起草；

（七）监督合同依法签订和履行；

（八）参与合同纠纷的调解和处理；

（九）负责合同管理有关的外聘律师工作；

（十）其他合同管理工作。

第八条　合同主办部门职责：

（一）对合同相对方主体资格和资质进行审查；

（二）组织合同、项目谈判；

（三）负责合同文本起草工作；

（四）负责合同文本审查会签的流转；

（五）办理授权委托申请；

（六）组织、监督合同履行；

（七）负责合同档案的整理及移交；

（八）制定和落实合同保密措施；

（九）根据法定代表人的指示或者根据本部门职权确定合同主办人。

第九条　合同协办部门职责：

合同项目明确协办部门的，协办部门应当根据领导指示和部门职责积极协助主办部门办理合同的有关事宜。

第十条　财务部职责：

（一）审查合同中的财务收支事项是否符合国家财经法律、行政法规和集团公司财务管理制度；

（二）对合同中影响财务的其他重要事项提出意见；

（三）依据国家财经法律、行政法规和集团公司财务管理制度对合同资金进行控制。

第十一条　审计部职责：

（一）对合同订立、履行、变更、解除等事项实施审计；

（二）对合同订立、履行中出现的失控点和违法、违规、违纪情况，提出审计意见或审计建议。

第十二条　监察部门职责：

（一）依据国家法律、行政法规和集团公司管理制度，对合同的谈判、签订、履行、变更、解除等事项以及重要项目招标过程实施全过程监察；

（二）对合同管理中出现的违法、违规、违纪情况进行调查处理，提出监察建议或监察决定。

第三章　合同主办

第十三条　合同主办制度是指由法定代表人或合同主办部门确定合同主办人，合同主办部门和主办人对合同谈判、签订、履行等的全过程负责的制度。

每一份合同须由法定代表人或合同主办部门确定一名主办人。

临时性的借用、聘用人员可以协助但不得成为合同主办人。

第十四条　合同主办人应自被确定为主办人起至合同履行完毕止对合同全

过程负责。其间出现与合同有关的问题由主办人协调解决，主办人协调不成的，按管理权限上报上一级领导解决。

第十五条 如果主办人发生工作或岗位变动，由法定代表人或主办部门确定新的主办人，保证合同主办工作顺利交接。

第十六条 合同主办人在主办合同之前，对于应进行招投标的合同，应确认该合同是否按照有关规定进行了招投标。违反强制招投标规定要求的合同，合同主办人有权拒绝主办。

第四章　合同谈判与起草

第十七条 主办部门可以根据需要组织法律部、财务部及其他相关部门的人员参与谈判。

第十八条 重大合同谈判前，应召开准备会议，明确合同中需注意事项、确定谈判方案及主谈人员，统一谈判内容和意见。

第十九条 主办人负责整理、印发会议纪要。

会议纪要应记载以下内容：

（一）会议日期；

（二）参会人员；

（三）一致意见、重要分歧及有助于了解谈判进程的信息；

（四）需要报主办部门负责人、分管领导、集团公司党组会或总经理办公会同意的意见；

（五）其他需要记载的事项。

会议纪要有具体设立、变更、终止民事权利义务关系内容的，要经过合同审查程序方能签署。

第二十条 主办人对谈判中临时遇到的重大问题应及时进行协调，并向本部门负责人汇报，必要时向集团公司有关领导请示。

第二十一条 合同主办人应争取己方起草合同。主办人负责合同起草、修订，有关部门予以协助。

重大合同可经主办部门提请，由法律部外聘律师起草或配合起草。

主办人自行起草合同文本时，应优先参照集团公司、行业、国家的示范文本。

第二十二条 经常使用的合同由主办部门会同法律部及其他相关部门制作

示范文本，并根据实际情况及时修订。

第二十三条　参加谈判的人员应恪守集团公司保密制度，不得泄露商业秘密。合同主办部门在送审前确定合同是否需要保密，明确保密要求。

第五章　合同审查

第二十四条　集团公司实行合同分类审查制度。集团公司合同分为以下三类：

A类合同，指资产重组、并购、土地使用权合同以及根据集团公司规定应当由总经理直接签署的其他合同。

B类合同，指借款、担保、发行证券等融资类合同、新组建公司的合同和章程、建设工程合同、工程监理合同，以及A类合同以外的标的额在人民币十万元及以上的其他合同。

C类合同，指合同标的额在人民币十万元以下的A类、B类合同以外的其他合同。

第二十五条　合同审查制度是规定合同谈判前或签订前由主办人和主办部门将合同草案及与合同有关的背景材料送有关部门审查，提出审查意见和建议供谈判人员及有权批准合同签署人员参考之用的一种制度。

第二十六条　未按本管理办法经相关部门审查的合同，不得签署，不得支付合同款项。

第二十七条　合同审查的一般程序是：

（一）主办部门内部审查；

（二）送集团公司相关部门审查；

（三）依据本办法由有关领导最终审批。

A类合同须由主办部门、审计部、纪检监察部、法律部和财务部审查。

B类合同须由主办部门、法律部和财务部审查。

C类由主办部门自行审查。

主办部门可以根据需要，提请增加有关业务部门对合同进行审查，各有关业务部门根据其部门职责范围对该合同进行审查。

第二十八条　合同审查最终审批依合同分类为：

A类合同：由总经理批准；

B类合同：副总经理等分管领导批准；

C 类合同：由部门负责人批准。

第二十九条　只代表双方的某种合作意向、并无实际权利义务内容的意向性合同，由主办部门自行审查，但该合同签署前应办理法定代表人授权委托手续。

第三十条　集团公司积极推进合同的电子化审查，提高合同审查效率。

第三十一条　因保密需要，主办部门可采用纸质或其他适当方式送审。采用纸质形式的，根据本办法填写《合同审查意见流转单》，将合同草案等有关材料送相关业务部门审查。负责审查的部门应出具书面审查意见，并协助保密。

第三十二条　主办部门负责审查合同下列内容：

（一）当事人的主体资格和资质是否符合要求；

（二）合同项目是否符合法律、行政法规、政策及有关政府部门的批准文件；

（三）合同技术条款是否符合国家标准、行业标准、企业标准及规程、规范；

（四）合同项目是否列入年度投资计划（未列入年度投资计划的合同项目，是否已按投资管理程序取得批准）；

（五）合同条款是否是缔约人真实意思表示；

（六）合同价款是否合理，价款的确定是否符合集团公司有关程序；

（七）合同条款是否切实可行；

（八）主办部门认为应当审查的其他内容。

第三十三条　主办部门和主办人应当审核合同对方当事人的主体资格和资信状况：

（一）经年检有效的营业执照或其他权利能力文件，其内容与实际相符；

（二）合同内容符合当事人经营范围的证明，涉及专营许可的，应提供相应的许可文件；涉及资质要求的，应提供相应的资质（等级）证书；

（三）具有相应的履约能力的证明，具有支付能力、生产能力或运输能力等，必要时应要求其出具资产负债表、资金证明、会计师事务所出具的验资报告等相关文件；

（四）具有履约信用的书面承诺与保证：过去三年重合同、守信用，无严重违约事实，在签署本合同时，未涉及可能影响本合同履行的重大经济纠纷或重大经济犯罪案件；

（五）在签署合同时，不存在任何司法机关、仲裁机构或行政机关作出的任何对履行本合同产生重大不利影响的判决、裁定、裁决等的书面承诺；

（六）如由委托代理人代签合同的，提供真实有效的法定代表人身份证明书、授权委托书、委托代理人身份证明。

合同主办部门应填写《合同对方当事人资质材料清单》。

第三十四条　有关部门根据本办法第二章的职责分工参与合同审查，在审查合同草案时，可根据需要，要求主办部门提供与合同有关的补充证明材料。

第三十五条　审查意见应明确、具体，禁止使用"原则同意""基本可行"等模糊性语言。

第三十六条　主办部门提交合同草案后，审查部门应当审慎审查，但每个审查部门出具审查意见原则上不超过3个工作日。

第三十七条　有关部门在审查合同草案时，发现重大遗漏、不妥时，应在审查意见书中予以明确并提出修改意见，需要退改时，应连同全部文件退还主办人。

主办人修改之后应重新按程序提交审查，审查期限重新计算。

主办部门认为就有关意见提示的风险实际运行中可以控制，就有关意见所涉及问题向最终批准领导进行解释说明并获得同意后，也可不再修改。

第三十八条　如果总经理认为有必要，可召开总经理办公会议审查合同。如时间紧急，主办部门可邀请各相关部门召开联席会议审查合同。但联席会议前主办部门应为拟参会部门提供必要材料和必要时间供其对合同进行研究。主办部门应将联席会议的会议纪要及合同谈判中的反馈意见抄送各参会部门，并根据主办部门或集团公司主管领导的批示，决定是否重新履行合同的一般审查程序。

第六章　合同签订

第三十九条　主办人负责对已完成审查会签、根据审查意见修改的合同进行校核、复印、装订。

第四十条　主办人负责将最终定稿的合同待签署版本送法定代表人或其授权代理人签署，并按照合同专用章管理的有关规定加盖"ZSH集团公司合同专用章"。

第四十一条　法律、行政法规规定应当办理批准、登记等手续生效的，应按规定办理批准、登记等手续。

第四十二条　合同项目要求对方当事人提供履约担保的，与其签订合同时，应确保其已提供合法、真实、有效、充分的担保。

第四十三条　凡是以集团公司名义对外签订、变更、解除合同，均应按本办法使用合同专用章，涉外合同等签字生效的合同除外。

第四十四条　合同专用章的使用实行登记备案制度。

第七章　合同履行

第四十五条　主办人负责组织合同的履行，并督促当事人按照约定全面、适当、实际履行合同。

合同正式生效前，不得实际履行合同。

第四十六条　主办人负责履行合同约定的通知义务，并提示有关部门（单位）按照合同约定的日期、期间履行合同义务或主张权利。合同主办部门申请合同付款时，必须提交已签署的合同文本一份；该文本如为复印件，则应当由合同档案管理机构注明"复印件与原件一致"，同时应提供关于该合同原件已备案的证明。未提供签署的合同文本或备案证明的，付款部门应当拒绝付款。

第四十七条　主办人应当及时汇报、请示、协调、解决合同履行中出现的问题、争议。

第四十八条　合同履行过程中发生对方不履行或履行不全面、不适当及其他违约事项或纠纷时，主办人应在法定或约定期限内以法定或约定的方式向对方提出异议或对对方的异议予以答复，并将有关事项及时通知付款部门和相关业务部门。付款部门在审查、核实有关事项后，对是否暂停或停止支付做出决定。主办人还可就前述事项提请法律部从法律角度出具意见和建议。

第四十九条　履行过程中出现争议事项，经合同当事人协商不成的，需要通过司法或者仲裁等其他方式解决的，由主办部门商法律部后，按照合同的最终批准权限向批准合同的领导提出解决合同争议的建议。

第八章　合同的变更和解除

第五十条　变更或解除合同，须由原合同主办部门、主办人主办。

第五十一条　变更或解除合同应采用书面形式。

第五十二条　主办人提请变更或解除合同的程序：

（一）主办人制作变更或解除合同说明文件，提交主办部门主任审核；

（二）法律部对变更或解除合同可能导致的法律风险进行评估，出具书面意见；

（三）财务部、审计部门对变更或解除合同的经济性进行评估，出具书面意见；

（四）主办人将上述文件、意见一并提交原批准人审批；

（五）其他应履行的程序。

第九章 合同监督

第五十三条 审计部门根据需要，在专项审计或其他审计过程中，对相关合同的订立、履行、变更、解除的全过程进行审计。

第五十四条 监察部门依据有关监察规定对合同订立、履行、变更、解除等进行监督检查，并可根据需要进行专项效能监察。

第五十五条 监察部门在接到涉及合同订立、履行过程中存在违法、违规、违纪行为的举报或投诉后，应会同相关部门及时进行调查处理。

第五十六条 合同主办部门及人员应及时提供完整的基础资料，配合审计、监察工作。

第五十七条 违反本办法规定订立、履行合同，但尚未造成经济损失或其他严重后果的，由法律部会同有关部门提出书面意见，要求责任人及其本部门（企业）主管人员予以纠正。

第五十八条 违反本办法订立、履行合同，造成重大经济损失或其他严重后果的，由监察、审计部门按照有关规定进行查处，并会同集团公司人事部门追究直接责任人员及有关领导人员的责任。构成犯罪的，移交司法机关处理。

第五十九条 对在合同管理过程中有重大贡献的人员，依照集团公司有关规定予以奖励。

第十章 合同专用章管理

第六十条 法律部负责合同专用章的刻制、使用、回收、报废等管理工作，并指派专人负责合同专用章的保管和用印。

第六十一条 合同专用章管理人员应按规定的权限和程序使用合同专用章，未经有关领导书面批准，合同专用章管理人员不得擅自用印，任何人不得超越权限强制合同专用章管理人员用印。

第六十二条 合同专用章管理人员应妥善保管、使用和管理合同专用章。

合同专用章管理人员必须履行以下义务：

（一）不得携带合同专用章外出；

（二）不得在空白合同上用印；

（三）严禁将合同专用章交与他人使用；

（四）不符合审批手续和用印规定条件的，不得用印。

第六十三条 合同专用章管理人员应注意审查下列事项后，方可用印：

（一）合同文本原件；

（二）法定代表人的签字或被授权人签字；

（三）合同审查意见流转单及审查部门的审查意见。

有书面授权的，应注意审查授权委托书中的权限，是否具有签署本合同文本的权利。

第六十四条 合同专用章管理人员对签署合同用印的程序核对无误后，加盖合同专用章。

有书面授权的，应保留授权委托书原件一份，但留存原件确有困难的，可留存授权委托书复印件一份，经合同主办人审查确与原件核对无误，加盖授权单位公章后存档。

第十一章 合同档案管理

第六十五条 法律部负责合同统计、档案管理工作。各主办部门负责本部门主办合同的统计、归档工作。

第六十六条 主办部门对其主办的合同的保密事项制定保密措施，法律部和有关部门给予协助。

第六十七条 合同档案内容应当包括：

（一）合同原件一份；

（二）合同审查意见流转单（电子审查后应当存纸版）；

（三）合同审查意见（电子审查后应当存纸版）；

（四）授权委托书原件；

（五）合同对方当事人资质审查清单所要求的内容；

（六）谈判、履行、争议解决情况的说明，变更、解除合同的相关文件（如果有）；

（七）其他需要归档的文件。

集团公司持有的上述合同档案材料仅有一份原件时，原件应当归档。因特殊情况只有复印件，或上述有关资料本身为复印件时，须加注"与原件核对无误"字样，并由合同主办人签字。

第六十八条　主办部门要加强合同档案材料的管理。合同主办人负责按照《ZSH 集团公司档案管理办法》整理合同档案，及时移交归档。因为合同未归档造成损失的，主办人和主办部门要承担相应责任。

第六十九条　主办人、法律部法律事务人员等因工作需要，可以按照《ZSH 集团公司档案管理办法》申请查阅、复制、借用合同档案材料。

第七十条　本办法中"重大合同"指 A 类和 B 类合同。

第七十一条　本办法自印发之日起执行。

〔借鉴意义〕

在制定企业合同管理制度时，可以参考上述制度，同时根据企业经营管理、企业层级、部门设置的繁简程度等特殊情况进行适当调整和增删，不必拘泥于某一个制度。适应企业的合同管理制度才是好的制度。既不因过于烦琐而降低效率，又不因过于简单而无所适从，就是好的制度。

第二章 合同谈判

◎ **本章导读**

　　本章主要介绍合同谈判的准备工作、谈判过程、谈判的技巧和策略。

　　合同谈判是达成合同的必由之路，不管是复杂的谈判还是简单的谈判。一般来说，谈判是有关方面就共同关心的问题互相磋商，交换意见，寻求解决的途径和达成协议的过程。谈判总是以某种利益的满足为目标，是建立在人们需要的基础上的，这是人们进行谈判的动机，也是谈判产生的原因。在工作中，必不可少，可以根据场景不同，对谈判者作出相应的判断。

　　谈判是寻求建立或改善人们的社会关系的行为。人们的一切活动都是以一定的社会关系为条件的。就拿商品交换活动来讲，从形式上看是买方与卖方的商品交换行为，但实质上是人与人之间的关系，是商品所有者和货币持有者之间的关系。买卖行为之所以能发生，有赖于买方或卖方新关系的建立。谈判的目的是满足某种利益，要实现所追求的利益，就需要建立新的社会关系，或巩固已有的社会关系，而这种关系的建立和巩固是通过谈判实现的。

　　谈判是一种协调行为的过程。谈判的开始意味着某种需求希望得到满足、某个问题需要解决或某方面的社会关系出了问题。由于参与谈判各方的利益、思维及行为方式不尽相同，存在一定程度的冲突和差异，因而谈判的过程实际上就是寻找共同点的过程，是一种协调行为的过程。

第一节　谈判准备

合同谈判之前的准备是做好合同谈判工作的前提和基础，充分的准备能够使谈判人员胸有成竹，胜券在握；准备不足则会使谈判工作陷于被动，在谈判中不知所措，甚至失去宝贵的商机。

企业需要在谈判前，准备文件资料，并且通过分析论证，确定谈判的目标、任务和要求。了解对方，审查对方的法人资格和资信情况以及对方的履约能力；了解对方的谈判人员，以及他们的身份、地位、性格、爱好、办事作风、分析各自的优势和劣势；收集、整理和熟悉与谈判有关的资料，要努力做到能运用自如；设计和确定最优方案、次优方案和备选方案，要准备好上中下三策，做到临场不乱；进行内部分工，派定谈判角色，以便在谈判桌上角色分明，相互配合，各有重点，进退自如；设计出谈判的程序，开始谈什么，接着谈什么，最后谈什么，事先都要有一个大致的安排，同时，要预估哪些环节可能会出现分歧，出现了这些分歧应采取什么对策；在国际贸易里还要了解对方国家的法律制度、风俗习惯、经济、技术和质量水平。

一、文件资料的准备

（一）企业基本资料的收集和会谈筹备

谈判之前，要通过各种渠道收集对方的企业简介，相关业务领域，企业业绩，企业在技术、市场、管理、公共关系、资金、人才等方面的优势等基本资料，以及对方拟参加谈判人员的姓名、所在部门、职务、联系人和联系方式；如果我方是东道主，还要预先安排谈判地点、时间、通知等事务性筹备工作。

谈判的时间和地点是商务谈判容易忽略的细节，其实这是非常重要的。

（二）框架合同的起草

根据双方谈判中将要涉及的主要问题和主要条款，可以先行提出框架合同，作为谈判中发言的主要参照，避免谈判散漫、低效。如买卖合同中的产品质量要求、数量、运输、价格、支付方式、违约责任、争议解决等主要问题，或者借款合同中的借款金额、利率、借款期限、担保方式等问题。

（三）会议纪要的起草

为了避免会谈之后因准备会议纪要而浪费双方的宝贵时间，可以先行起草会议纪要，未决事项留空，到时填充或者现行提出可能的说法，再根据实际情况修改。这样，在会谈结束后，只用很短的时间就能把会议纪要准备好，让双方签署。

（四）正式合同文本的起草

在几次谈判的基础上，如果双方已经就大部分的条款达成一致意见，预计本次谈判将确定全部的合同条款，那么可以预先起草好正式的合同文本，在会谈结束后签署。重要的合同达成，一般可以以签约仪式的形式正式对外公布，便于宣传。

二、谈判要点的归纳

（一）对方主要诉求

通过双方的电话沟通或者初步接触，对方会提出一定的交易条件，这就是对方的主要诉求，谈判之前归纳整理，作为双方谈判的基础。

1. 一般情况

一般来说，双方的主要争议焦点都围绕合同的标的、数量、价格、付款方式、担保、管辖、违约责任等核心条款展开，但具体到每一个合同，对方在谈判中表现出来的关注点并不一样，而且这些要求之间存在一定的联系。比如说买卖合同中的价格，在商品数量一定的情况下，双方就价格问题争执不下，但是如果买方答应多买一些，那么价格上可以再给予一定的优惠。另外，如果分期付款改为一次性付全款，也可以给予一定的商业折扣。

借款合同中的利率、期限、担保方式、违约责任等往往是双方争议的焦点，对方的主要诉求可能在这些方面。

出资合同中双方所占的股比、出资方式、管理人员的配备、公司业务、财务、人事等管理权的分配等往往成为对方主要诉求所在。

股权转让合同中转让股权的份额、股权转让价款或者定价依据、付款方式、中介机构的选聘权和选聘方式、未来双方在目标公司中的权利分配等是对方的主要关注点。

施工合同中的价款、工期、质量标准、施工管理权限、监理单位、工程款的拨付方式、工程进度、材料采购等往往成为对方的关键诉求。

2. 特殊情况

一定的交易往往受到双方特殊交易背景的影响，所以在对方所有诉求中必定有最关注的要点。例如，对企业规模特别关注的公司，在出资合同中非常关注己方是否能占到控股地位，为了合并会计报表，将目标公司纳入自己公司的总规模中来，那么此企业宁可在其他条件上做出让步，也要在股权比例上至少占到51%，那么就要把对方的这个诉求放到第一位来考虑，因为这是决定该笔交易能否做成的决定性因素。

还有现金流严重困难的企业，吸纳新的投资者时最关注的是对方的出资是否为现金，如果是现金出资，就能解决企业现金流问题，如果是实物出资，可能对他就没有多大吸引力，那就要把现金出资作为第一条诉求来考虑。

工程施工合同中，有的业主单位计划在特定日期使用新建的大厦举行盛大的开业仪式，已经作了相关安排，而时间又比较紧张，那么在施工合同中，在保证施工质量的前提下，工期就是最重要的环节，为了赶工期，甚至可以在工程价款方面做出实质性让步，那就要把工期放在第一位考虑。

总之，要把对方的主要诉求完整、准确地找出来：第一，便于与本企业主要诉求进行配比，设计谈判方案；第二，便于抓住对方弱点，在谈判中争取到主动的地位；第三，能在谈判前分析双方情况，对谈判的结果进行预测。

（二）我方主要诉求

谈判涉及的交易对我方具有什么样的价值和意义，是考虑该项交易的出发点。在此前提下，经过企业内部各相关部门的研究讨论以及领导的指示，在会谈前要确定我方谈判的主要目的和诉求，确定我方的基本立场，确定我方在哪些方面可以让步，可以在多大程度上让步，在哪些方面不能让步，这是我方的底牌。一般情况下，由我方企业的主谈人员掌握就行，不宜随便让一般谈判人员知道，防止底牌泄露给对方。当然，有些情况下，在谈判的最后阶段，双方的争议点和底牌都暴露给对方，到了决定交易成败的情况下，也就没有保密的必要了。

（三）双方争议的焦点和主要理由

在整理对方主要诉求和我方主要诉求的情况下，就可以归纳出双方争议的焦点和主要理由，分析双方的差距到底有多大。差距不大的情况下，双方成交的可能性就比较大，经公司领导批示，授予合同谈判人员一定的相机决断权限，在谈判中根据情况定夺，达成最终合同，签署正式合同。

如果双方差距较大，需要事先请示领导，已方谈判的底线是什么，有没有可行的备选方案，在谈判中摊牌，如果达不到要求，只好表示遗憾，终止谈判。

另外，在考虑双方差距的时候，也要考虑双方诉求背后的理由。

对于对方提出的诉求和我方提出的诉求之间，还可以通过互相的让步进行交换和利益上的平衡，最终达到双方满意。

（四）替代方案

对于双方利益共同点和利益冲突进行分析，了然于胸，是第一要点，这是合同谈判中双方发言的焦点。

准确预测对方可能的妥协程度。这就需要对对方有一个较为全面的了解，比如对方的主要业务、资产规模、经营状况、财务状况、交易目的、有无替代方案、对方正在接触的我方竞争对手的情况、我方交易标的的市场地位、该项交易对对方企业的重要意义等。在此基础上，才好判断对方是否会让步以及能够让多少。

所谓"知己知彼，百战不殆"，准备工作越扎实，对对方的了解越多，越能够清晰地判断出双方谈判地位的对比，从而正确确定我方谈判要点。也就是说，要判断出在一项交易中，是我方求着对方还是对方求着我方，还要知道我方能够接受的底线是什么，也要估计出对方成交的底线是什么。超过底线的，双方不可能达成交易。所以，双方只能在各自的底线之上，寻找交集。

例如，对方希望合并目标企业报表以使本企业的规模达到一定的目标，但是我方考虑的是企业分红的权利，那么可以考虑折中的方案，对方出资不到51%，但是掌握企业的实际控制权，符合《企业会计准则》的规定，也可以报表，这样就既满足了对方的诉求，也满足了己方的诉求，交易就能够做成，符合双方合作的目的。

出资合同中，对方希望我方以现金出资，考虑到现金的流动性最强，我方可以要求同样的出资金额占有较高的股权比例，甚至要求占有控股地位，这是利用我方的优势为本企业谋求最大的利益；而对于对方来说，目标企业资产被盘活，可能本来因为资金链断裂行将破产的企业被救活，对方的资产也得到保值增值，就是一个双赢的方案，对方也能够接受。

三、谈判人员的配备

企业派出代表本企业进行谈判的人员，需要综合考虑多种因素，要有熟悉业务的人员、法律人员、公关人员、文秘人员等组成，还要考虑如下几个原则。

（一）级别对等

一般来说，出于相互的尊重，规模相当的企业之间的谈判，企业要派出与对方来访人员级别相当的人员参与谈判。例如，对方来的是总裁，我方也要有总裁参加，对方派副总来，我方也派出副总。除了尊重之外，也有阅历方面的考虑，级别相当的人，考虑问题的方式会比较相似，有共同的东西，便于双方沟通。而且，也容易相互理解，有可能成为商业上的合作伙伴和朋友，有利于促成交易和双方更广泛的合作。

如果双方谈判人员级别差距大，很可能双方考虑问题的出发点和着眼点会有较大差距，缺乏共同语言，沟通不顺畅，使谈判陷于僵局，或者至少是不太愉快，不利于交易的达成。

如果双方企业规模不相当，而有一定差距，那么可以根据企业规模考虑双方接触人员的级别。例如，作为一家全国性的公司，与一家省级公司谈判，从级别上看，对方来一位副总，我方可以派出部门副职与对方谈判。总之，使坐在谈判桌上的双方能够互相尊敬是人员安排的第一考虑。

当然，我方根据谈判的情况，对方如果来的是较高级别的人员，我方派出级别相当的高层与对方接洽，定个基调后，不一定全程参与，可以先行离开，具体问题由我方主谈人员主持，等所有问题敲定后，我方相应级别的领导再次出席，与对方一起归纳双方谈判的结果，总结谈判成果，签署相关会议纪要或者合同。

（二）主次分明

谈判中的大忌讳是我方谈判人员表述的主张自相矛盾，所以这里一定要有一个主次的安排。

企业内部往往在一些问题上也会存在不同意见，但是，如果把这些意见暴露在对手面前，就会极大地削弱我方的力量，因此，任何内部意见只允许内部沟通，绝不要在与对手的谈判中提出自相矛盾的主张和意见。

在笔者参与的与外国投资商的谈判中，他们遇到新的问题，会马上小声地互相交谈，甚至聚到离我方较远的角落互相讨论、商议、争论，达成一致意见后再回到谈判桌前，把他们的意见由其中一个人代表全体告诉我方。碰到小的分歧，他们也会在谈判桌前互相耳语，提醒主谈人员注意，最后，由主谈表达他们的意见。

（三）专业配合

俗话说：隔行如隔山。在专业发展越来越精细化的今天，任何一个人想做到无所不知，简直是痴人说梦。所以，在谈判人员的配备上，必须要由各相关专业人员互相配合才能很好地完成谈判任务。

首先要求配备熟悉业务的人员。如在融资租赁合同谈判中，要有对标的设备比较熟悉的工程技术部门人员参加，也要有熟悉金融业务的财务部门人员参加；在煤矿项目合作开发合同谈判中，要有熟悉煤矿技术的工程技术人员参加，还要有熟悉相关政策法规和审批流程的计划部门人员参加；在企业整体收购或者股权转让合同谈判中，因为涉及人、财、物、业务、技术等各个方面，如果有条件，最好公司的人事、财务、市场、技术等各个部门都能派人员参加，至少是预先征求各有关部门的意见，在谈判中给予相关专业问题适当的关注，避免遗漏重要问题，根据实际情况，选择最重要问题相关部门的专业人员直接参与谈判。

（四）法律保驾

法律人员对于所有重要的谈判都是必不可少的。真正确切了解相关法律规定和合同条款在法律上的含义，真正能够厘清合同条款体现的双方权利义务的只有法律人员，包括企业内部法律工作者、外聘律师等。

随着市场经济越来越法治化，随着我国依法治国方略的逐步推进，随着各领域法律法规的逐步健全，企业越来越需要专业法律人员参与合同的起草、审查、谈判、签署、履行、纠纷处理等各项合同管理工作。

有法律人员的保驾护航，才能保证企业在合同谈判中，将自己的利益真正落实到合同条款中，在谈判中保证沿着合法合理的轨道进行。

在谈判中，应就我方各专业人员提出的主张如何落实到合同条款中，在对方主张违反法律法规规定的情况下及时拿出法律依据说服对方等方面发挥重要作用。还可以在谈判陷入僵局时，提出合法合理的替代方案，及时向我方主谈人员提出建议，及时化解僵局，推动谈判朝着互利双赢的方向进展。

四、谈判策略的拟定

（一）谈判地位的评价

在知己知彼的前提下，可以估计出双方的谈判地位，就是谁掌握谈判的主动权。在买方市场的情况下，产品供过于求，卖方求着买方，在谈判中，就要在我方底线内尽量满足买方的要求，力争达成交易，签订买卖合同。我国近几年来，由于生产能力的快速提升和西方反全球化的影响下海外市场的抵制，衣服、家电、食品等很多日用百货都是供过于求，出现了买方市场的情况，竞争激烈，厂商对于大批量买主就可以做出很大的让步，力求自己的产品能销售出去。

反之，在卖方市场的情况下，产品供不应求，甚至未来几年的产品都已经订购出去，买方就求着卖方。我国一些国外风力发电机的代理商，在国家大力发展风力发电产业的政策背景下，就出现过这种情况，所以他们在谈判中态度很强硬，不会在价格上轻易做出让步。

所以，双方的谈判地位也一样，会随着情势的变化而变化，这就需要合同谈判人员清晰判断双方的谈判地位，并根据各方面的信息，随时做出调整，做出相应的处置，决定我方在谈判中应持的态度，在谈判中为本企业争取最大的利益。此所谓能屈能伸，随机应变。

(二) 谈判目标的确定

在透彻了解双方主要诉求和谈判地位的基础上，经过内部讨论和研究决策，确定我方谈判目标。总的原则，要切合实际。

1. 目标

现实中存在一些情况，无论如何合同一定要达成，无论付出多大的代价，当然，也不是任何条件都能答应，而是在对方提出相对苛刻条件的情况下，我方也要做成这笔交易，因为它符合企业的战略价值，所以一定要谈成，但是要尽量争取企业少付出一些代价，多得到一些实惠。

这样的目标，一定要做好保密工作，防止机事不密，被对方利用来损害我方利益。最好只有掌握最终决定权的企业负责人知道，而给谈判人员一个争取达到的目标，哪怕在谈判桌上陷入僵局，最后由企业负责人拿出底线目标，与对方达成合同。

2. 标的

买卖合同的标的是合同指向的对象。标的的品质、数量可能都存在一定的弹性，在这方面也需要留有余地，给谈判人员一个谈判的目标。

3. 价格

在买卖合同中，对买方来说，同样品质的产品，价格当然越低越好；而对卖方则正好相反，价格越高越好。但报价是已经定下来的，双方要讨论的只是在报价方面能够上下浮动多少的问题。

而借款合同，利率是资金的价格，企业跟银行之间争论的是利率是在基准利率的基础上上浮还是下浮的问题。

价格不是孤立的，是和标的的品质、数量一起变动的函数，目标的确定可以是在给定的标的、数量情况下的目标，也可以是对应于不同标的、数量下的几个备选方案。

价格目标的确定，既需要考虑双方谈判地位，也需要考虑市场上现实的成交价格，还要考虑对方对我方的依赖程度等因素。

在对方很需要我方长期合作的情况下，目标可以定得高一些；在势均力敌的情况下，目标可以相对低一些；在我方依赖对方的情况下，目标要更低。在商言商，谁都不能意气用事，而应着眼于企业利益的最大化。

（三）对方底牌的预测

通过综合分析，对于对方接受到什么程度，预先做出一个分析和预测，便于我方把握在谈判中的态度和节奏。但是预测不是主观的臆断，而是建立在对对方经营处境的客观分析之上。

甚至于从双方达不成交易对对方的影响上考虑对方对我方提出的交易条件的接受程度，也要从竞争对手在与对方的接触中可能给予对方的条件估计对方的权衡过程，从各方力量对比，未来合作空间考虑对方是否能够接受我方提出的条件或者对方的底线，以此对对方的条件进行预测。

虽然不赞成做损人利己的事情，但是如果有其他渠道了解到对方的底线，对于我方的决策当然最有帮助。

在这方面，双方是个博弈的过程，在我方揣摩对方的同时，对方也在揣摩我方，所以，要在做好情报收集的同时，做好我方内部的保密工作。

（四）备选方案的准备

谈判需要留有余地和弹性，否则，极易陷入僵局。所以，要在确定我方谈判目标和预测对方底线的基础上预先考虑备选方案，以备不时之需。

通过迂回曲折的谈判达到己方的目标，需要适时抛出备选方案，让对方转移视线，打破僵局。

企业只能合法经营，通过平等的谈判，在双方自愿的情况下达成合同。如果企业掌握着对方需要的经济资源，就可以借此作为谈判的筹码，备选方案将包含我方在讨论的条件上的让步和减少可以给予对方的其他经济资源，以此达到一个平衡。

（五）谈判底线的设定

这是企业领导的工作。在分析了双方的地位和交易中的利害得失之后，需要企业领导为谈判人员设定谈判的底线，从目标到底线有一定的空间，这是主谈人员的权限。如果谈判中触及了该底线，主谈人员可以坦诚地告诉对方：贵方提出的要求超出了我方谈判人员的权限，今天的谈判无法达成合同，我方需要请示相关领导后再决定是否还有必要继续谈判。

这样，既是约束我方谈判人员的谈判行为，也是在谈判中给对方施加一定的压力，同时又给双方留下回旋余地。

（六）虚实条件的配合

信息永远是不对称的。

最主要的目标不能一下子暴露给对方，而要虚实结合，扰乱对方的思路。有虚有实，实则虚之，虚则实之，但是虚实又能互相转化，最后在谈判中取得预期的效果，达到预期的目标。

如我方想要在合作设立公司中达到控股地位，但是对方不同意，我方已经知道对方希望我方以现金出资，就在谈判中告诉对方："如果我方不能占据控股地位，我方只能以机器设备出资，现金对每个企业都是紧张的，你们考虑一下。"明知对方不可能接受，而且实际上我方也没有机器设备可以用于出资，这里"以机器设备出资"就是一个"虚"的条件，借此达到迫使对方答应"我方控股"的"实"的目标。

还有在价格方面，我方抛出明知对方不可能答应的一个价格，其实是个"虚"的条件，目的是使对方做出让步，答应一个接近我方预期价格目标的条件，这才是"实"的价格。

所以虚实条件的配合给谈判留下了双方进退的余地，有利于促成我方的目标。

（七）答复理由的设计

在抛出任何一个交易条件的同时，准备好有说服力的理由，将使谈判朝着有利于我方的方向发展，也使对方反驳我方的条件颇费周折。否则，我方提出的条件容易被对方否决，还没有什么理由反驳。

第二节 谈判技巧

谈判内容的控制、气氛的控制、时间的控制、进程的控制、谈判焦点转换控制贯穿于开场、正题、结束等各个环节。

一、过程

(一) 开场白

开场白的作用是感情联络，拉近关系，营造友好轻松的气氛，打好铺垫。

中国是一个讲人情的社会，在开场白中谈谈双方都感兴趣的一些人和事，拉近双方的关系，往往能为后面的谈判做好铺垫，打下一个互相欣赏、互相理解、互相信任的基础。

(二) 转入正题

在开场白之后，可以转入谈判正题，甚至在一些之前有过几次交锋的谈判中，还可以直接切入正题。例如：

甲方：现在双方就合作中的具体问题交换一下意见。首先由法律顾问就我方的意见作一个总体的发言，然后双方谈判过程中，就具体问题由双方各业务部门分别进行讨论。

乙方：好的……

谈判过程中要注意：

1. 认真听取对方人员发言，迅速判断对方谈判意图、伸缩空间、谈判人员地位和权限；合理合法提出我方要求，表明立场，争取对方的理解；归纳双方分歧，求同存异，达成一致意见的先明确下来，不同意见双方各自向上级汇报；适当让步换取对方让步；拿不下的难点则抛出我方交换条件，以平衡双方权利义务或者以进为退，迫使对方接受我方条件。

2. 谈判要留有余地，保持弹性，避免陷入僵局。即使拒绝，也不要让对方下不来台。如果出现双方相持不下的僵局，要及时化解。

在某集团公司与电力集团就某非洲合作投标项目进行的谈判中，双方对派出董事的人数相持不下，在怒气冲冲地发表完各自观点后陷入僵局，双方谈判人员都不说话，会场出奇的安静，空气像凝固了一样。在静默了几分钟后，电力集团副总裁、谈判小组组长首先用英语（双方谈判语言）打破了沉默："女士们、先生们，我们都很认真地对待这份合作协议，所以不由自主地对于一些条款的作用看得过重了。实际上，我们在工作中是经常笑着一起合作的，大家会一起商量，试着说服别人，而不是出现分歧后逼着对方接受自己的意见。那么，从现在开始，我们也要笑着讨论这些条款。你们看，我不是已经在笑了吗?"然后把自己的笑容展示给所有的人，大家都跟着放松下来，脸上都露出了笑容，会场的气氛恢复了正常，谈判得以继续进行，最终经过十多个小时的谈判，在凌晨两点签署了协议。

3. 谈判秩序。谈判过程中，以预先确定的主谈人员为主代表我方发言，其他业务部门人员就具体问题进行阐述或与对方进行讨论、解释、说服、争辩，内部分歧通过写纸条、小声讨论的方式进行及时沟通、交流、提醒。

主谈人员掌握谈判进度，控制谈判节奏和谈判气氛，主持谈判进程，决定我方人员发言次序，代表我方就具体问题做出最终表态。

（三）谈判总结

总结双方共识和分歧，对谈判进展进行口头总结，补充、完善。签订会议纪要或者在双方没有分歧的情况下签订正式合同。例如：

甲方：今天的谈判双方都就一些具体问题发表了各自的看法，取得了一些共识，还存在一些分歧。我把今天谈判的要点以及双方的立场归纳一下，请大家看看有没有需要修正或者补充的地方。之后，我会把今天谈判的成果写成会议纪要，双方核对后草签，作为这次谈判的成果。今天主要讨论了十一个问题，其中五个问题双方达成了共识，还有六个问题双方存在分歧。具体来说，第一……

（在核对无误签订会议纪要后）

甲方：总体来说，双方的观点在靠拢，双方的分歧在减少，相信这些分歧通过双方的共同努力都能得到解决。接下来双方都就分歧进行内部研究，跟更高一级领导汇报，请示领导就有关分歧做出指示，看看这些问题怎么解决。暂定下周同一时间再次面谈，争取在解决上述分歧的情况下签订正式的合同。在这中间，双方可以随时沟通，也不排除提前就所有分歧达成一致，提前见面，签订合同。您看呢？

乙方：我完全赞成您的安排。今天的谈判非常愉快！我代表公司对各位的支持和信任表示感谢！

二、倾听

倾听不但有助于了解问题的实质，而且有助于了解对方的动机，从而及时正确地做出判断，采取恰当的行为。

倾听，要做到专注。一般听话时思索的速度比讲话时思索的速度要快四倍，要利用这多出来的时间进行思考、做出判断和寻求对策。

倾听时还要以体态语言，如口头语、表情、手势等，向对方表达自己的了解程度，或是要求对方解释、澄清问题。同时，还要注意对方的面部表情、眼神和体态，以便对方的感情、态度进行推断。

特别注意不要随便打断对方的谈话，要让对方把话说完。只有让对方把话说完，才能了解对方的真正意图，从而给予恰当的回答。

倾听时最好手边放一个笔记本，随时记下对方讲话的要点，以便和对方讨论。没有听清楚的地方，打个问号，待我方讲话时可以向对方提问。

但当对方谈话离题太远或者内容重复太多时，也要善意地提醒对方，回到主题上来，或者提醒对方这个问题已经谈过了，以提高谈判的效率。例如，当对方对同样的问题多次重复时，可以礼貌地打断对方：抱歉！我想重复一下您的意思，您是不是说你们希望成交价格降低到 4500 元/吨？这个我们听明白了。请您谈下一个问题。

三、提问

提问的作用在于取得自己所不知道的信息，或希望对方提供自己尚不知道的资料，或要求对方澄清我方尚未弄明白的问题，或是借此表达发问人的感受，或是提醒对方注意到某些重要的问题，为对方的思考提供新的思路等。有的问话还有利于终结话题。

1. 开放式提问和封闭式提问

封闭式提问是指使用一个封闭性问题做出询问。回答者可以用一个词或者一个短语来回答这个问题，回答的内容具体明确。根据这个定义，下面这些提问都属于封闭式提问：你们公司注册资本有多少？你们公司做风电业务吗？你们公司在北京有没有分公司？您的意思是否是说……

封闭式提问的作用在于：

（1）作为交谈的起始问题，因为问题简单易答，能有效缓和气氛，帮助他人进入谈话状态。

例如，很多人在谈正事前先提问：今天天气还不错吧？过来时路上不堵吧？等开场问题。

（2）检查自己对问题的理解是否正确，也是切入他人谈话的一个方法。

例如，双方在谈论一个话题的时候，一方会问：您刚才讲的意思是……吧？通过这个封闭式提问就可以确认自己对话题的理解是否正确。

（3）在谈话开始时设置问题的基本讨论范围。

例如，您对我们这家酒店满意吗？或者说：您对我们这家公司在保理行业的竞争力和影响力还满意吗？这类问话就会将后续的谈话限定在满意或不满意之上。

（4）在谈话结束时总结讨论结果或者做出决定。

例如，很多谈话的末尾都会有人做一些总结性的发言："现在双方已就酒店整体委托经营的主要条款达成了一致，大家都同意在下周各自走完内部审批程序后正式签订《酒店委托管理合同》是吧？"

什么又是开放式提问呢？开放式提问通常会引出一个很长的回答，当然仅用答案的长短来判断是不是开放性问题还不太精确，作出开放式提问的人本意一定希望回答者给予较长的回答。换句话说，如果提问者希望回答者用较长内容来响应他，那这个提问就可以被定义为开放式提问。

开放式提问一般以"是什么""为什么""怎么样"或者"请描述"等短语引起，是谈话过程中使用最多的提问方式。以下是开放式提问的特征和用途：

（1）通常用封闭式提问开始一次谈话，紧接着必须用一些开放性问题将谈话推进下去。开放性提问还能有效地让性格内向的谈判对手开口说话。

（2）挖掘事件的细节，能有效地帮助你发现客户的需求、想法以及面临的问题等。

例如，你们对于合作的方式还有什么意见？或者：你们为什么坚持这一条款？

举例如下：

"您有什么想法？""您有什么打算？""你们有什么意见？""你们的建议是什么？"等，这一类问法表达了问话人探索的语气。

"本合同，你们是本周实施还是下周实施？"这是将自己的意见抛给对方，使对方在一个很小的范围内进行选择。

"这些货物，是本月中旬运到还是下旬运到？"这种提问方式属于强迫选择式，给人态度很坚决的印象。但应注意语气要缓和，措辞要得体，不要显得专横跋扈、强加于人。

如果只想了解一般情况，则提出一连串的问题请对方回答即可，如"能否请你们在质量、价款、运输各个方面谈谈意见呢？"

还有一种有强烈暗示作用的问话，如"如果你方违约，我方就有权要求赔偿经济损失，是不是？"

2. 引导式提问

引导式提问是沟通过程中不可缺少的提问技巧之一，它通过询问回答者一些预先设计好的问题，引起回答者进行某种反思。引导性问题有两种形式：第一种直接包含答案，主要用于给对方指明方向；第二种包含某种格式的提示，以便对方自己寻找正确的答案，这种正确可能是预先设计好的。需要注意的是能起到引导作用的不仅是表述的内容，提问时的肢体语言以及语音语调也能起到引导作用。

（1）假设型引导

这种引导方式其实在双重约束式提问中也见到过，只是用在这时并不是想让回答者陷入"陷阱"。提问者首先假设一件事，但是提问时却直接使用假设的结果。

你觉得明年三亚的房价会涨到多少？

房产中介通常用这句话让人觉得房价今后一定会上涨。

（2）关联型引导

关联型引导有两种形式，第一种将个人意见附加在提问之前，当对方回答提问的时候，你的态度会或多或少地在他脑子里留下影子，如果在表达个人观念时加上情绪因素，所得的效果会更好。

我们和 A 公司合作过，他们作出的设计质量不高，还被监管部门处罚，你们觉得 B 公司怎么样？

在讨论会上使用这个技巧，可能会给 B 公司拉来一些赞成票。

还可以将其他一些重要的事情或重要的信息加入提问，起到适当的引导作用。

a. 你喜欢生活在北京还是上海，报纸上说北京很安全啊。

报纸说了北京很安全并没有说上海不安全，其实两者完全一样，听众往往理解为北京更安全。

b. 你觉得 C 公司怎么样？听说很多客户都起诉它。

听到这个提问的人会不自觉地回想 C 公司做过的不尽如人意的事，将对它的不满意放大。

（3）暗示型引导

第一种提出问题的时候同时让对方考虑可能发生的后果；第二种将过去已经发生过的事件作为暗示关联到所提问题之上，引导对方做出判断。

a. 如果你将赞成票投给 D 公司，你想想要多交多少税啊，还记得他们上次怎么做的吗？

他们上次可能并没有做什么出格的事，但这句给人的感觉完全不同。

b. 如果选择 E 公司担任安全生产顾问，采矿过程的生产安全会怎么样？（背景：E 公司担任安全生产顾问的项目近期出现了安全事故）

这么说，意思就是不让选择 E 公司担任安全生产顾问。

（4）直接型引导

直接型引导将自己的提问设计成一个封闭式提问，直接引导对方给出肯定性回答，在设计问题时提问者会让回答者更容易回答"是"，而不是回答"否"。

a. 作为借款方，我们需要保证资金安全，您赞同吗？

一般不会回答不赞同，但赞同后，提问者会提出特别的要求，如请你提供担保措施。

b. 你们和 F 公司的合作真的比跟我们的合作更顺畅吗？（背景：跟 F 公司的合作出现了纠纷）

有意提起对方与 F 公司合作中的不愉快，因为在复杂项目的合作中，无论怎么谨慎，都难免出现需要后期协调的分歧。

（5）附加型引导

附加型引导是在一个陈述性的语句后面附加上一个疑问句，让一个命令式的语句像是一个提问。疑问句部分通常使用的是反义疑问句，让人感觉不服从命令可能很可笑。

a. 这是一件很值得大家做的事情，难道有人认为不是吗？

在这种情况下会说这件事不值得大家做吗？特别是当领导问这个问题时效果更明确。

b. 你今天晚上肯定会过来吃饭的，难道你不想来？

这句话给人的感觉已经做了很多准备，不来不行。

（6）强迫式引导

强迫式引导在提问时带有隐性的或者显性的强迫特征。"强迫"可以是命令型的强迫，也可以是障碍制造型的强迫。如跟对方代表说："我们知道作为央企二级公司，你们完不成今年的投资计划和利润指标的话，上级集团公司会削减你们的工资总额。"就是一种障碍设置型强迫。

a. 你们公司今年的生产任务会完成吧？如果完不成麻烦就大了。

这个提问看上去更有强制意义，究竟麻烦有多大谁也不知道，但听到询问的人通常会受影响。

b. 你怎么说你不来啊？

让回答者感觉到解释不来是一件有难度的事，从而接受来这个要求。

四、答复

答复更趋向于承诺，是谈判中最重要的方面之一。答复不准确，就会给自己造成极大的被动。所以，答复时应掌握好以下技巧。

（一）在答复之前，要深思熟虑

这样才能使答复恳切明确，有利于确定互利互惠的合作关系。如果对方提出的问题是自己始料不及的，千万不要随口答复。为了使自己获得一个充分的思考时间，或者获得一个内部商量的机会，可以用"需要点时间内部研究一下""资料不全"或"这个问题尚需思考"等为由，拖延答复。

（二）要在弄清问题的真正含义之后再进行答复

对方提出询问，或是为了了解问题的真正实质，或是为了获得确切的数据、数值，或是为了说定甚至说死我方到底要承担什么样的义务。对于这些问题，答复时要采取极为慎重的态度，说错了就可能给己方造成被动局面。

（三）谈判中要有标底，但不要一开始就将标底和盘端出

在谈判中，应预先设定谈判的标底，但是应通过谈判逐步引导谈判向该标底靠拢，确定谈判的顺序，切不可轻易泄露，避免给对方留下充分的时间考虑否定它的理由。要知道，谈判是双方之间进行的博弈，双方的目标很少百分之百一致。要使双方的目标趋于一致，就要通过一个反复的要约—反要约—再要约，最后到承诺的过程。因此，在谈判时，不仅要顾及自己的目标，还要估计对方的目标。要准备在对我方较有利的交易条件的基础上，双方一点点相互让步，最后才能接近自己的标底。

对于有些问题，当不能答复或不便于立即答复时就不可仓促、勉强作答，而要采取回避手法。如果能用一个幽默的方式回避，则更有利于避免陷入僵局。

（四）在谈判终了时，对谈判要给予正面的、肯定的评价

不管结果如何，谈判都使双方增进了相互了解，为双方判断是否能够进一步合作以及如何合作创造了条件。所以，切忌以否定的结论来结束谈判，使谈判人员留下不好的印象，为新的谈判设置不必要的障碍。双方对谈判结果都不满意时，可以考虑重开谈判或推迟订立合同的时间，但不可全盘否定。

（五）不是所有的问题都必须回答

谈判中有一个误区，就是很多人认为，对方提出的所有问题都必须回答。谈判是为了说服对方接受我方的交易条件，这是在谈判中需要时刻牢记的，所以，讲的每一句话，每一个问题，每一个回答都是围绕这个目的展开的。如果忘记了谈判的目的，一味地跟着对方的思路走，很可能陷入对方的谈判策略，使谈判陷于被动。

例如，对方提出："之前五六年的交易价格都是 2000 元/吨，对吧？"如果你回答："对"，对方马上会追问："那你们今年一下子把价格升高50%不合适吧？"所以，这个问题的回答对我方是没有意义的，也是不必回答的问题。既然已经洞察对方是对价格的提高有疑义，就应抓住对方的疑虑，重点说明我方提价的原因，如成本的上涨、市场行情的变化、供不应求的状况、其他购买方的竞争等，说服对方接受我方的价格。

（六）对方的问题不必马上回答

即使是很聪明的人，当对一个问题马上回答时，往往会因为缺乏慎重的考虑而给出事后看来不太恰当的答复。因此，在听到对方的问题后，应首先确认自己听明白了对方的问题和意图，判断该问题是否属于自己决定权限之内的问题，经过思考再给予适当的回答，切忌不假思索地随口作答。

五、说服

说服是为了设法让对方改变当初的想法而接受自己的意见，这是谈判工作中最艰难也是最富有挑战性的一步。为达此目的，建议：

1. 要对对方表示友善，使对方熟悉和信任自己。只有让对方感到我方谈判人员亲切、可信，才能使对方容易接受我方意见。

2. 要向对方讲明接纳我方意见后的利弊得失。谈判的目的无非是获利，如果让对方感到有利可图，或者至少让对方觉得不会失去利益，或者能减少对方的损失，对方就会十分重视这种意见，就更容易接受我方建议。

3. 在说服对方时，也应该坦率地说明我方的利益所在，使对方认为我方所提要求合情合理。

4. 要更多地强调双方利益的一致性。正是这种一致性，使双方坐到谈判桌前直至签订合同。

5. 如果对方接受了说服，也要尽量使相关的手续和操作简便易行，以避免枝节问题弱化说服的效果。

六、辩论

一般来说，在准备阶段设计谈判程序时，就要努力避免争论。但为了证明自己的立场，为了维护自身的合理要求，有时也不得不进行某种辩论。

1. 一旦提出不同的看法，就要论证自己立场的科学性和正确性，就要说明自己意见的事实根据或法律根据。

2. 针对对方没有根据的指责，要正当反驳。

反驳时，可指出对方论点不正确，不合法律规定或不合国际惯例，或不合之前签订的框架合同或者意向性合同确定的原则；可指出对方的论据不可靠，或是不充分，或是根本就没有事实根据；可指出对方的论点和论据之间没有逻辑联系，推导不科学。

3. 采取原则问题不妥协、枝节问题不纠缠的方法。

要抓住要点，切中要害，至于小问题，能含糊就含糊，能妥协就妥协。

4. 措辞准确、锋利，但不要伤害对方，特别不要刻薄讽刺，不能搞人身攻击，也不能断章取义，歪曲对方的原意，特别是不要蛮不讲理。

5. 态度要客观、公正，要从容不迫、有条不紊、仪表庄重、举止自然。不要自乱方寸，更不要有失检点。

6. 辩论是为了合作，因而应该是有原则、有分寸和善意的。

七、叙述

叙述是阐述己方对某一问题的立场、观点、看法和意见，提出自己的方案。

1. 叙述时，务必明确易懂、使对方明白自己的意思，如有较为艰深的专业词语，要加以解释。因为一般情况下，对方绝不会同意他们根本就不懂的条款。

2. 叙述时，重点要突出，要抓住主题，不要远离主题去叙述一些无关紧要的事情。

3. 叙述时，要直接说明自己的观点，避免拐弯抹角。

4. 叙述时，要讲出精确的数值，如价格、税率、质量规格等，这是谈判中通常要涉及的实质性内容，半点也含糊不得。有的要提出上限或下限，以供对方选择，作为讨价还价的基础。

5. 叙述时，第一次就要将叙述的内容说对，切忌信口开河，然后再来修正。为此，谈话之前要做好充分的准备工作，而在谈判时也要采取谨慎的态度。

八、策略

1. 有气势

在势均力敌的情况下，要有气势，不能让对方感觉你求着他们。如果气势上矮人一头，谈判中会处于不利的地位。即使真的处于不利的谈判地位，也要虚张声势，不能露怯，让对方感到可以"欺负"你。

2. 留有余地

提出比自己的预期目标更高一些的要求，这样就等于给自己妥协时留下了余地。目标定得高，收获便可能更多。但也要适可而止，不切实际的要求可能将对方吓跑或者让对方对你的诚意产生怀疑，甚至激怒对方。

3. 不轻易让步

让步要缓，而且还要显得很勉强，争取用最小的让步换取对自己最有利的合同。这是小商贩们惯用的伎俩，但在大型的商务谈判中也有适合使用之处。

4. 不表露决策者身份

在前期的谈判中，不要轻易以"大权在握"的口吻去谈判，给自己留下回旋的余地。要经常说："如果我能做主的话……"要告诉对方，自己还不能做最后的决定，或说自己的最后决定权有限。这样，就更有回旋的余地，使自己有推后思考的时间和摸清对方底牌的时间。

5. 不轻易亮底牌

要使对手对自己的动机、权限以及最后期限等知道得越少越好，而自己在这方面应对对方的情况知道得越多越好。直到双方差距很小时，再亮出底牌，迫使对方作最后的让步。

6. 拿对方的竞争对手压对方

当今的市场，已经很少有只有较少买方或者卖方的市场，竞争已经是普遍的现象。所以，可以利用对方的竞争者迫使对方让步。即使卖主认为他提供的是独门生意，也不妨告诉对方，自己还有买新产品或买二手货的路子。要显示自己还可以在买或不买、要或不要之间做选择，以造成一种竞争的态势。适时搬出对方的竞争对手甚至虚构的竞争对手，都可能让对方感到忐忑不安。信息永远是不对称的，所以不必担心对方能够了解我方的所有情况。

7. 化解僵局

如果谈判陷入僵局，不妨喊"暂停"，告诉对方：自己要找上级领导、老板或专家磋商。这样既可以使对方有时间重新考虑其立场，又可以使自己有机会研究对策，或者以小的让步重回谈判桌旁。

争议也可以搁置，留后再谈。避免在个别问题上耽误太多时间，影响谈判的进度。有时候在谈判别的问题时会发现解决僵持问题的答案。有时候迂回的方式能够迫使对方在僵持问题上让步，所以不必太担心陷入僵局的问题，也不要在某一个问题上作毫无意义的重复性谈判。

8. 不急于成交

要沉住气，不要急于求成。除非自己的准备工作十分充分，而对方却毫无准备，或者自己握有百分之百的主动权，否则，不必也不能不假思索就轻易亮出自己的底牌，要有足够的时间考虑谈判的各种细节。即使已经达到己方预期的目标，如果有机会，还可以达成超出预期的谈判结果。

9. 出其不意，攻其不备

有时突然改变方法、论题或步骤，会使对方措手不及、陷入混乱而做出让步。如改变说话的声调、语气、表情等，都可能使对方改变立场和态度。所谓明修栈道，暗度陈仓，就是预先设计好谈判"陷阱"，使对方在猝不及防时进入包围圈，缴械投降。

10. 盛气凌人

有时可以威逼对方，看对方如何反应。这一手有一定冒险性，但有时很见效，可以迫使对方接受修改的合同或重开谈判。不良资产并购领域经常是在这种不对称地位中进行的，企业陷入困境，甚至面临倒闭的风险，出售部分资产获得流动性，就能让困境企业渡过难关，在此极端情况下，通过"极限施压"，往往会让困境企业接受非常苛刻的交易条件，为购买方获得更大的利益。需要注意的是分寸问题，避免谈判破裂，失去商机。

11. 以柔克刚

商业谈判要关注对方的心理感受。有时候尽管自己有足够的承受能力，也可以说："我真的喜欢你的产品，也真的有此需要，可惜我们没有能力负担。"这样可以满足对方自负的心理，因而让步。

12. 坚忍不拔

不期望对方立即接受自己的条件。坚持、忍耐常常强过急躁冒进。有时候再坚持一下，对方就会接纳你的意见。

13. 避免欺人太甚

不要逼得对方走投无路，要给人留点余地，顾及对方的面子和利益。成功的谈判是使双方互利双赢、双方都愉快地离开谈判桌的谈判。谈判的理想目标是：没有哪一方是失败者，每一方都是胜利者。

具体的谈判人员都需要能对自己的上级领导、企业有所交代，否则无法交差，所以有时候要辩证地看待谈判的结果，双方都合适才能合作长久；只有一方合适，即使交易达成，有可能在履行中感觉"吃了亏"的对方会想方设法通过合同未能涵盖的地方"找补"。

14. 挑拨离间

如果在谈判中发现对方谈判队伍中存在不同意见或者不同的立场，可以借此进行挑拨离间，瓦解对方的进攻。

例如，在一个并购大型国有股东占第一大股东地位的有限公司谈判中，我方谈判人员了解到对方派出的谈判队伍由两部分人组成，一部分是对方控股股东的代表，另一部分是职工股东的代表，存在一定的矛盾。在谈判中当对方谈到并购双方之前谈判中败于我方时，我方谈判人员抓住该话题，巧妙地将战火引向对方内部："不是你们在谈判中败于我方，而是职工股东们在你们收购他们的股权时败给了你们。"对方大股东代表一时没有明白怎么回事，职工股东代表们却表现出明显的兴趣。我方谈判人员接着说："在去年你们收购 A 公司时，仅用了 3 亿元就占有了该公司第一大股东的地位，控制了该公司 40 亿元净资产，稀释了职工股东的股权，导致职工股东持股比例下降，分红减少。所以，是职工股东败于你们，不是你们败于我们。"这时再看对方职工股东代表们，纷纷点头或沉默表示赞成，对方第一大股东代表顿感尴尬，忙于应付来自职工股东代表们的不满情绪，再也组织不起一场针对我方的有效进攻。

当然，需要注意的是，挑拨离间一定要点到为止，不显山不露水，伤敌于无形，避免引起对方的警觉和反感。

第三章 合同审查与范本示例

◎ **本章导读**

　　合同审查是合同管理工作当中一个核心环节,"工作到位"包含了"审查到位"。本章先一般性讨论合同的审查,在此基础上,选取买卖合同、借款合同和担保合同、委托贷款合同、租赁合同、建筑工程承包合同和股权转让合同为例介绍合同审查中的常见问题,采用点面结合的方法阐述合同的审查。主要解决审查什么和怎么审查的问题,请读者结合实例体会法律规定与现实工作如何结合。在合同审查的基础上,每类合同之后附一个范本,供读者参考。

第一节　一般内容

　　从企业利益的角度进行分析,审查合同的终极目的,是为了判断合同是否能够保证自己达到交易目的,以及合同条款是否能够有效保护自己的权益。

　　为了企业能够通过合同实现交易目的、有效保障权益这两个终极目的,合同必须考虑下列问题。

一、合同目的

　　在着手起草或审查合同之前,应通过电话、电子邮件,最好是面谈的形式或直接参与谈判,摸清企业拟签合同的真正目的,包括动机。实践中,明明是加工承揽合同,有的企业当作买卖合同处理;明明是一般合作建房合同,有的企业当作合作开发房地产合同处理,结果导致合同名不副实。有的企业企图以合法形式掩盖非法目的，如明明是企业相互借贷合同，却要搞成一份合作经营合同。只有明确合同目的，才能搞清合同各方的真实意思；只有明确合同目的，才能确定合同的性质及合同的准确名称；只有明确合同的目的，才能"规划"合同双方的权利和义务及违约责任；只有明确合同的目的，才能确保合同的有效性。

二、合同的有效性

保证合同的有效性，乃是合同管理人员义不容辞的责任。要特别注意我国《民法典》关于民事法律行为有效的三个法律要件：（1）行为人具有相应的民事行为能力；（2）意思表示真实；（3）不违反法律、行政法规的强制性规定，不违背公序良俗。判断合同有效还是无效，除了上述规定外，还要注意一些特别法的相应规定。只要不违背我国法律法规强制性和禁止性规定，合同的有效性就得到了保障。在起草和审查某一合同时，应特别注意相关法律、法规和司法解释当中强制性和禁止性规定。关于合同有效性问题，事实上包括三个方面的问题。

（一）行为人具有相应的民事行为能力

民事行为能力是行为人通过自己的行为参与民事活动，享有权利和承担义务的能力。与之相对的是民事权利能力，民事权利能力是指民事主体享有民事权利、承担民事义务的法律资格。民事行为能力是指民事主体独立参与民事活动，以自己的行为取得民事权利或者承担民事义务的法律资格。如 18 周岁以上、辨识能力正常的成年自然人为具有完全民事行为能力的人。法人的民事权利能力和民事行为能力，从法人成立时产生，到法人消灭时消灭。合同主体是否具备签订及履行合同的相应的民事权利能力和民事行为能力，是合同审查中首先要注意的问题，这涉及交易是否合法、合同是否有效的问题。

如果签约主体是法人，这一方面的审查要点至少包括以下内容：

1. 是否拥有《企业法人营业执照》；
2. 《企业法人营业执照》是否合法、有效，包括是否经过年检；
3. 《企业法人营业执照》中的经营范围、经营方式是否与合同相适应；
4. 对于某些限制经营、特许经营等特别行业，是否有相应的经营许可；

5. 企业是否正常经营，是否有履约能力。

6. 法律是否对标的物有经营上的限制、是否可以合法流通。

如果签约主体是自然人，这一方面的审查要点至少包括以下内容：

1. 是否为中华人民共和国公民，如果是外籍自然人，是否有护照、居住证等证明其身份的证件；

2. 是否为年满 18 周岁、具有正常辨识能力的成年人；

3. 是否有履约能力。

（二）意思表示真实

合同双方签订合同时的意思表示真实是合同有效的法律要件之一。意思表示是指行为人为了产生一定民法上的效果而将其内心意思通过一定方式表达于外部的行为。意思是指设立、变更、终止民事法律关系的内心意图，表示是指内心意思以适当方式向适当对象表示出来的行为。《民法典》第一百四十六条规定，行为人与相对人以虚假的意思表示实施的民事法律行为无效。以虚假的意思表示隐藏的民事法律行为的效力，依照有关法律规定处理。

（三）不违反法律、行政法规的强制性规定，不违背公序良俗

关于"强制性"，前文合同的有效性中已解释，此处不再赘述。公序良俗是指公共秩序和善良习俗。守法和公序良俗原则要求民事主体在从事民事活动时不得违反法律、行政法规的强制性规定，不得违背公共秩序和善良习俗。公共秩序，是和社会整体利益相关的基础性原则、价值和秩序。善良习俗是指基于社会主流道德观念的习俗，是全体社会成员所普遍认可、遵循的道德准则。善良习俗具有一定的地域性，并且会随着时代的发展而变化。

三、权益平衡

所谓合同权益的平衡性是指合同一方权利与义务要相对平衡，合同双方权利与义务要相对平衡。不存在只有权利而没有义务的合同，一方享受了权利，就必须承担相应的义务，权利与义务必须"匹配"，不应出现有权利主体而没有义务主体或有义务主体而没有权利主体的情形，一方企业的权利内容应与另一方企业的义务相对应。过分强调一方的权利、忽略合同相对方的利益的合同

草稿，要么得不到签署，要么变成"显失公平"。虽然要注意本方的利益，但若不考虑合同相对方的利益或者不注意合同的平衡性，很难达成双方合意。有的法律顾问在起草合同时，还为合同相对方设立了诸多陷阱而沾沾自喜。殊不知，"聪明才智"迟早会被"发现"。要么辛辛苦苦起草的合同草稿被改得面目全非或被"束之高阁"，要么起草的合同虽然得到了签署，但在履行过程中由于这些陷阱逐步暴露而遭到合同相对方的种种刁难。最终，导致企业的合同目的不能实现，吃亏的还是自己。

当然，在现实生活中，还有几点考虑：（1）大的企业比较注重自己的信誉，注重长远的利益，在与其他企业合作中，往往要避免给合作方留下"耍小聪明""贪小便宜"的形象，否则有可能在后续的合作中使得双方缺乏信任；而小的企业有时候会表现得"急功近利""唯利是图"，比较注重眼前的利益。当然，也不尽然，有的企业虽然小，但是领导人同样可能具有高瞻远瞩的战略眼光，注重企业的信誉和领导人个人的信誉。（2）作为企业法律顾问，必须要站在企业利益的角度看问题，保护企业的合法权益，在合同条款设计上要有所倾向。（3）合同最后达成要经过一个讨价还价的过程，在合同草稿上做出一些倾向于自身的条款，留下谈判的余地，也是一个谈判的策略。

四、条款实用

实践中，大量合同缺乏实用性，具体表现在：对合同各方权利的规定过于抽象原则，对合同各方的义务规定不明确不具体，或虽对各方的义务作了详细规定但没有违约责任条款或对此规定不清，合同虽规定了损失赔偿但没有计算依据，整个交易程序不清晰，合同用语不确切，等等。"实现合同实用性是合同得以有效利用、完成交易和实现利益均衡的具体保证"，尤其像建设工程合同、合作开发房地产合同、B4T合同这类履行周期长、影响因素多、风险大的合同，更需要对于实用性做出更高的要求。关于合同实用性问题，西方国家律师的经验很值得借鉴。一份个人房屋租赁合同，可能长达十几页，各方权利义务规定得清清楚楚，违约责任非常详尽，对可能产生歧义的名词还用一章做出"定义"，虽然读起来有点拗口，但执行过程中不容易产生歧义、误解。从某种意义上讲，合同就是立约方对合同所涉事项的事先规划和设计，这种规划和设计既包括对立约各方角色的规划和设计，也包括对交易程序的规划和设计，还包括立约各方如果在履行过程中产生争议不能达成共识时"诉诸法律"的规划和设计。工程建设，如果规划不当，设计不周，后果可以想象；合同缺乏实用性，后果也就不言而喻了。套用现代俗语解释，合同就是立约各方制定的游戏规则，没有详细的规则，何谈游戏？企业往往碍于情面，不愿意提及违约责任，或对此轻描淡写，法律顾问在起草和修改合同中，不但要规定违约责任，还得尽量详尽，使各方违约责任与其义务相一致并落到实处。合同用词不能使用形容词如"巨大的""重要的""优良的""好的""大的""合理的"等，避免使用模棱两可的词语如"大约""相当"，亦不要泛指如"一切""全部"（若必须用该字眼，就应写下"包括但不限于……"），简称必须有解释，容易产生误解和歧义的词语要定义，用词要统一，标点符号亦不可轻视。俗话说：一字值千金，合同文书表现尤为典型。合同用语不确切，不但会使合同缺乏实用性，还会导致纠纷的产生，这方面案例可以说举不胜举。

条款实用性强的合同，不仅具备交易所必需的基本条款，还包括结合合同标的、合同性质、合同目的、对方特点、合同背景等因素制定的条款，这些条款是合同基本条款的细化和延伸，是前瞻性地预见可能发生的问题并事先加以约定的实用条款。

合同条款实用性的审查主要包括以下内容：

①审查有无针对交易特有风险而设立的实用性条款；

②审查有无根据违约特点而设立的实用性条款；

③审查有无根据标的特性而设立的实用性条款；

④审查有无根据交易对象的特点而设立的实用性条款；

⑤审查有无确定争议管辖地点的实用性条款。

五、结构合理

合同结构是指合同各个组成部分的排列、组合和搭配形式。

合同通常由三部分组成，即首部、内容、结尾。首部一般包括标题、合同编号、双方当事人名称、住所、邮政编码、法定代表人、电话、传真、电子信箱、开户行、账号等；内容一般包括签订合同的依据和目的（常见的"鉴于"条款）、标的物、数量和质量、价款或酬金、履行方式、地点和期限、违约责任、合同生效及终止、不可抗力、争议的解决方式、法律适用、保密、权利放弃、权利转让、继承者和受让人、修订、可分割性、合同各部分效力次序（常见的"取代"条款）、未尽事宜、通知、合同正副本份数及保存、附件等；结尾一般包括签约单位盖章及签约单位授权代表签字、签约时间、签约地点等。实践中，严格按上述顺序排列的合同并不多见，对一般条款或通用条款如不可抗力、争议的解决方式、法律适用、保密、通知，大部分合同均未叙述。合同内容繁多，并无固定模式，如何编排，取决于法律顾问个人习惯、经验和对合同所涉事项的精湛理解乃至法律顾问的心境和态度。合同各方的权利和义务无疑是合同内容重中之重，笔者的经验是以各方权利和义务为中心编排合同其他内容，通常做法是：在对合同标的物、数量和质量、价款或酬金、履行方式、地点和期限等合同必备条款进行叙述后，采取专章的形式对各方权利与义务进行界定，然后就是各方的保证和承诺，紧接着就是违约责任条款及争议解决方式，其他条款统统放在合同后半段或以"一般规定"作单章叙述。这样做有三个好处：一是能抓住重点，二是叙述方便，三是能够保证合同整体框架的协调。追求合同结构合理性就是要让合同整体框架协调、各条款功能互补，从而避免和减少合同条款之间的矛盾和歧义。

六、体例适当

合同体例通常是指合同简繁及合同各条内容排列形式。有的合同方方面面的内容都要涉及，有的合同力求简要，有的合同采取先有"章"，后有"条"，"条"下面是"款"，"款"下面是"项"，有的合同只有"条""款""项"，有的合同干脆就按"一、二、三……"顺序排列。合同体例既要视企业要求和企业情况而定，又要与合同所涉事项、金额、履行方式、有效期、操作难易程度等因素相一致，即因人而异、因事而异，不能千篇一律。

由此可见，一份好的合同应该是：主体适格、意思表示真实，内容、形式和程序有效，各方权利与义务关系均衡，具有实用性，并且结构合理，体例适当。

七、合同外在质量

合同的外在质量主要是合同的表述质量，这些质量基本上与法律规定没有太大的关系，而是语言文字功底、逻辑推理能力、整体思维能力的综合体现。

它是合同内容的载体和外在体现形式，虽然不直接涉及法律问题，但同样会直接产生不利的法律后果。它主要包括结构体系、功能模块、思维逻辑、表述精度、版面安排五个方面。

（一）结构体系清晰度

这类审查不是合同审查工作中所必需的审查，但在面对篇幅较大的合同或以"条款罗列"方式制作的合同时，以及合同审查后还需要加以修改时，往往首先要看清或重新整理其结构体系，然后才能在理解了其结构的基础上进行高质量的审查。主要包括以下内容：

1. 看清合同的较大组成部分，并判断这些组成部分的划分是否合理；

2. 将较大的组成部分划分为较小的组成部分，直到划分为具体条款；

3. 将不同层级的内容按一定秩序标出不同层级的标题，形成标题体系。

（二）合同条款完备度

1. 合同中的各层标题是否恰如其分、各层标题的体系是否清晰合理；

2.《民法典》第四百七十条中所列举的八个合同主要条款是否已经具备；

3. 规范合同本身秩序的外围条款是否完备，如是否便于通知、送达。

（三）整体思维严谨度

合同的严谨程度与企业的要求、合同的重要程度、合同风险高低有关，并不是所有的合同都要按最高的标准进行严谨度审查，但应了解其原理。否则不严谨的合同可能会导致非常严重的后果，也容易产生法律风险：

1. 是否存在衔接不当而引起的引述错误；

2. 是否存在假设范围过窄而影响严谨度的问题；

3. 是否存在权利义务重叠而引起的条款自相矛盾，以及叠加后产生的理解歧义。

（四）语言表达精确度

合同条款中语言表达的精确度，涉及从词汇选择到句法、语法、语体、语言歧义等多个方面。这方面的审查要点包括：

1. 语体是否正确、标点符号的使用是否规范；

2. 术语是否精确、表述的范围是否精确、措辞表示的程度是否可客观衡量；

3. 行为主体、指代是否明确；

4. 用语是否专业、规范，关系的表述是否精确，表述方法是否简练。

（五）版面质量满意度

版面质量问题大部分不属于法律顾问合同审查的工作范围，一般是合同业务中的"额外工作"。但版面质量影响着人们对于合同、合同制作人员的主观印象。应从以下方面审查合同：

1. 排版是否符合中文的版式要求；

2. 字体、字号、字间距、行间距是否合理、美观大方；

3. 不同层级的标题是否符合传统、是否便于识别。

在合同审查中，一定要注意，合同形式是服务于合同内容的，在合同外在质量方面做到什么程度要根据交易的具体情况以及双方当事人的情况决定，不可为了形式而形式，片面追求形式上的完美而忽略合同最核心的内容。这里就是一个"度"的把握问题，力争恰到好处。

第二节　买卖合同

买卖合同是买卖双方就标的物的转移所达成的权利义务的合同。按照合同的规定，卖方应将其出售的财产交付给买方所有，买方接受此项财产并付给卖方约定的价款。买卖合同是商品交换的法律形式，卖方将产品的所有权转移给买方，是买卖合同最典型的特征。

一、买卖合同审查要点

（一）标的物是否符合法定条件

买卖合同的标的物，也就是出卖人出卖的物。对标的物的质量、数量等基本情况要约定清楚，才能便于履行。标的物应当符合一定的条件。不符合法律规定条件的，出卖人不能出卖。以此作为买卖合同标的物的，则该合同因标的物违法而无效。作为买卖合同的标的物，应当具备下列条件：一是出卖人享有所有权；二是出卖人对出卖物享有处分权；三是法律、行政法规规定可以转让的物。

买受人应当在发现或者应当发现标的物的数量或者质量不符合约定之日起30日内通知出卖人。买受人怠于通知或者自标的物收到之日起2年内未通知出卖人的，视为标的物的数量或者质量符合约定。当事人另有约定的，按照其约定。出卖人故意提供不符合约定的标的物的，买受人不受前款规定的通知时间的限制。

（二）标的物所有权的转移

标的物所有权转移是指买卖合同的卖方将出卖物的所有权转让给买方。何时转让、以什么方式转让是买卖合同双方当事人必须了解和关注的基本问题。合同中要明确标的物交付的时间、地点和交接验收手续。标的物交付是买卖合同重要的内容，双方必须对此问题有明确的规定。

一般情况下，标的物的所有权自标的物交付时起转移，但法律另有规定或者当事人另有约定的除外。所谓交付时间，通常是指标的物实际由买方控制的时间。但在有的情况下，卖方将标的物交付给承运人运输的时间也可以是标的物所有权转移的时间。例如，船舷交付或者车板交付，当货物越过船舷或者车厢时，则所有权就转移给买方了，一切货物运输的风险由买方承担。当事人也可以就物的所有权转移进行约定，当条件成就时，所有权转移；当条件不成就时，所有权仍然属于卖方。通常转移条件与买方是否支付价款、何时支付价款相联系。当事人可以在买卖合同中约定保留标的物所有权的条款，可以约定买受人未履行支付价款或者其他义务的，标的物的所有权属于出卖人。

对标的物毁损、灭失的风险如何承担应有约定。确定标的物毁损、灭失的风险的基本原则是：交付前由出卖人承担，交付后由买受人承担。但是，下列情况下发生标的物毁损、灭失的，则应分不同情况予以处理：

一是因买受人的过错不能按时交付的风险。因买受人的过错致使标的物不能按照约定的期限交付的，买受人应当承担自约定交付之日起至实际交付时标的物毁损、灭失的风险。

二是出卖人出卖运输途中的标的物的风险。出卖人出卖运输途中的标的物，除当事人另有约定的外，毁损、灭失的风险自合同生效时起由买受人承担。

三是当事人未约定交付地点或者交付地点约定不明确，如果是由出卖人运输的，出卖人将标的物交付给第一承运人后，标的物毁损、灭失的风险由买受人承担。

四是如果出卖人已经将标的物置于交付地点，买受人违反约定没有接收的，标的物毁损、灭失的风险自违反约定之日起由买受人承担。

五是出卖人按照约定未交付有关标的物的单证和资料的，不影响标的物毁损、灭失风险的转移。

六是标的物毁损、灭失的风险由买受人承担的，不影响因出卖人履行债务不符合约定，买受人请求其承担违约责任的权利。

（三）知识产权的归属

出卖具有知识产权的计算机软件、图纸等标的物的，除当事人约定的外，该标的物的知识产权不属于买受人。计算机软件、图纸等是知识产权的具体体现，是智力成果，出卖这些产品一般不包括知识产权本身。如果买受人想得到该类成果的知识产权，则应与出卖人约定转让的条件和方式。

（四）出卖人的基本义务

主要包括：一是出卖人对交付的标的物，应负有第三人不向买受人主张任何权利的义务。也就是说，出卖人对出卖的标的物应当享有所有权或者法律规定的处分权。对于不享有所有权或者处分权的物，出卖人不得出卖。如果出卖人擅自出卖没有所有权或者处分权的物，则要承担相应的法律责任。但是如果买受人在订立合同时明知第三人对买卖的标的物享有权利的，则出卖人不承担责任，除非当事人另有约定。二是出卖的标的物的部分权利属于他人，出卖人不能履行转移权利的义务的，买受人可以请求减少价款或者解除合同。三是第三人就标的物提出权利要求，使买受人可能丧失该标的物的部分或者全部权利时，买受人可以中止支付相应的价款，但出卖人提供适当担保的除外。四是交付出卖物单证的义务。出卖人应当履行向买受人交付标的物或者提取标的物的单证，并转移标的物所有权的义务。由于单证与标的物所有权是紧密联系的，单证是物的所有权归属的重要的书面文件，因此，所有权的转移在一定意义上也是通过单证来实现的。例如，房屋买卖的标的物房屋，必须有房屋产权证、土地使用权证、过户手续等书面文件，否则房屋产权不能过户。单证范围既包括与标的物直接相关的单证，如产权证、发票、有关部门的文件等；也包括标的物以外的有关的单证，如提货单、说明资料等。这些资料统一构成标的物转移的基础，因此出卖人应当将与标的物相关的全部完整的资料交付给买受人。

（五）买受人的基本义务

买受人的基本义务包括：一是按照双方的约定及时支付货款。逾期支付的要承担违约责任。二是及时接受标的物。对逾期接受标的物的，出卖人有权提存货物，因提存而产生的费用由买受人承担。三是保管的义务。对标的物的质量有异议，买受人不愿意接受的，则买受人负有保管标的物并及时通知出卖人的义务。因买受人保管不善而导致标的物损毁的，买受人要承担相应的法律责任。

（六）合同的主要内容是否完备

第一，主体条款。买卖合同的主体包括买受人和出卖人。合同中要明确当事人的名称、住所等必要的内容。

第二，标的条款。买卖合同的标的物是出卖人出售给买受人的有形财产。双方当事人应对标的物的名称、品牌、规格、型号、种类、产地、数量、质量等做出约定，还要有验收条款。

第三，价格条款。该条款主要包括价格标准和支付方式两个方面。价格标准主要包括双方结算的依据，涉外买卖合同还包括以何种币种结算。支付方式包括现金支付、支票支付、转账结算等，还要明确约定金额、币种、支付时间、支付条件，最好把指定账户写清楚，账户的户名、开户行、账号不要写错。

第四，履行条款，包括履行期限、履行地点、履行方式等。

第五，违约责任，即违反合同当事人应承担的法律责任。

第六，解决争议的方法。常规的有诉讼和仲裁。若约定诉讼解决，一般要争取由本方所在地有管辖权的法院管辖，主要考虑诉讼成本和规避地方保护主义的干扰。与诉讼相比，仲裁有高效、保密两个优点，法院的判决书是在中国裁判文书网公开的，仲裁委的裁决书不会公开。诉讼会有一审、二审、再审等程序，旷日持久，仲裁一裁终局。仲裁要明确约定由哪个仲裁委员会仲裁。

第七，双方当事人约定的其他内容。如发票要增值税专用发票还是增值税普通发票？产品用什么包装？产品运输方式、合同份数、签字盖章要求等。

二、买卖合同司法解释运用要点解读

《最高人民法院关于审理买卖合同纠纷案件适用法律问题的解释》（法释〔2020〕17 号，以下简称《买卖合同解释》）2012 年 3 月 31 日由最高人民法院审判委员会第 1545 次会议通过，根据 2020 年 12 月 23 日最高人民法院审判委员会第 1823 次会议通过的《最高人民法院关于修改〈最高人民法院关于在民事审判工作中适用《中华人民共和国工会法》若干问题的解释〉等二十七件民事类司法解释的决定》修正。

买卖合同是所有有偿合同的典范，是社会经济生活中最典型、最普遍、最基本的交易形式。

《民法典》第三编第九章通过 53 个条文规定了买卖合同法则，居于《民法典》典型合同分编规定的有名合同之首，买卖合同案件审理中需要遵循的原则和判断标准亦常为其他有名合同所借鉴，因此，在《民法典》第三编合同编中占据统领地位的买卖合同章堪称《民法典》合同编的"小总则"。

然而，由于《民法典》第九章的 53 个条文难以涵盖买卖合同关系的复杂性和多样性以及市场交易日新月异的变化，特别是自《民法典》施行以来，各级人民法院在贯彻适用《民法典》第九章的过程中，遇到诸多新情况和新问题。对买卖合同相关规定的不同理解，导致民商事审判实践对《民法典》买卖合同章及相关规定的适用上存在较大差异，从而影响了司法的严肃性和统一性。为了及时指导各级人民法院公正审理买卖合同纠纷案件，依法保护当事人的合法权益，规范市场交易行为，提高买卖合同的可操作性，最高人民法院制定了《买卖合同解释》。

《买卖合同解释》包括 8 个部分，总计 33 条，主要对买卖合同的成立及效力、标的物交付和所有权转移、标的物风险负担、标的物的检验、违约责任、所有权保留、特种买卖等方面如何具体适用法律作出明确的规定。

(一) 买卖合同效力的认定

合同的效力认定对于市场交易发展和交易秩序稳定影响甚巨，现代合同法或贸易法最为重要的基本精神或价值目标就是鼓励合同交易，增进社会财富。市场交易越频繁，市场经济越能充分发展，社会财富和国家财富越能迅速增加。实践不断证明，随着社会关系的日益复杂和市场经济日益繁荣，不适当地宣告合同无效，不仅增加交易成本、阻碍经济发展，而且不利于对当事人意志的尊重，甚至导致民事主体对民商法的信仰危机。

《民法典》颁行之后，最高人民法院贯彻"鼓励交易、增加财富"的原则，严格规制对合同的无效认定。《买卖合同解释》继续遵循该原则和司法立场，针对在市场交易活动中存在形形色色的预约，诸如认购书、订购书、预订书、意向书、允诺书、备忘录等预约的法律效力，明确承认其独立契约效力，固定双方交易机会，制裁恶意预约人。对于实务中常见的出卖人在缔约和履约时没有所有权或处分权的买卖合同的效力问题，明确地予以肯定，旨在防止大量买卖合同遭遇无效认定之命运，更周到地保护买受人之权益，明晰交易主体之间的法律关系，强化社会信用，维持交易秩序，确保市场交易顺畅，推动市场经济更加健康有序地发展。

(二) 强力维护诚信原则

在当前买卖合同交易实践中，违背诚信、有失公平的行为屡见不鲜，在买卖合同交易实务中，经常出现当事人在买卖合同中订入不公平条款或有违诚信之内容，这既侵害了对方当事人的合法权益，也损害了社会公共利益和市场交易秩序。

鉴于此，《买卖合同解释》在制定中，始终在对双方当事人平等保护的前提下，注重规制和制裁违背诚信之行为，以实现双方权益平衡，维护公平交易秩序。例如：

第一，在动产一物数卖情形中，各买受人均要求实际履行合同的，《买卖合同解释》基于诚信原则，否定了出卖人的自主选择权。

第二，在路货买卖中，出卖人在缔约时已经知道风险事实却故意隐瞒风险事实的，《买卖合同解释》规定风险由出卖人负担。

第三，对标的物检验期间或者质量保证期约定过短导致买受人难以在检验期间内完成全面检验的情形，《买卖合同解释》明确规定人民法院应当认定该期间为买受人对外观瑕疵提出异议的期间，并根据本解释规定确定买受人对隐蔽瑕疵提出异议的合理期间，以此彰显对处于弱势地位的买受人利益的保护。

第四，《民法典》第六百二十一条规定的检验期限、合理期限、二年期限经过后，买受人主张标的物的数量或者质量不符合约定的，人民法院不予支持。出卖人自愿承担违约责任后，又以上述期限经过为由反悔的，人民法院不予支持。该规定意在体现和维护诚信原则。

第五，买受人在缔约时知道或者应当知道标的物质量存在瑕疵，主张出卖人承担瑕疵担保责任的，人民法院不予支持，但买受人在缔约时不知道该瑕疵会导致标的物的基本效用显著降低的除外。对出卖人明知标的物有瑕疵而故意不告知买受人时的瑕疵担保责任减免特约的效力认定问题，《买卖合同解释》认为，虽然买卖合同当事人可以通过特约减免出卖人的瑕疵担保责任，但在出卖人明知标的物有瑕疵而故意或者因重大过失而不告知买受人时，属于隐瞒事实真相的欺诈行为，有悖诚信原则，因此对于这种特约的效力，人民法院不予支持。

（三）电子信息产品的交付方式

近二三十年来，随着信息技术的发展和网络的普及，以电子信息产品为交易对象的买卖合同的数量和交易额日益增加，成为买卖合同中越来越重要的交易类型。

传统的买卖合同的标的物均为有体物，而电子信息产品却与此不同，它既可以存储于特定的实物载体，如刻录在光盘上的音乐作品；也可以脱离于有体物，以数字化编码的形式存储于计算机系统中。

对于标的物是有物质载体的电子信息产品的买卖合同而言，在交付规则上，与一般的买卖合同无异，应适用《民法典》及《买卖合同解释》的规定。对于标的物是无实物载体的电子信息产品的买卖合同而言，虽然买卖双方并未实际交付有体物，但仍是以出卖人向买受人交付电子信息产品、买受人给付价款的方式履行合同。因此，在我国未就电子信息产品的买卖交易制定专门的法律法规以前，应当适用《民法典》及《买卖合同解释》的规定。

无实物载体的电子信息产品具有显著区别于传统买卖合同标的物的特征，如不以实物承载为必要、使用后无损耗、其本身易于复制并可迅速传播，等等。因此，对于标的物是无实物载体的信息产品买卖合同而言，其法律规则具有一定的特殊性。就交付问题而言，《民法典》中有关买卖合同的交付方式的规定均以有体物的交付为原型，但信息产品已经逐步脱离了实物载体的束缚，更多的是以电子化的方式传送，以在线接收或者网络下载的方式实现交付，买卖双方都不接触实物载体，这与传统的买卖合同中，出卖人向买受人转移对标的物的占有，并转移标的物所有权的交付方式有较大差异。

如何认定无实物载体的电子信息产品的交付呢？《买卖合同解释》对此作出专门规定：标的物为无须以有形载体交付的电子信息产品，当事人对交付方式约定不明确，且依照《民法典》第五百一十条的规定仍不能确定的，买受人收到约定的电子信息产品或者权利凭证即为交付。

（四）标的物毁损灭失责任

买卖合同成立后标的物如果出现毁损、灭失的情况，应由哪一方当事人承担损失，一直是困扰审判实践的疑难问题。因此，风险负担制度是在合同双方当事人之间对标的物毁损、灭失的不幸损害进行合理分配的制度，一直被视为买卖合同中的核心制度。

在买卖合同中，风险由谁负担就意味着谁将承担不利的后果，关涉买卖双方当事人最根本之利益，对买卖双方关系重大。特别需要指出的是，对因标的物毁损、灭失所造成的损失，还面临着谁有权向加害人索赔或向保险人理赔的问题。

因此，各国立法对如何在当事人之间适当分配风险，均设计了相应的风险负担制度规则，我国《民法典》在买卖合同章也对此作出专门规定。

随着我国社会经济不断发展，经济贸易日益活跃，合同双方当事人因风险负担问题发生纠纷的案件数量呈现上升趋势。针对审判实践中反映出来的法律适用问题，《买卖合同解释》通过 4 个条文对《民法典》的相关规定进行解释和补充：

其一，明确了送交买卖中"标的物需要运输的"情况下风险分担。标的物需要运输的，是指标的物由出卖人负责办理托运，承运人系独立于买卖合同当事人之外的运输业者的情形。出卖人按照约定将标的物运送至买受人指定地点并交付给承运人后，标的物毁损、灭失的风险由买受人承担。当事人没有约定交付地点或者约定不明确，依据《民法典》第六百零三条第二款第一项的规定标的物需要运输的，出卖人将标的物交付给第一承运人后，标的物毁损、灭失的风险由买受人承担。

其二，补充了特定地点货交承运人的风险负担规则。合同约定出卖人将标的物运送至指定地点并交付给承运人后，标的物毁损、灭失的风险由买受人承担。

其三，对路货买卖中出卖人隐瞒风险发生事实的风险负担作出补充规定。出卖人在合同成立时知道或应当知道标的物已经毁损、灭失却未告知买受人的，买受人不承担合同成立之前的标的物毁损、灭失风险。

其四，对大宗货物买卖中出卖人批量托运货物以履行数份合同或托运超量货物去履行其中一份合同情况下的风险负担进行了明确，规定当事人对风险负担没有约定，标的物为种类物，如果出卖人未以装运单据、加盖标记、通知买受人等可识别的方式清楚地将作为标的物的种类物特定于买卖合同项下，标的物毁损、灭失的风险由出卖人负担。

（五）可得利益损失认定

可得利益损失的认定既可谓买卖合同违约纠纷中经常出现的问题，也堪称民商审判实务难点问题。多年来，由于相关认定规则比较模糊并难以把握，致使审判实践口径不一，不少法官在判决中并不支持可得利益损失。

为此，《买卖合同解释》根据《民法典》的规定、民法原理以及审判实践经验，对可得利益损失的认定作出了具有可操作性的解释和规定。

买卖合同当事人一方违约造成对方损失，对方主张赔偿可得利益损失的，人民法院在确定违约责任范围时，应当根据当事人的主张，依据《民法典》第五百八十四条、第五百九十一条、第五百九十二条，《买卖合同解释》第二十三条等规定进行认定。

值得注意的是，可得利益损失的计算和认定，与举证责任分配密切相关。最高人民法院曾于 2009 年发布《关于当前形势下审理民商事合同纠纷案件若干问题的指导意见》，该指导意见对可得利益损失认定提出举证责任的分配规则，即违约方一般应当承担非违约方没有采取合理减损措施而导致损失扩大、非违约方因违约而获得利益，以及非违约方亦有过失的举证责任；非违约方应当承担其遭受的可得利益损失总额、必要的交易成本的举证责任。为了保障可得利益损失认定规则的实务操作性，在根据《买卖合同解释》认定可得利益损失时，应当结合上述指导意见的规定予以正确适用。

（六）标的物检验合理期间

《民法典》第一百五十八条关于标的物检验的合理期间是一个实践中颇难把握的问题。对于如何认定检验期间经过后的法律效果，分歧较大。《买卖合同解释》对此作出了明确规定。

针对《民法典》第一百五十八条第二款规定的"合理期间"的确定问题，《买卖合同解释》第十七条考虑到标的物种类繁多且瑕疵类别多样，对确定合理期间的考量因素进行了提示性列举，赋予法官依照诚信原则，根据交易的性质、目的、标的物的种类、瑕疵性质、检验方法等多种因素进行综合考量的自由裁量权。

此外，理论界和实务界对于《民法典》第一百五十八条规定的"两年"的性质存在是诉讼时效还是除斥期间之争，《买卖合同解释》将其界定为不变期间，该期间不适用诉讼时效中止、中断或者延长的规定。

对于审判实务中争议较大的异议期间经过后的法律效果问题，《买卖合同解释》认为，《民法典》第六百二十一条规定的"视为标的物的数量和质量符合约定"属于法律拟制，异议期间的经过将会使买受人丧失相应的法律救济权和期限利益，不能被证据所推翻；但基于诚信原则，出卖人自愿承担违约责任后，不得以期间经过为由反悔。

（七）所有权保留制度

所有权保留是指买卖合同中买受人先占有、使用标的物，但在双方当事人约定的特定条件成就前出卖人仍保留标的物的所有权，条件成就后标的物所有权才转移给买受人的制度。所有权保留是买卖关系中非常重要的制度。

《民法典》第一百三十四条虽然对所有权保留制度作出规定，但过于原则和简略。该制度在实务操作中面临着诸如适用范围如何、当事人之间权利义务保护机制等亟待明确的问题。因此，《买卖合同解释》的一个主要任务和内容就是要细化所有权保留制度，进一步提高该制度的实务操作性。为此，《买卖合同解释》在第三十四条至第三十七条，通过 4 个条文、8 款规定对该制度作出了颇具可操作性的具体解释。

《买卖合同解释》和在规定所有权保留制度相关规则时，主要有以下几方面的问题：

第一，关于所有权保留制度的适用范围问题。由于《民法典》第一百三十四条未对所有权保留买卖的适用对象作出限制，导致学界和实务界对此存在分歧，消费市场上也存在一些以所有权保留方式买卖房屋的行为。所有权保留制度不适用于不动产。首先，由于不动产买卖完成转移登记后所有权即发生变动，此时双方再通过约定进行所有权保留，明显违背法律规定。其次，在转移登记的情况下双方还采用所有权保留，出卖人的目的是为担保债权实现，买受人的目的在于防止出卖人一物二卖，《民法典》第二百二十一条规定的预告登记制度足以满足买卖双方所需，因此没有必要采取所有权保留的方式。特别是，转移登记是不动产所有权变动的要件，在转移登记完成前不动产所有权不会发生变动，买受人即使占有使用标的物，只要双方不转移登记，出卖人仍然享有所有权，也就可以保障债权，所以更无必要进行所有权保留。最后，综观司法实践，大多认为该制度仅适用于动产交易。因此，《买卖合同解释》明确规定，所有权保留制度不适用于不动产。

第二，关于出卖人权利的保护机制及其限制问题。出卖人保留所有权的主要目的就是担保价款债权实现，在买受人的行为会对出卖人的债权造成损害时，应当允许出卖人取回标的物以防止利益受损。买受人的上述行为一般包括未按约定支付价款，或者未依约完成特定条件，或者对标的物进行不当处分等。出卖人取回标的物后，在特定期间买受人如果没有向出卖人回赎标的物，出卖人可以将标的物另行出卖并以出卖后的价款弥补债权损失；不足以弥补债权损失的，出卖人还可以向买受人请求赔偿。但出卖人的取回权并非绝对，其亦应受到限制：其一，应受善意取得制度的限制。如果标的物被买受人处分给第三人，该第三人又符合《民法典》第三百一十一关于善意取得的规定，则出卖人不得取回标的物。其二，应受买受人已支付价款数额的限制。如果买受人已支付的价款达到总价款的75%以上时，出卖人的利益已经基本实现，其行使取回权会对买受人利益影响较大，此时应兼顾买受人利益而适当限制出卖人取回权。

第三，关于买受人的回赎权问题。买受人由于对标的物的占有使用已与其形成了一定的利益关系，买受人对出卖人完全转移标的物所有权也具有一定的期待，这种利益关系及期待应予保护。出卖人取回标的物后，买受人可以在特定期间通过消除相应的取回事由而请求回赎标的物，此时出卖人不得拒绝，而应将标的物返还给买受人。可见，买受人并不是处于完全消极的地位，只要积极恰当地履行义务，买受人的利益还是能够得到保障的。

《买卖合同解释》对于违约责任、特种买卖等问题也作了专门规定，不再赘述。

三、买卖合同范本

设备采购合同范本

合同号：＿＿＿＿＿＿＿＿＿＿

买方：×××公司
卖方：

签字时间：
签字地点：＿＿＿＿＿＿＿＿＿＿

目　录

通用条款
专用条款
合同协议书
技术规范与设备要求
附件1 供货范围
附件2 价格表

附件 3 履约保函（格式）

附件 4 其他——技术服务

通用条款

1 定义

在包括专用条款和本通用条款的合同条款中，以下措辞和用语应具有本条所赋予它们的含义。

1.1 "买方"是指××公司。

1.2 "卖方"是指 A 公司。

1.3 "合同"是指买卖双方签署的、合同格式中载明的买卖双方所达成的合同，包括所有的附件、附录和上述文件所提到的构成合同的所有文件。

1.4 "合同价格"是指在卖方完全和适当地履行其合同义务后，买方根据合同规定应支付给卖方的价款。详见相应合同附件。

1.5 "生效日期"是指本合同 19 款中所规定的合同的生效日期。

1.6 "技术资料"是指合同设备及其与本工程相关的设计、制造、监造、检验、安装、调试、验收、性能验收试验和技术指导等文件（包括图纸、各种文字说明、标准、各种软件），以及合同设备正确运行和维护的文件。

1.7 "合同设备"是指卖方根据合同所要供应的机器、装置、材料、物品、专用工具、备品备件和所有各种物品，如合同附件 1 所列示和规定。

1.8 "分部工程验收"是指根据技术规范及设备要求及国家相关验收规范，按专业划分的系统整体验收（划分依据为建筑工程质量验收统一标准 GB50300—2001）。

1.9 "日、月、年"是指公历的日、月、年；"天"是指 24 小时；"周"是指 7 天。

1.10 "技术服务"是指由卖方提供的与本合同设备有关的工程设计、设备监造、检验、土建、安装、调试、验收、性能验收试验、运行、检修时相应的技术指导、技术配合、技术培训等全过程的服务。

1.11 "现场"是指《合同专用条款》中指明的工程工地，为买方安装合同设备所在地。

1.12 "备品备件"是指根据本合同提供的设备备用部件，包括随机（商业运行前）备品备件。

1.13 "随机备品备件"是指在安装、调试、试运阶段所需的备品备件。

1.14 "试运行"是指整机在调试阶段进行的运行。

1.15 "书面文件"是指任何手稿、打字或印刷的有印章和/或具有法定代表人或其授权人签名的文件。

1.16 "分包商"或"分供货商"是指由卖方将合同供货范围内任何部分的供货分包给其他的法人及该法人的继任方和该法人允许的受让方。

1.17 "设备缺陷"是指卖方因设计、制造错误或疏忽所引起的本合同设备（包括部件、原材料、铸锻件、元器件等）达不到本合同规定的性能、质量标准要求的情形。

1.18 "运杂费"是指合同设备从卖方始发站（车上）到交货地点所发生的公路、水路、铁路、航空运费、保险费及运输过程中发生的各种费用。

2 合同标的

本合同遵循合同双方买卖平等自愿的原则。

本合同所订设备将用于《合同专用条款》中指明的工程。

2.1 设备名称、规格（型号）、数量详见《合同专用条款》。

2.2 凡卖方供应的设备应是全新的、技术先进的并且是安全的、经济的、成熟可靠的。

2.3 设备的技术规范、技术经济指标和性能见技术规范及设备要求。

2.4 卖方提供合同设备的供货范围见合同附件1。

2.5 卖方提供的技术资料。

2.6 卖方提供的技术服务。

2.7 卖方提供设备的运输及保险。

3 供货范围

3.1 合同供货范围详见合同附件1。

3.2 合同供货范围包括了所有设备、技术资料、专用工具、备品备件，但在执行合同过程中如发现有任何漏项和短缺，在发货清单中并未列入而且确实是卖方供货范围中应该有的，并且是满足技术规范及设备要求对合同设备的性能保证值要求所必需的，均应由卖方负责按买方要求时间将所缺的设备、技术资料、专用工具、备品备件等补上，且不发生费用问题。

4 合同价格

4.1 本合同价格包括合同设备（含备品备件、专用工具）、技术资料、技术服务等费用，还包括合同设备的税费、运杂费、保险费、合同设备所需进口配套设备的进口环节的相关费用和国外验收费用等与本合同有关的所有费用，具体金额为《合同专用条款》标明的价格。

4.1.1 合同设备价格

本合同设备价格包括与设备有关的卖方所应交纳的所有税费、技术资料费、从制造厂到交货地点的运输、装卸、保险费及所有设备包装费。

4.1.2 合同设备的技术服务费

4.1.3 合同设备到现场交货点的运杂费。

4.2 合同的分项价格详见合同附件 2。

4.3 本合同总价在合同交货期内为不变价。

5 付款

5.1 本合同使用货币种类为：＿＿＿＿＿＿＿＿＿＿＿＿＿＿。

5.2 付款方式：＿＿＿＿＿＿＿＿＿＿＿＿＿＿。

5.3 合同设备款的支付：＿＿＿＿＿＿＿＿＿＿＿＿＿＿。

5.3.1 具体按《合同专用条款》进行支付。

5.4 付款时间以买方银行承付日期为实际支付日期。

5.5 主要分包和外购设备的付款

5.5.1 由于买方与合同分包商和外购设备供货商没有直接的合同关系，故本合同设备的主要分包和外购设备的付款由卖方负责。但如果发生由于个别原因（买方按时向卖方付款而卖方没有按时向分包商或外购设备供货商付款）导致分包和外购设备有可能不被按时交货以至于影响施工进度的情况，买方有权暂时中止向卖方付款。在卖方向合同分包商或外购设备供货商支付相关款项后，买方将继续向卖方付款。

5.5.2 买方上述行为不属于违约行为，但此时限不得超过 3 个月。

5.5.3 如果卖方仍未向分包商或外购设备供货商付款，买方将出于保障工程进度的目的，有权直接向分包商或外购设备供货商付款，此转付款及相应利息（买方存款利息）将从下一笔买方向卖方的付款中扣除。

5.6 违约金的扣除与支付

5.6.1 如果发生卖方的合同履行违约行为，相关款项将由卖方在接到买方的书面通知和此类赔偿的证明文件后 2 周内向买方支付，买方也有权从履约保函和任何一笔付款中扣除；如果属于制造质量问题造成的买方损失，相关款项将从质量保证金中扣除。

5.6.2 如果发生买方的合同履行违约行为，相关款项将由买方在接到卖方的书面通知和此类赔偿的证明文件且由买方认可后 2 周内向卖方支付。

5.7 在买方银行发生的与执行合同有关的银行费用由买方负担，在卖方银行发生的与执行合同有关的银行费用由卖方负担。

6 交货和运输

6.1 本合同设备的交货期及交货顺序应满足工程建设设备安装进度和顺序的要求，应保证及时完整性。

6.2 交货地点：具体见《合同专用条款》。

合同设备所有权自合同设备交付时起由卖方转移给买方。合同设备毁损、灭失的风险，在合同设备交付之前由卖方承担，交付之后由买方承担。

6.3 交货前 1 周卖方向买方提供本合同项下的货物总清单和装箱总清单。

6.4 每批合同设备交货日期以到现场后双方签署合同设备的外观检查证明的时间为准。此日期即本合同 11.8 款计算迟交货物违约金时的根据。

6.5 卖方负责合同设备从卖方到现场交货地点的运输。

6.6 卖方按技术规范的规定，向买方提供 10 套技术资料，并列出技术资料清单。根据工程进度及买方要求的时间，由卖方专人送至买方现场，资料的收到时间以买方签收时间为实际交付时间。另在设备包装箱内随机提供一套完整的技术资料。

6.7 收货单位：见合同《合同专用条款》规定。

7 包装与标记

7.1 卖方交付的所有货物要符合《GB191—2008》中关于包装、储运图示标志的规定。包装应保证在运输、装卸过程中完好无损，并有减震、防冲击的措施。若包装无法防止运输、装卸过程中垂直、水平加速度引起的设备损坏，卖方要在设备的设计结构上予以解决。包装应按设备特点，按需要分别加上防潮、防霉、防锈、防腐蚀的保护措施，以保证货物在没有任何损坏和腐蚀的情况下安全运抵合同设备安装现场。产品包装前，卖方负责按部套进行检查清理，不留异物，并保证零部件齐全。

7.2 凡重量为两吨或超过两吨的货物，应在包装箱的侧面以运输常用的标记和图案标明重心位置及起吊点，以便于装卸搬运。按照货物的特点，装卸和运输上的不同要求，在箱体上的明显位置标注上"小心""轻放""向上""防雨""防潮""勿倒""怕热""远离放射源及热源""由此起吊""重心点""堆码重量极限""堆码层数极限""温度极限"等通用标志，并应符合 GB191—2008 和 GB6388—1986 的规定。

7.3 每件包装箱内，应附有详细装箱单、合格证。外购件包装箱内应有产品出厂质量合格证明书、技术说明各一份。另送至现场装箱清单各二份。

7.4 所有管道、管件、阀门及其他设备的端口必须用保护盖或其他方式妥善防护。

7.5 对于需要精确装配的明亮洁净加工面的货物，加工面应采用优良，耐久的保护层（不得用油漆）以防止在安装前发生锈蚀和损坏。

7.6 凡由于卖方包装或保管不善致使货物遭到损坏或丢失时，不论在何时何地发现，一经证实，卖方均应按本合同 11 款的规定负责及时修理、更换或赔偿。在运输中如发生货物损坏或丢失时，卖方负责与承运部门及保险公司交涉，买方协助卖方收集相关证明材料，同时卖方应尽快向买方补供货物以满足工期需要。

8 技术服务和联络

8.1 卖方应及时提供与本合同设备有关的工程设计、检验、土建、安装、调试、验收、性能验收试验、运行、检修等相应的技术指导、技术配合、技术培训等全过程的服务。

8.2 卖方需派代表到现场进行技术服务，指导买方按卖方的技术资料进行安装、试运、调试，并负责解决合同设备在安装调试、试运行中发现的制造质量及性能等有关问题。

8.3 如遇有重大问题需要双方立即研究协商时，任何一方均可建议召开会议，在一般情况下，另一方应同意参加，费用各自承担。

8.4 各次会议及其他联络方式双方均应签订会议或联络纪要，所签纪要双方均应执行。如涉及合同条款有修改时，需经双方法定代表人批准，以修改本为准。如有重大技术方案和/或合同价格的修改，须报原合同审批单位审查同意后方可执行。

8.5 卖方提出并经双方确定的安装、调试和运行技术服务方案，卖方如有修改，须以书面形式通知买方，经买方确认后方可进行。为适应现场条件的要求，买方有权提出变更或修改意见，并书面通知卖方，卖方应给予充分考虑，应尽量满足买方要求。

8.6 买方有权将对方所提供的一切与本合同设备有关的资料分发给与本工程有关的各方，并不由此而构成任何侵权，但不得向任何与本工程无关的第三方提供。

8.7 对盖有"密件"印章的供买方的资料，双方都有为其保密的义务。

8.8 卖方的分包商需要合同设备的部分技术服务或去现场工作，应由卖方统一组织并征得买方同意，费用应由卖方自行负担。

8.9 卖方（包括分包与外购）须对一切与本合同有关的供货、设备及技术接口、技术服务等问题负全部责任。

8.10 凡与本合同设备相连接的其他设备装置，卖方有提供接口和技术配合的义务，并不由此而发生合同价格以外的任何费用。

8.11 卖方派到现场服务的技术人员应是有实践经验、可胜任此项工作的人员。卖方派到现场服务的技术人员在设备安装前2周内提交买方予以确认。买方有权提出更换不符合要求的卖方现场服务人员，卖方应根据现场需要，重新选派买方认可的服务人员，如果买方在书面提出该项要求7天内卖方没有答复，将按11.10款视为延误工期等同处理。

8.12 由于卖方技术服务人员对安装、调试、试运的技术指导的疏忽和错误以及卖方未按要求派人指导而造成的损失应由卖方负责。

9 监造与检验

9.1 监造

买方有权派人员到卖方厂内对合同设备进行监造，卖方提供方便条件。买方有权查阅（借阅）检验合同设备所必需的技术资料、图纸、工具等。买方代表有权根据合同提出意见，卖方有责任采取改进措施，以保证交货质量。

9.2 工厂检验与现场开箱检验

9.2.1 由卖方供应的所有合同设备/部件（包括分包与外购），在生产过程中都须进行严格的检验和试验，出厂前须进行整机总装和试验。所有检验、试验和总装（装配）必须有正式的记录文件。以上工作完成之后，合格者才能出厂发运。所有这些正式的记录文件及合格证作为技术资料的一部分送至现场给买方存档。此外，卖方还应在随机文件中提供合格证和质量证明文件。

9.2.2 货物到达目的地后，卖方及时到现场，与买方一起根据运单和装箱单对货物的包装、外观及件数进行清点检验。按照本款规定，经检验合格的货物，买方将向卖方签发接收单，卖方在收到买方签发的接收单并出具回执时，视为该批货物已由卖方按第 6.2 款交付。

9.2.3 现场检验时，如发现设备由于卖方原因（包括运输）有任何损坏、缺陷、短少或不符合合同中规定的质量标准、规范时，应做好记录，并由双方代表签字，各执一份，作为买方向卖方提出修理和/或更换和/或索赔的依据；如果由于买方原因（包括保管不善等），发现损坏或短缺，卖方在接到买方通知后，应尽快提供或替换相应的部件，但费用由买方自负。

9.2.4 卖方如对上述买方提出修理、更换、索赔的要求有异议，应在接到买方书面通知后 1 周内提出，否则上述要求即告成立。如有异议，卖方在接到通知后 1 周内，自费派代表赴现场同买方代表共同复验。

9.2.5 如双方代表在会同检验中对检验记录不能取得一致意见时，可由双方委托权威的第三方检验机构/双方权威检验机构联合进行检验。检验结果对双方都有约束力，检验费用由责任方负担。

9.2.6 卖方在接到买方按本合同 9.2.2 至 9.2.5 款规定提出的索赔后，应按 11.3 款的规定尽快修理、修正，更换或补发短缺部分，由此产生的制造、修理和运费及保险费均应由责任方负担。对于上述索赔，由买方从履约保函或下次付款中扣除。

9.2.7 买方对到货检验的货物提出索赔的时间，不迟于货物抵达现场设备储放场之日起的 3 个月。

9.2.8 上述 9.2.2 至 9.2.7 款所述的各项检验仅是现场的到货检验，尽管没发现问题或卖方已按索赔要求予以更换或修理均不能被视为卖方按合同 11 款及技术规范的规定应承担的质量保证责任的解除。

9.3 压力容器监测

国家强制要求进行的压力容器检测工作，除买方另有要求外，原则上在卖方工厂完成，卖方应予以配合并提供方便。

10 安装、调试、试运和验收

10.1 本合同设备由买方根据卖方提供的技术资料、检验标准、图纸、说明书及国家相关技术规范进行安装、调试、运行和维修。整个安装、调试过程须在卖方现场技术服务人员指导下进行并签字确认。

10.2 本合同设备安装完毕后的验收工作按照技术规范及设备要求和国家相关验收规范的要求进行。

10.3 合同设备的安装完毕后，卖方应派人参加调试进行指导，并应尽快解决调试中出现的设备问题，以不影响工期为原则，其所需时间应不超过 1 周，否则将按 11.10 款视为延误工期等同处理。

10.4 分部工程验收完毕，合同设备达到技术规范及设备要求和国家相关验收规范所规定的各项性能保证值指标后，买方应在 10 天内签署由卖方会签的本合同设备分部工程验收单。如果合同设备不能达到本技术规范及设备要求所规定的一项或多项保证指标时按 10.5 款和 11.6 款办理。

10.5 进行分部验收如果达不到本技术规范及设备要求和国家相关验收规范所规定的一项或多项性能保证值，则双方应共同分析原因，澄清责任，再进行验收，直到合格为止，如属卖方责任，卖方承担由此导致的所有费用。

10.6 按 10.4 款出具的分部验收单只是证明卖方所提供的合同设备性能和参数截至出具分部工程验收单时可以按合同要求予以接受，但不能视为卖方对合同设备中存在的可能引起合同设备损坏的潜在缺陷所应负的责任解除的证据。潜在缺陷指设备的隐患在正常情况下不能在制造过程中被发现，卖方对纠正潜在缺陷所应负的责任，其时间应保证到保证期终止后一年。当发现这类潜在缺陷时（经双方确认），卖方应按照本合同 11.3 款的规定进行修理或调换。

10.7 在合同执行过程中的任何时候，对由于卖方责任需要进行的检查、试验、再试验、修理或调换，在卖方提出请求时，买方应作好安排进行配合以便进行上述工作。卖方应负担修理或调换及其人员的费用。

10.8 不论合同设备的损失或损坏的责任在买方或是在卖方，卖方应首先尽快交付更换或补充此损失或损坏的设备，然后再确定上述设备的费用由哪一方承担。

11 保证与索赔

11.1 保证期是指合同设备签发分部工程验收合格并签发验收单之日起二年，该保证期的具体内容按 10 款和 11 款有关条款执行。

11.2 卖方保证其供应的本合同设备是全新的，技术水平是先进的、成熟的、质量优良的，设备的选型均符合安全可靠、经济运行和易于维护的要求。卖方保证所交付的技术资料完整统一和内容正确、准确，并能满足合同设备的设计、安装、调试、运行和维修的要求。

11.3 本设备合同执行期间，如果卖方提供的设备有缺陷和技术资料有错误，或者由于卖方技术人员指导错误和疏忽，造成工程返工、报废，卖方应立即无偿更换和修理。如需更换，卖方应负担由此产生的到安装现场更换的一切费用，更换或修理期限应不迟于证实属卖方责任之日起的 1 周内，否则，应按11.10 款处理。

由于买方未按卖方所提供的技术资料、图纸、说明书和卖方现场技术服务人员的指导而进行施工、安装、调试造成的设备损坏，由买方负责修理、更换，但卖方有义务尽快提供所需更换的部件，对于买方要求的紧急部件，卖方应安排最快的方式运输，所有费用均由买方负担。

11.4 合同规定的保证期内卖方应完成买方在保证期满前提出的索赔和赔偿。但卖方对非正常维修和误操作以及由于正常磨损造成的损失不负责任。

11.5 在保证期内，如发现设备有缺陷，不符合本合同规定时，如属卖方责任，则买方有权向卖方提出索赔。如卖方对此索赔有异议按 9.2.4 条款办理。否则卖方在接到买方索赔文件后，应立即无偿修理、更换、赔款或委托买方安排大型修理。包括由此产生的到安装现场的更换费用、运费及保险费由卖方负担。

11.6 如由于卖方责任需要更换、修理有缺陷的设备，而使合同设备停运或推迟安装时，则保证期应按实际修理或更换所延误的时间做相应的延长。

11.7 如合同设备在保证期内发现属卖方责任的十分严重的缺陷（如设备性能达不到要求等）则其保证期将自该缺陷修正后开始计算一年。

11.8 不是由于买方原因，卖方未能按本合同规定的交货期交货时（不可抗力除外），实际交货日期按本合同 6.1 款和 6.4 款规定计算，买方有权按下列比例向卖方收取违约金：

迟交 1 周，每周违约金金额为迟交货物金额的 0.5%；

迟交 2 周，每周违约金金额为迟交货物金额的 1%；

迟交 3 周以上，每周违约金金额为迟交货物金额的 1.5%；

不满一周按一周计算。

合同设备迟交货物的违约金总金额不超过合同设备总价的 10%。

卖方支付迟交违约金，并不解除卖方按照合同继续交货的义务。

对安装、试运行有重大影响的设备迟交超过 2 周时，每周卖方向买方支付的违约金为迟交货物金额的 3%，与此同时，买方有权终止部分或全部合同。

11.9 如由于确属卖方责任未能按本合同规定按时交付经双方确认属严重影响施工的关键技术资料时，则每迟交一周，卖方应支付违约金，迟交时间的计算以 6.6 款规定为准。

11.10 如果由于卖方的原因，在执行合同中造成延误，每延误工期一周卖方将向买方支付合同总价的 0.5%，这部分违约金最多不超过合同总价的 5%。且卖方需支付由于卖方技术服务错误或违约造成买方的直接损失。

11.11 卖方对于根据本合同 11.8、11.9、11.10 款承担的合同违约金总额不论单项或多项累计将不超过合同总价的 10%。

11.12 卖方支付迟交违约金并不解除按合同所规定的相应义务。

11.13 如果由于买方的原因，迟付货款，买方须按下列方式支付违约金：

迟付 1 周，每周违约金金额为迟付金额的 0.1%；

迟付 2 周，每周违约金金额为迟付金额的 0.2%；

迟付 3 周以上，每周违约金金额为迟付金额的 0.3%。

11.14 履约保证金

11.14.1 本合同生效一个月内，卖方须向买方提供由卖方主办银行开具金额为合同总价 20%的不可撤销的履约保函，以买方为受益人，具体见《合同专用条款》。其格式合同附件 3。

11.14.2 履约保证金在合同条款规定的分部工程验收合格后 2 周内退还。但如果此时存在合同争端并且未能得到解决，那么履约保证金的有效期应延长到上述争端最终解决且所有理赔完毕。

11.14.3 如果卖方未能履行合同并给买方造成损失，那么履约保证金将作为对这一损失的补偿而支付给买方。

12 保险

12.1 卖方须对合同设备，根据水运、陆运和空运等运输方式，向保险公司以卖方和买方为共同受益人投保发运合同设备价格 110%的运输一切险，保险区段为卖方仓库到买方仓库止。设备（在交货地点）交货之前卖方为保险受益人，设备（在交货地点）交货之后买方为保险受益人。

12.2 如果发生卖方未对合同设备进行投保，买方有权将这部分保险费从合同设备的运杂费中扣除，而且，与其发生的连带责任，将全部由卖方承担。

12.3 卖方应将保险合同的副本于合同设备交货前 20 天提供给买方，如果卖方未能及时提供，买方将认为卖方未对合同投保，并按 12.2 款处理。

12.4 如果交付的合同设备和/或文件在运输途中发生丢失或损坏，卖方应与保险公司联系进行索赔。如果此种丢失或损坏不属于保险公司的赔偿范围，则卖方应负责对买方进行赔偿。

13 税费

13.1 根据国家有关税务的法律、法规和规定，卖方应该交纳的与本合同有关的税费，由卖方承担。

13.2 本合同价格为含税价。卖方提供的设备、技术资料、服务、运输、保险、进口设备/部件等所有税费已全部包含在合同价格内，由卖方承担。

14 分包与外购

14.1 卖方未经同意不得将本合同范围内的设备/部件进行分包（包括主要部件外购）。卖方需分包的内容和比例应征得买方同意，否则不得分包。接受分包的单位（分包商）不得再次分包。

14.2 卖方将本合同范围内需分包与外购的设备/部件的内容和比例提交买方同意后，在合同谈判时，将此部分设备/部件的分包商名单确定。

14.3 卖方具有独立的、自主的材料和设备采购权利，可以采取各种适合自己的采购方式，但在分包与外购的设备/部件的问题上应充分采纳买方的意见和建议，买方有权对部分分包与外购的设备/部件要求卖方招标采购，并确认结果，买方将决定是否参与技术部分，为买方提供既符合买卖双方的技术要求又价格合理的产品。

14.4 分包（外购）设备/部件的技术服务、技术配合按 8.7、8.8、8.9 款的规定办理。

14.5 卖方对所有分包设备、部件承担本合同项下的全部责任。

15 合同的变更、修改、中止和终止

15.1 本合同一经生效，合同双方均不得擅自对本合同的内容（包括附件）作任何单方的修改。但任何一方均可以对合同内容以书面形式提出变更、修改、取消或补充的建议（应附详细说明）。该项建议应以书面形式通知对方并经双方签字确认。双方同意后经双方法定代表人或委托代理人（须经法定代表人书面授权委托）签字并报原合同审查单位审查后方能生效。将修改后的有关部分抄送原合同有关单位。

15.2 如果卖方有违反或拒绝执行本合同规定的行为时，买方将书面通知卖方，卖方在接到通知后 5 天内确认无误后应对违反或拒绝做出修正或提出修正计划。如果得不到修正或提不出修正计划，买方将保留中止本合同的一部分或全部的权利。对于这种中止，买方将不出具变更通知书，由此而发生的一切费用、损失和索赔将由卖方负担。如果卖方的违约行为本合同其他条款有明确规定，则按有关条款处理。

15.3 如果买方行使中止权利，买方有权停付到期应向卖方支付中止部分的款项，并有权将在执行合同中预付给卖方的中止部分款项索回。

15.4 当在合同（附件）中注明的原材料、外购件、外协厂的厂商、规格、产地、牌号、数量由于卖方原因，发生变更，需事先书面提交买方确认同意，对此而引起对交货期的延迟影响，由卖方承担责任。

15.5 因买方原因要求中途退货，买方应向卖方偿付违约金，违约金为退货部分设备价格的 10% 并赔偿卖方由此产生的直接经济损失。

15.6 因卖方原因而造成部分合同设备不能交货，卖方应向买方偿付违约金，违约金为不能交货部分设备价格的 10% 并赔偿买方由此产生的直接经济损失。

15.7 如果卖方破产、产权变更（被兼并、合并、解体、注销）或无偿还能力，或为了债权人的利益在破产管理下经营其业务，买方有权立即书面通知卖方或破产清算管理人或合同归属人终止合同，或向该破产管理人、清算人或该合同归属人提供选择，视其给出合理忠实履行合同的保证情况，执行经过买方同意的一部分合同。

16 不可抗力

16.1 不可抗力是指严重的自然灾害和灾难（如台风、洪水、地震、火灾和爆炸等）、战争（不论是否宣战）等，其特点是不可预见、无法避免。合同双方中的任何一方，由于不可抗力事件而影响合同义务的执行时，则延迟履行合同义务的期限相当于不可抗力事件影响的时间，但是不能因为不可抗力的延迟而调整合同价格。

16.2 受到不可抗力影响的一方应在不可抗力事故发生后，尽快将所发生的不可抗力事件的情况以传真或电报通知另一方，并在15天内将有关当局出具的证明文件提交给另一方审阅确认，受影响的一方同时应尽量设法缩小这种影响和由此而引起的延误，一旦不可抗力的影响消除后，应将此情况立即通知对方。

16.3 如双方对不可抗力事件的影响估计将延续到120天以上时，双方应通过友好协商解决本合同的执行问题（包括交货、安装、试运行和验收等问题）。

17 合同争议的解决

17.1 凡与本合同有关而引起的一切争议，双方应首先通过友好协商解决，如经协商后仍不能达成合同时，则提交双方上级主管部门调解。如仍不能解决，双方同意任何一方可以本合同规定的仲裁委员会仲裁或向人民法院提出诉讼。

17.2 仲裁地点为北京；仲裁机构为北京仲裁委员会。

17.3 仲裁裁决对双方都有约束力。

17.4 由上述过程发生的费用除上述仲裁裁决另有规定外，应由败诉方承担。

17.5 在进行仲裁期间，除提交仲裁审理的事项外，合同仍应继续履行。

18 专利权、商标权等知识产权

18.1 卖方应保证买方不受由于使用了卖方提供的合同设备（包括技术）而引起的对任何第三方的设计、工艺方案、技术资料、商标专利产生的侵权。

18.2 如果发生任何第三方的侵权指控，买方于上述指控之日起7个工作日内尽快通知卖方，卖方负责与第三方交涉处理此事，并承担一切由此引起的法律上和经济上的责任，从而使买方免受由于第三方索赔从法律及经济责任上所造成的损害。

19 合同生效

19.1 本合同经双方法定代表人或委托代理人（须经法定代表人书面授权委

托）签字加盖合同专用章，并且在买方收到卖方开户银行出具的本合同总金额10%的履约保函后，即行生效。

19.2 本合同有效期：从合同生效之日起到签发合同设备验收单并理赔完毕货款两清之日止。

20 适用法律及其他

20.1 本合同适用法律为中华人民共和国法律。

20.2 合同双方承担的合同义务都不得超过合同的规定，合同任何一方也不得对另一方做出有约束力的声明、陈述、许诺或行动。

20.3 本合同列明了双方的责任、义务、补偿和补救条款。任何一方不承担本合同规定以外的责任、义务、补偿和补救。

20.4 双方任何一方未取得另一方事先同意前，不得将本合同项下的部分或全部权利或义务转让给第三方。

20.5 本合同项下双方相互提供的文件、资料，双方除为履行合同的目的外，均不得提供给与"合同设备"和相关工程无关的第三方。

20.6 合同双方应指定一名授权代表，分别负责直接处理"本合同设备"的技术和商务问题。双方授权代表的名称和通信地址在合同生效的同时通知对方。

20.7 任何一方向对方提出的函电通知或要求，如系正式书写并按对方下述地址派员递送或挂号、航空邮寄、电报、传真或电传、电子邮件发送的，在取得对方人员和/或通信设施接收确认后，即被认为已经被对方正式接收。

专用条款

《专用条款》是对《通用条款》的补充或对合同双方责任与义务的进一步明确，条款之间如有冲突之处，《专用条款》应优先于《合同通用条款》。

1 定义

1.1 买方是指××公司。

1.2 卖方是指 A 公司。

1.3 "现场"是指××公司工地。

2 合同标的

本合同所订设备将用于××公司 B 工程。

2.1 设备名称、规格（型号）、数量

设备名称：_____。

设备规格（型号）：详见技术规范与设备要求

数量：详见附件。

3 供货范围

详见附件 1。

4 合同价格

4.1 本合同价格即合同总价为_____万元（大写：_____元整）。

5 付款

5.1 付款方式

5.1.1 合同生效日期起 2 周内，卖方提交金额为合同价格的_____%不可撤销的履约保函和金额为合同价格_____%的资金往来发票（正本一份，复印件四份），买方审核无误后 2 周内，支付给卖方合同价格的_____%作为预付款。

5.1.2 卖方在规定的时间内将合同全部设备运到交货地点，并将下列单据提供给买方，买方验明无误后 2 周内支付合同价格的_____%。

由买方授权代表签署的设备的"验货证明"（正本一份，复印件四份）；

设备的"出厂前检验记录文件"；

设备的详细装箱清单（正本一份，复印件四份）；

设备的质量检验合格证明（正本一份，复印件四份）；

金额为合同价格的_____%的资金往来发票。

5.1.3 设备安装、调试运转正常验收合格，买方签署分部工程验收合格证书后 2 周内，卖方提供合同价格 100%的商业发票，买方支付给卖方合同价格的 10%。

5.1.4 剩余的合同价格的_____%作为设备保证金，待合同设备保证期满没有问题，卖方提交下列单据经买方审核无误后，买方在 2 周内支付给卖方合同价格的_____%（如有问题，应扣除相应部分）：

（1）金额为合同价格_____%的财务收据（正本一份，复印件一式四份）。

（2）保证期满无质量问题及索赔问题证书。

6 交货和运输

6.1 交货地点：_____。

6.2 交货时间：_____。

6.3 收货单位：××公司

11 保证与索赔

11.1 具体的违约金金额为：关键技术资料每迟交一周按_____万元计违约金。

11.2.1 本合同生效 2 周内，卖方须向买方提供由卖方主办银行开具金额为合同总价格_____%的不可撤销的履约保函，以买方为受益人。

11.2.2 履约保证金在合同条款规定的分部验收合格后 2 周内退还。但如果此时存在合同争端并且未能得到解决，那么履约保证金的有效期应延长到上述争端最终解决且所有理赔完毕。

合同协议书

本合同于_____年_____月_____日，由××公司（以下简称"买方"）和 A 公司（以下简称"卖方"）按下述条款和条件签署。

鉴于买方为获得以下货物和伴随服务，既而公开投标，并接受了卖方以总金额_____万元（大写：_____元整）（以下简称合同价）提供上述货物和服务的投标。

本合同在此声明如下：

1 本合同中的词语和术语的含义与合同条款中定义的相同。

2 下述文件是本合同不可分割并相互补充和说明的一部分，与本合同具有同样的法律效力，并与本合同一起阅读和解释。前后文件有不一致的地方，以时间发生在后的为准；图纸和文字发生矛盾时，以文字说明为准；如标准有不一致的，以要求较高的为准。

2.1 合同条款；

2.1.1 通用条款；

2.1.2 专用条款；

2.1.3 技术规范及设备要求；

2.2 合同附件；

附件 1——供货范围

附件 2——价格表

附件 3——履约保函（格式）

附件 4——其他

2.3 中标通知书；

2.4 招标文件及其补充；

2.5 澄清文件；

2.6 其他补充资料、图纸、会议纪要、往来传真及双方正式签署、确认的其他书面文件等。

3 考虑到买方将按照本合同向卖方支付，卖方在此保证全部按照合同的规定向买方提供货物和服务，并修补缺陷。

4 考虑到卖方提供的货物和服务并修补缺陷，买方在此保证按照合同规定的时间和方式向卖方支付合同价或其他按合同规定应支付的金额。

5 未尽事宜，双方根据需要，经协商可另外签订补充合同。

6 本合同经双方法定代表人或授权代理人签字盖章后生效。

7 本合同正本一式两份，双方各执一份，具有同等法律效力。副本五份，一份用于备案，双方各执两份。

（以下正文略）

买方（公章）：法定代表人或   卖方（公章）：法定代表人或
授权代理人（签字）：   授权代理人（签字）：
地   址：   地   址：
邮   编：   邮   编：
开户银行：   开户银行：
账   号：   账   号：
联 系 人：   联 系 人：
电   话：   电   话：
传   真：   传   真：
年 月 日   年 月 日

技术规范与设备要求（根据实际情况填列）

附件 1 供货范围

1. 交货一览表

附件 2 价格表

1. 设备价格表

附件 3 履约保函（格式）

致：_____买方_____

本保函是为_____（卖方名称）_____（以下称卖方）于_____（日期）_____签订第_____（合同号）_____合同为买方提供_____（设备名称）_____提供履约担保。

_____（银行名称）（以下简称银行）以及他的继承人、受让人无条件地，不可撤销地并放弃追索权，根据并同意下列条款，保证付给买方合同总价格的_____%（百分之_____），即_____万元人民币。

（1）当卖方未能忠实地履行合同文件规定和此后双方同意的对合同的有效修改、补充和变动（以下简称违约），无论卖方有无不同意见，银行在收到买方的书面通知时，银行将按买方所要求的上述金额和方式付给买方。

按上述承付的金额将是净数，不得扣除现在或将来应付的任何税捐、关税、费用、手续费或任何性质的由任何人加予的保留款。

（2）本保函的规定是银行无条件的不可撤销的直接义务。合同条件的修改，以及买方所允许的时间改变或任何让步，除条款中有规定免除银行的责任外，都不能解除银行在这方面的义务。

（3）本保函自开立之日起生效。履约保证金在合同条款规定的分部验收合格后 2 周内退还；但如果此时存在合同争端并且未能解决，那么履约保证金的有效期应延长到上述争端最终解决且理赔完毕后。

（4）履约保证金有效期暂定截止在合同条款规定的分部验收合格后 2 周内退还，最终截止日期以买方的书面通知为准。

（卖方银行的名称）公章

（签发人名和签字）

年　月　日

附件 4 其他——技术服务（略）

案例 8：煤炭质量纠纷

〔基本案情〕

SN 公司是 XG 厂长期合作的供煤单位，根据煤炭供销合同条款的规定，其供给 XG 厂的煤炭质量以该厂机械采样装置化验数据为准。

2008 年元月 1 日、3 日，SN 公司分别给 XG 厂供煤 1722 吨、电煤 1974 吨，电煤接卸入厂后经过化验，从机械采样装置化验报告上反映出来这两批煤炭质量均较差，其低位发热量分别只有 3422 大卡、3621 大卡，按照 XG 厂与 SN 公司签订的煤炭供销合同条款，该两批煤炭要按照此热值进行扣款结算，据 SN 公司反映，该两批煤炭的矿方化验数据为 4300 大卡、4400 大卡，因此 SN 公司对该两批煤炭的化验提出异议。

根据煤炭供销合同条款的规定，供煤双方经过协商采用了煤质检测仲裁解决此煤炭纠纷。2008 年元月 7 日，XG 厂与 SN 公司共同派出代表现场从 XG 厂在煤质检验中心提取了该两批煤炭的备查煤样，做好仲裁煤样的封装、签字手续后，由 XG 厂、SN 公司派员共同将煤样送发电用煤质量监督检验中心进行煤样仲裁化验。

10 个工作日后，发电用煤质量监督检验中心的煤质检验报告出来了，结果与 XG 厂煤质检验中心化验的数据基本相符，SN 公司也心服口服。XG 厂此次煤质检验仲裁中保证了企业的利益，根据煤炭供销合同条款初步估算，SN 公司这两批煤炭进行了热值扣款结算，为企业挽回经济损失共计 248 万元。

本案例双方分歧的焦点问题表面上看似乎只是对煤炭化验结果上的异议，实际上是煤炭监督检验的公平公开公正问题上的争执，是共同维护电煤供需双方利益的问题。

〔借鉴意义〕

从处理此类案例的策略或方法上分析，可以将此案对于企业经营管理活动的启示归纳成以下几点：

一是做好买卖合同的签订工作，从编号、当事人、标的、数量质量、价款、违约责任、解决争议的方法等内容仔细琢磨，形成较为规范的买卖合同，为核价结算提供切实可靠的依据。本案例的胜诉就是企业严格执行合同法律的结果。在发生争议后，合同中的关于质价不符的奖罚条款，不仅明确了双方的责任，也让受到扣款的供煤方 SN 公司心服口服，起到了很好的法律约束作用。

二是在买卖合同商业结算中重视公平公正公开的原则。本案中以 XG 厂入厂煤机械采样装置为结算依据，避免了供需双方在煤炭采样环节的争议，杜绝了人工采取煤样产生的误差。XG 厂的入厂煤机械采样装置经过电力试验研究所的权威检测认证，自 2005 年投入运行后，以其高效、准确的工作得到了各煤炭供应方的认可，切实保证了采样环节的公平公正公开。

三是从验收环节严格按照国标要求执行。案例中全厂制样化验人员均取得国家、集团公司双认可的上岗执业证书，具备了制备合格煤样及提供准备化验数据的职业技能，XG 厂煤检验中心也被发电用煤质量监督检验中心授予了电厂分部的铜牌。发电用煤质量监督检验中心是省内发电用煤质量监督检验的权威机构，XG 厂煤检验中心为保证化验的准确性，每月定期将做好的煤样送发电用煤质量监督检验中心复检，保证煤化验数据的准确，如此公开规范的操作得到了供煤单位的认可，较好地协调保护了煤炭供需双方的利益。

四是保证备查样品提取仲裁过程的规范。在本案例中 XG 厂煤检验中心在提取备查煤样过程中，始终保持现场三方（厂燃料经营人员、供煤方代表、化验中心负责人）人员在场监督公开操作。提取备查煤样时要求共同核对瓶样、化验报告、工业分析本编号，核对无误后，方可拆封分装 1/2 煤样进入干燥合格的样瓶中，过程中做好均匀搅拌，完成分装后三方共同在封签上签字封好样瓶，再由三方共同将备查煤样送发电用煤质量监督检验中心进行仲裁化验。这种规范操作避免了提取环节的人为干扰因素，得到了供煤单位的认可，也为得到公正的煤质检验仲裁结果打下了基础。

第三节　借款合同和担保合同

本节主要在各家商业银行的借款合同范本中通常条款的基础上探讨企业应在哪些条款上提出修改意见。

现实的情况是，各家银行在放款时都是按照本行总部统一制定的格式合同跟企业签订借款合同，企业根据自身实力大小在一些条款上提出局部的修改意见，银行再按照内部流程报上级审批。

一、借款合同审查实例

笔者在担任企业常年法律顾问期间，先后审查过企业与多家银行签订的借款合同和相应的担保合同，现将审查过程中发现的一些问题汇总如下：

说明：1. 下列审查意见来自不同银行的借款合同，并非全部体现在一份合同之中；2. 说明时引用的条款的标号，如"第 8.4 款"，是某个银行某一份借款合同中的条款，只是为了表述的方便，读者不必关注；3. 本书的法律顾问审查意见是站在企业的立场提出，如果读者服务的对象是银行，则请考虑立场问题。

（一）关于提前还款

借款合同第 8.4 款约定："甲方（借款企业）提前还款的，应于拟提前还款日前 30 日向乙方（贷款银行）提交书面申请，并取得乙方书面同意，利息按实际借款期限和本合同规定的利率计收，乙方免收任何补偿费用。"第 11.4 款约定："未经乙方书面同意，甲方提前归还本合同项下借款的，乙方有权依照本合同约定的借款期限和利率计收利息。"

审查意见：借款合同第 8.4 款约定提前还款要取得乙方书面同意，第 11.4 款约定了未经乙方书面同意提前还款的违约责任，建议在合同中约定提前一定时间（如 60 日）申请提前还款的，不经乙方同意即可提前还款，并不承担违约责任。

理由：防止在一定情况下，企业借入的款项长期闲置，还要继续向银行支付利息，而银行由于资金头寸紧张，无法贷款给其他急需借款的企业。因此，增加这样的约定既降低了企业的财务费用，又从全社会的角度考虑提高了资金的利用效率，避免了社会资源的浪费，使资源及时流向效率较高的领域，这正是市场经济条件下，资源配置的基本功能。而且根据实践经验，提前留出一定的时间，也便于银行及时安排闲置下来的资金头寸，考虑到了银行的实际情况。当然，即使这样，对于银行来说也仍然存在无法及时把这些资金贷出去的风险，所以有一个权衡的问题；如果正好当时就有信誉良好、项目合规的企业申请贷款，这个问题就好解决了。

（二）关于争议的解决

借款合同第 13.1 款约定："甲（借款企业）、乙（贷款银行）双方在履行本合同过程中所发生的争议，首先应由甲、乙双方协商解决；协商不成的，则按下列第 13.1.2 项方式解决：

"13.1.1 由××仲裁委员会进行仲裁；

"13.1.2 在乙方所在地法院通过诉讼方式解决。"

审查意见：借款合同第 13.1.2 项"在乙方所在地法院通过诉讼方式解决"改为"在甲方所在地法院通过诉讼方式解决"。

理由：出于诉讼成本的考虑，在合同中对管辖法院的约定要争取由本方企业所在地法院管辖。如果争取不到，也可以约定为"在被告所在地法院通过诉讼方式解决"，"原告就被告"既符合民事诉讼法的一般原则，对双方来说也比较公平，并且由于实践中，借款企业不能如期还款产生纠纷的概率较大，这样约定比较有利于借款企业。

（三）关于关联方的约定

借款合同第 14.2 款约定："甲方（借款企业）应及时、全面、准确地向乙方（贷款银行）披露其关联方关系及关联交易。甲方不履行上述信息披露义务或甲方及其关联方发生下列情形之一并可能对甲方履行本合同项下义务产生不利影响的，乙方有权采取本合同约定和法律规定的救济措施：1. 甲方的关联方财务状况恶化；2. 甲方或其关联方被司法机关或税务、工商等行政执法机关和行政管理机关依法立案查处或依法采取处罚措施；3. 甲方与其关联方之间的控制或被控制关系发生变化；4. 甲方的关联方涉及或可能涉及重大经济纠纷、诉讼、仲裁；5. 甲方的主要投资者个人、关键管理人员异常变动或涉嫌违法犯罪行为而被司法机关依法调查或限制人身自由；6. 甲方的关联方发生的可能对甲方产生不利影响的其他事项。"

审查意见：建议借款合同第 14.2 款修改为"甲方应及时、全面、准确地向乙方披露其关联方关系及重大关联交易"，删除该款中跟企业偿债能力没有直接关系的其他内容。

理由：对于关联方众多的企业集团来说，可能随时会出现某个关联企业符合该款约定的条件，那么银行就可以"有权采取本合同约定和法律规定的救济措施"，而实际上某个关联企业的财务状况恶化并不会对集团公司的偿债能力产生影响，这样的约定对银行债权有些"过度保护"了，而且会给企业增加很多不必要的工作。

（四）关于利率的调整

借款合同第 5.2.2 项约定："本合同利率确定为在中国人民银行相应档次基准利率基础上（上/下）浮 a%。合同利率实行一期一调整，以年为一期。"第 5.3 款约定："如遇中国人民银行调整利率或利率确定办法，则按中国人民银行的有关规定办理。"

审查意见：建议借款合同第 5.3 款修改为"如遇中国人民银行调整利率或利率确定办法，则按中国人民银行的有关规定调整第 5.2.2 项中的基准利率，然后再按第 5.2.2 项的约定确定调整后的合同利率"。

理由：这样约定是为了表述得更加清楚，避免歧义。在合同的起草中，有时候为了避免合同条款理解上的歧义，宁肯写大白话，也要力求把意思表述清楚，当然，如果有专业术语能够言简意赅地把事情说清楚，那就更好了。

（五）关于提款条件

借款合同约定："6.1 每次提款前，甲方应满足下列条件：

"6.1.1 担保合同依法成立并已生效；

"6.1.2 本合同项下借款所建项目的资本金或其他应筹措资金已按规定的时间和比例足额到位；

"6.1.3 未发生成本超支或成本超支已自筹解决；

"6.1.4 已按计划完成工程进度。"

审查意见：借款合同第 6.1.2 项、第 6.1.3 项、第 6.1.4 项与借款无关，建议删除。

理由：企业在实际经营中，总会发生一些计划赶不上变化的情况，银行只会单纯从保障贷款安全的角度考虑问题，不会照顾到企业生产经营的实际情况，所以在企业签订借款合同时，应尽量给企业留下一定的余地和空间，否则在借款合同履行过程中会处处受到制约。

（六）关于强制扣划的条件

借款合同第 10.2.2 项约定："银行有权依本合同约定或法律规定从甲方账户上划收依本合同约定甲方应偿付的借款本金、利息、复利、罚息及所有其他应付费用。"

审查意见：建议借款合同第 10.2.2 项开头部分增加"在甲方不能按约定时间偿还本息的情况下"，作为乙方强制扣划甲方账户上的资金用于还款的前提条件。

理由：对于银行强制扣划企业账户上的资金的权利必须加以限制，防止银行滥用权利。

（七）关于企业违约行为

借款合同第 11.9 款约定："甲方（借款企业）有下列行为之一的，应在收到乙方（贷款银行）通知后 7 日内予以改正并采取令乙方满意的补救措施，否则乙方有权停止或取消甲方尚未提取使用的借款、有权提前收回部分乃至全部借款；不能收回的，按逾期贷款利率按日计收违约金……

"11.9.3 未经乙方同意转让或处分或者威胁转让或处分其资产重要部分的……"

审查意见：建议借款合同第 11.9.3 项末尾加上"足以影响乙方权益实现的"限制。

理由：银行制定的格式借款合同中有很多条款涉及对借款企业经营行为的限制，如果事事需要银行同意，企业在经营上必然处处受到牵制，所以，对于那些列明的行为中，如果不会影响银行债权实现的行为，应由企业自主决定。

（八）关于借款合同补充合同

在业务操作中，由于合同格式是由总行统一制定的，分支行无权修改合同文本，对于企业提出不同意见的条款，分支行采取签订补充合同的方式变更某些条款。

某借款合同后附的补充合同约定"对××条款进行变更",并且在最后一句约定:"本补充合同与'2008 年赤克(借)字第××号'某银行固定资产借款合同具有同等法律效力。"

审查意见:鉴于借款合同补充合同已按照我们的主要审查意见对借款合同作了修改,我们对其内容没有异议,建议借款合同补充合同最后一句"本补充合同与'2008 年赤克(借)字第××号'某银行固定资产借款合同具有同等法律效力"修改为"本补充合同与'2008 年赤克(借)字第××号'某银行固定资产借款合同不一致的,以本补充合同为准"。

理由:补充合同对原合同的某些条款作了修改,但是签订日期可能是同一天,如果约定与原合同"具有同等法律效力",则在理解上存在歧义。如果没有约定与原合同"具有同等法律效力",而且补充合同时间在后,则可以认定补充合同与原合同不同之处以补充合同为准。而恰恰补充合同约定"与原合同具有同等法律效力"且签订时间相同,会人为地造成理解上的歧义。

(九)关于借款期限

借款合同第 2 条第 2 款约定:"借款人应严格按照约定提款时间提款,实际提款日晚于约定提款时间的,借款人仍应按照本合同约定的还款时间还款。"

审查意见:建议借款合同第 2 条第 2 款后增加"若由于贷款人原因导致提款日晚于约定提款时间的,还款时间相应顺延"。

理由:此处审查意见完全是因为立场的问题。

(十)关于费用的承担

借款合同第 14 条约定:"除依法另行确定或当事人另有约定外,因本合同订立、履行及争议解决发生的费用(包括但不限于律师代理费等)由借款人承担。"

审查意见:建议修改为"除依法另行确定或当事人另有约定外,因本合同订立、履行发生的费用由借款人承担;因争议解决发生的费用依法根据双方的过错责任分担"。

理由:争议的发生不一定是由借款人过错造成,因此,这样的约定有失公允。

（十一）关于合同的解释权

借款合同约定："本合同的解释权属于乙方（银行）。"

审查意见：建议删除借款合同关于解释权的条款。

理由：这与《民法典》的规定明显不符。《民法典》第四百九十八条规定："对格式条款的理解发生争议的，应当按照通常理解予以解释。对格式条款有两种以上解释的，应当作出不利于提供格式条款一方的解释。格式条款和非格式条款不一致的，应当采用非格式条款。"因此，合同的解释权不属于任何一方，格式条款的制定者更无权把最终解释权强行划归于自己。

（十二）关于承诺费

借款合同中约定：承诺费为未提取款项总额的_____%。

审查意见：建议对合同条款中的"承诺费"应做出明确的定义，避免在合同履行中产生不同理解。

理由：为了便于履行，就要让合同的条款易于理解，清清楚楚，没有歧义。"承诺费"在笔者审查的银行借款合同中较少出现，实际上是对于企业未按约定提取款项的一种违约金。这里有两个问题需要注意：一是"承诺费"不是常用术语，在借款合同中应当给出明确的定义；二是即使企业没有如期提款，利息照计，对银行而言也没有什么损失，再约定一个违约金"承诺费"对企业不太公平，所以笔者建议删除这样的条款。

二、担保法律关系简述

本部分涉及的担保合同是指银行借款的担保合同。

担保是一种物权，称为担保物权。借款合同的担保，是指借款合同当事人根据法律规定或者当事人约定，经双方协商采取的促使一方履行合同义务，保证他方权利得以实现的法律手段。它是保证借款合同得以履行，避免或减少贷款风险，维护债权人利益的一种法律制度。借款合同的担保源于债的担保制度。

在民法理论上，债的担保有一般担保和特别担保之分。一般担保是指债务人必须以其所有的全部财产作为履行债务的总担保。特别担保是相对一般担保而言，它并非以债务人的一般财产作为债权担保，而是以债务人或者第三人的特定财产或者特定人的一般财产（包括信誉）作为债权担保，其目的就在于保障特定的债权。根据担保内容的不同，又将特别担保分为人的担保、物的担保和金钱担保三类。所谓人的担保，是指由当事人以外的第三人以其一般财产和信誉为债务人的债务提供担保，其典型形态为保证；所谓物的担保，是指以当事人或第三人的特定财产为债务人的债务提供担保，主要方式有抵押、质押、留置、让与担保、所有权保留等；所谓金钱担保，指通过一定金钱的得失来督促当事人积极地、适当地履行自己的债务，保障债权实现，主要用定金方式。

《民法典》所称担保专指特别担保，不包括一般担保。其所确立的担保方式主要有五种，即保证、抵押、质押、留置和定金，既有人的担保，也有物的担保和金钱担保。而按照《贷款通则》第九条第一款的规定，担保贷款，系指保证贷款、抵押贷款、质押贷款。借款合同的担保只能适用保证、抵押、质押三种方式，留置和定金这两种担保方式不适用于借款合同。《民法典》明确规定，保证、抵押、质押均必须采取书面形式。考虑到经济生活的复杂性和多样性，《民法典》第六百八十五条第一款规定："保证合同可以是单独订立的书面合同，也可以是主债权债务合同中的保证条款。"因此，借款合同的当事人既可以采用由出借方、借款方、担保方三方当事人协商在借款合同中设立担保条款，并由担保方在合同中签字的方式，也可以采用由贷款方与担保方签订担保合同的方式。究竟采用何种方式，由担保人和借款合同的当事人协商确定。

（一）担保法律关系

研究担保法律关系，对于正确确定诉讼主体，认定合同的法律效力，明确当事人的民事责任，具有重要意义。担保法律关系的构成要素，包括主体、客体和内容三个方面：

1. 主体

担保法律关系的主体包括接受担保的一方和提供担保的一方。

（1）接受担保的一方。

在担保借款合同纠纷中，接受担保的一方是贷款人，一般是案件中的原告。

（2）提供担保的一方。

在担保借款合同纠纷中，提供担保一方，在保证担保中，只能是第三人，在抵押担保和质押担保中，既可以是借款人，也可以是第三人，他们一般是诉讼中的被告。保证人、抵押人和出质人是有资格限制的，对此，《民法典》分别作了明确规定：①保证人。《民法典》第六百八十三条规定："机关法人不得为保证人，但是经国务院批准为使用外国政府或者国际经济组织贷款进行转贷的除外。以公益为目的的非营利法人、非法人组织不得为保证人。"②抵押人。抵押人必须是可以设立抵押的财产的所有权人、处分权人或所有权人授权的人；依法不能抵押的财产的所有权人或处分权人不能作为抵押人。《民法典》第三百九十四条规定："为担保债务的履行，债务人或者第三人不转移财产的占有，将该财产抵押给债权人的，债务人不履行到期债务或者发生当事人约定的实现抵押权的情形，债权人有权就该财产优先受偿。前款规定的债务人或者第三人为抵押人，债权人为抵押权人，提供担保的财产为抵押财产。"根据《民法典》第三百九十五条第一款的规定，债务人或者第三人有权处分的下列财产可以抵押：（一）建筑物和其他土地附着物；（二）建设用地使用权；（三）海域使用权；（四）生产设备、原材料、半成品、产品；（五）正在建造的建筑物、船舶、航空器；（六）交通运输工具；（七）法律、行政法规未禁止抵押的其他财产。财产所有权人的授权同意，应认为是抵押权利的让渡，实际上也是处分权的转让。在此种情况下，如果发生纠纷，因财产所有权人不是抵押人，而不能成为被告，但案件处理结果与其有法律上的利害关系，故应将其作为无独立请求权的第三人参加诉讼。实践中应注意的是，国家机关、学校、幼儿园、医院等以公益为目的的事业单位、社会团体，未经授权的企业法人的分支机构、职能部门，既然不能作为保证人，也就不能以自己的财产为他人借款设立抵押。也就是说，当抵押人为借款合同当事人以外的第三人时，应受前述有关保证人资格规定的限制。当然，这些单位以自己的财产为自己借款设立抵押是允许的。③出质人。出质人必须是动产质物的所有权人，质押权利凭证中的债权人，依法可以转让的股票、股份的持有人，商标专用权、专利权、著作权中的财产权的享有人等。

2. 客体

担保法律关系的客体，是指担保合同双方当事人权利义务所指向的对象。在保证担保中，客体是行为；在抵押担保中，客体是抵押财产，包括动产和不动产，以及不动产上的权利，如土地使用权；在质押担保中，客体既可以是法律允许流通的动产，也可以是无形的财产权利，如依法可以转让的债权、股票、股份，商标专用权、专利权、著作权中的财产权。

3. 内容

担保法律关系的内容，是指担保合同双方当事人之间的权利义务关系。因担保方式不同，权利义务的内容也不尽相同。《民法典》对此作了明确的规定。因为权利义务是确定法律责任的基础和依据，我们将在担保法律责任中进行探讨。

（二）担保合同的成立和生效

借款合同纠纷中的担保，无论是保证，还是抵押、质押，都必须采用书面形式签订。担保合同一经签订即告成立，这一点是共同的。但因为担保方式不同，其生效方式也不同。

1. 保证合同的生效

借款合同纠纷中的保证，主要有三种情况：一是第三人与贷款人签订保证合同。保证合同一经签订即生效。二是第三人和贷款人、借款人共同签订担保贷款合同。担保贷款合同中有保证条款，或虽无保证条款，但第三人在"保证人"栏目内签名或者盖章，保证合同也即告成立并生效。三是担保人单独出具保证书，这是一种比较常见的情况。最为典型的是第三人在贷款人出具的格式化的"不可撤销保证书"上签名或盖章并交回贷款人。除此以外，第三人出具的具有保证性质的书面文件，包括信函、传真等，也属于保证书的范围。在这种情况下，只要贷款人没有明确表示拒绝，都应认定保证合同成立并生效。可见，保证是诺成性法律行为，保证合同一经订立即告生效。

2. 抵押的生效

借款合同纠纷中的抵押，是指借款人或第三人不转移财产的占有，将该财产作为借款人归还借款的担保。当借款人不按期归还借款时，贷款人有权以该财产折价或者以拍卖、变卖该财产的价款优先受偿。其中，贷款人称为抵押权人，以财产设立抵押的借款人或第三人称为抵押人。抵押权人和抵押人签订抵押合同的方式主要有两种：一是签订单独的抵押合同，二是在借款合同中订立抵押条款。但抵押合同签订后，抵押权并不当然生效。《民法典》第四百零二条规定："以本法第三百九十五条第一款第一项至第三项规定的财产或者第五项规定的正在建造的建筑物抵押的，应当办理抵押登记。抵押权自登记时设立。"未办理抵押物登记，或者登记机关不是法定机关的，抵押合同不生效；《民法典》第四百零二条规定所列财产以外的其他财产抵押的，可以自愿办理抵押物登记，抵押合同自签订时生效。因此，抵押合同签订后，因抵押物的不同性质，分为签订当即生效和签订并经抵押物登记才生效两种情况。《民法典》第四百零三条规定："以动产抵押的，抵押权自抵押合同生效时设立；未经登记，不得对抗善意第三人。"因而，为了保证信贷资金安全，《贷款通则》第二十九条规定，抵押贷款、质押贷款应当由抵押人、出质人与贷款人签订抵押合同、质押合同，需要办理登记的，应依法办理登记。

3. 质押的生效

根据《民法典》的规定，质押分为动产质押和权利质押两种。质押合同和抵押合同一样，必须采取书面形式，签订方式也主要有单独签订质押合同和在借款合同中设立质押条款两种方式。但两者不仅在客体上不同，在合同生效要件上也是不同的。有的抵押合同的生效要件是办理抵押物登记，而质押合同的生效要件是转移质押物的占有，或者是办理质押权利的登记。

（三）担保的法律责任

担保合同的法律效力不同，担保人承担的民事责任的方式、范围也不相同。

1. 保证人的责任

在一般保证的借款合同纠纷中，保证人承担的法律责任是代为履行偿还贷款本息及其他费用的义务。《民法典》第六百八十七条第二款规定："一般保证的保证人在主合同纠纷未经审判或者仲裁，并就债务人财产依法强制执行仍不能履行债务前，有权拒绝向债权人承担保证责任……"根据该规定，一般保证的保证人在诉讼中的地位一般是第二被告，并且，只有当主债务人在法律文书生效后，法院依法强制执行其财产仍不能清偿全部款项时，一般保证的保证人才能产生代为偿还的义务。这就是一般保证人的"先诉抗辩权"。但是，《民法典》第六百八十七条第二款又规定了四种例外情况："（一）债务人下落不明，且无财产可供执行；（二）人民法院已经受理债务人破产案件；（三）债权人有证据证明债务人的财产不足以履行全部债务或者丧失履行债务能力；（四）保证人书面表示放弃本款规定的权利。"只要具备其中一种情况，一般保证的保证人就不得行使先诉抗辩权。

在连带保证中，贷款人不偿还贷款本息的，法院既可以强制执行作为第一被告的借款人的财产，也可以强制执行作为第二被告的保证人的财产，《民法典》第六百八十八条第二款规定："连带责任保证的债务人不履行到期债务或者发生当事人约定的情形时，债权人可以请求债务人履行债务，也可以请求保证人在其保证范围内承担保证责任。"依据这一规定，从理论上讲，贷款人既可以将借款人作为第一被告，保证人作为第二被告，也可以将借款人、保证人单独作为被告向法院提起诉讼。但从审判实践上看，除非出现借款人破产、撤销、注销、下落不明等情况，贷款人不宜仅起诉保证人，而仍应将借款人作为第一被告、保证人作为第二被告提起诉讼。这是因为，法院在审理担保借款合同纠纷时，要查清某些案件事实，如贷款人是否按时汇付贷款，借款人是否已归还借款本金和利息，主合同是否合法有效，主合同双方当事人是否存在相互串通，骗取保证人提供保证等，这个过程都应有借款人参加，否则，不利于查清事实，正确裁判案件。因此，当贷款人将保证人单独作为被告提起诉讼时，如不存在上述情况，法院应追加借款人作为被告参加诉讼。

2. 抵押人的责任

在抵押担保合同纠纷中，借款人不按生效法律文书确定的日期履行还款义务时，贷款人有权将该抵押物折价或者拍卖、变卖该抵押物的价款优先受偿。抵押人丧失对抵押物的所有权或处分权。

3. 出质人的责任

在质押借款合同纠纷中，借款人不按生效法律文书确定的日期履行还款义务时，贷款人有权将质押动产折价或拍卖、变卖，或者将质押权利兑现、转让，所得价款优先受偿。出质人丧失质物的所有权或处分权，或丧失债权、股东权、知识产权中的财产权。

三、担保合同审查实例

笔者审查的银行借款合同都是有担保的，与前述各个银行的借款合同相对应，各银行也都制定有自己的格式担保合同，这里列举一些审查中发现的问题：

（一）关于保证方式

担保合同第 2 条约定："乙方（担保人）承担保证责任的方式为连带责任

保证。"

审查意见：建议担保合同第 2 条修改为"乙方承担保证责任的方式为一般保证"，合同其他条款作相应调整。

理由：站在担保人（往往是借款企业的股东单位或者其他关联单位）的角度，选择连带责任保证意味着只要借款人到期不还款，贷款银行就可以要求担保人承担偿还责任，风险马上就转移给担保人；而如果约定了一般保证，则银行首先要向贷款企业主张债权，只有贷款企业确实无力偿还，才能找担保人要求对贷款企业确实无法偿还的部分承担保证责任。所以，一般保证是保证人希望的，连带保证是贷款银行要求的。而且，实践中很多银行是不肯在这个地方让步的。

（二）关于担保范围

保证合同第 3 条约定："乙方保证担保的范围包括主债权本金、利息、复利、罚息、违约金、损害赔偿金以及实现债权的费用（包括但不限于诉讼费、律师费等）。"

审查意见：建议保证合同第 3 条修改为"乙方保证担保的范围包括法院生效判决确定的合理的主债权本金、利息、复利、罚息、违约金、损害赔偿金以及实现债权的费用（包括但不限于诉讼费、律师费等）"。

理由：实现债权的费用往往会存在争议，所以加上由生效判决确定的限制。

（三）关于无关条款

保证合同约定："第 4.2 款　若主合同为银行承兑合同，则保证期间为自甲方对外承付之次日起两年。

第 4.3 款　若主合同为开立担保合同，则保证期间为自甲方履行担保义务之次日起两年。

第 4.4 款　若主合同为信用证开证合同，则保证期间为自甲方支付信用证项下款项之次日起两年。

第 4.5 款　若主合同为其他融资文件的，则保证期间自主合同确定的主债权到期或提前到期之次日起两年。

......

第5.6款 若乙方为自然人，则其同时陈述和保证如下：

A. 具有完全民事权利能力和完全民事行为能力；

B. 有合法的收入来源和充足的代偿能力；

C. 无贷款逾期、欠息、信用卡恶意透支或逃废债务等不良信用记录；

D. 无赌博、吸毒等不良行为或犯罪记录；

E. 向甲方提供保证担保已征得配偶书面同意。"

审查意见：建议删除与双方无关的保证合同第4.2款、第4.3款、第4.4款、第4.5款、第5.6款。

理由：有的银行为求省事，拿出"放之四海而皆准"的格式合同，其中包含了适用于各种情况的条款，以"若……则……"这样的句式为标志。在执行中需要从合同中挑出适合的情况套用，一方面是避免歧义，尽量把不适用的条款删除；另一方面是给合同"瘦身"，减少合同页数，减少档案存放量，节约管理成本。

（四）关于担保责任的免除

保证合同第6.2款约定："甲方（债权人银行）主债权存在物的担保的，不论该物的担保是由债务人提供还是由第三人提供，甲方有权要求乙方（保证人）先承担保证责任或要求乙方与物的担保人同时履行担保责任，乙方承诺不因此而提出抗辩。甲方放弃、变更或丧失其他担保权益的，乙方的保证责任仍持续有效，不因此而无效或减免。"

审查意见：建议保证合同第6.2款修改为"甲方主债权存在物的担保的，甲方应先以担保物主张担保权利。甲方放弃、变更或丧失其他担保权益的，乙方在甲方放弃、变更或丧失其他担保权益的范围内免除担保责任"。

理由：这是站在债务人立场提出的建议。

（五）关于主债权的变更

保证合同第6.4款约定：

"发生下列情形之一，无需经乙方同意，乙方继续按照本合同的约定承担保证责任：

A. 甲方与债务人协商变更主合同，未加重债务人的责任或义务的；

B. 因主合同采用浮动利率或中国人民银行调整利率政策而导致主债权数额发生变化的；

C. 甲方将主债权转让给第三人的。"

审查意见：建议保证合同第 6.4 款第一句中的"无需"修改为"必须"。

理由：这是集团母公司为下属子公司的银行借款提供保证的情形，为了加强对下属子公司借款行为的控制，建议设定严格的审查制度，凡涉及合同变更的情形，一律重新报集团母公司批准同意。

（六）关于调查权范围

保证合同第 11.3 款约定："甲方有权依据有关法律法规或其他规范性文件的规定或金融监管机构的要求，将有关本合同的信息和其他相关信息提供给中国人民银行信用信息基础数据库或其他依法设立的信用数据库，供具有适当资格的机构或个人查询和使用，甲方也有权为本合同订立和履行之目的，通过中国人民银行信用信息基础数据库和其他依法设立的信用数据库查询乙方的相关信息。"

审查意见：建议保证合同第 11.3 款最后一句中"查询乙方的相关信息"修改为"查询乙方与本合同约定事项直接相关的信息"。

理由：为保护乙方商业秘密，应限制对方调查权范围。

（七）关于乙方（担保人）陈述与保证

保证合同第 5.5 款约定："向甲方提供的资料或信息在所有方面都是真实、准确、完整的，不存在虚假记载、重大遗漏或误导性陈述。"

审查意见：建议保证合同第 5.5 款中"所有方面"改为"所有重大方面"。

保证合同第 5.6 款约定："若乙方为自然人，则其同时陈述和保证如下：

A. 具有完全民事权利能力和完全民事行为能力；

B. 有合法的收入来源和充足的代偿能力；

C. 无贷款逾期、欠息、信用卡恶意透支或逃废债务等不良信用记录；

D. 无赌博、吸毒等不良行为或犯罪记录；

E. 向甲方提供保证担保已征得配偶书面同意。"

审查意见：建议删除保证合同第 5.6 款的 E 项。

理由：配偶书面同意看配偶签署的文件即可，保证没有实质意义。

（八）关于合同的变更

保证合同约定："如果债权人与债务人协议变更主合同条款（包括但不限于变更偿还币种、还款方式、贷款账号、还款账号、用款计划、还款计划、起息日、结息日、在债务履行期限不延长的情况下债务履行期限的起始日或截止日变更），保证人同意对变更后的主合同项下债务承担连带保证责任。"

审查意见：建议修改为"主合同双方协议变更主合同的，需征得保证人的同意，否则保证人对变更后的主合同不承担保证责任"。

理由：站在保证人的立场，保证人对于主合同约定内容以及保证合同约定的保证人的保证责任是清楚的，如果按照上述保证合同原来的约定，债权人与债务人协议变更了主合同条款，保证人在不知情的情况下，依然要对变更后的主合同项下债务承担保证责任，这就可能导致增加保证人的保证责任。《民法典》第六百九十五条规定："债权人和债务人未经保证人书面同意，协商变更主债权债务合同内容，减轻债务的，保证人仍对变更后的债务承担保证责任；加重债务的，保证人对加重的部分不承担保证责任。债权人和债务人变更主债权债务合同的履行期限，未经保证人书面同意的，保证期间不受影响。"因此，建议对保证合同的该条款作相应修改，约定主合同变更必须经过保证人同意，否则，保证人不承担保证责任。

四、借款合同和保证合同范本

（一）借款合同

借款合同

编号：

借款人（全称）：＿＿＿＿＿＿＿＿＿＿＿＿＿＿

贷款人（全称）：＿＿＿＿＿＿＿＿＿＿＿＿＿＿

根据国家法律的有关规定，双方当事人经协商一致，订立本合同。

第一条　借款的一般内容

1. 借款种类：＿＿＿＿＿＿＿＿＿＿＿＿

2. 借款用途：＿＿＿＿＿＿＿＿＿＿＿＿

3. 借款币种及金额（大写）：＿＿＿＿＿＿＿＿＿＿＿＿

4. 借款期限

（1）借款期限见下表。

略。

（2）本合同记载的借款金额、发放日期、到期日期与借款凭证记载不相一致时，以借款凭证记载为准。借款凭证为本合同组成部分，与本合同具有同等法律效力。

（3）本合同项下借款为外汇借款的，借款人应当按时以原币种归还借款本息。

5. 借款利率

人民币借款利率按以下第＿＿＿＿＿＿种方式确定：

（1）浮动利率

借款利率在中国人民银行公布的同期同档次人民币贷款基准利率上＿＿＿＿＿＿＿＿＿（上/下）浮＿＿＿＿＿＿%，执行年利率＿＿＿＿＿＿%。

利率调整以十二个月为一个周期。如遇中国人民银行人民币贷款基准利率调整，自基准利率调整的下一个周期首月的借款对应日起，贷款人按调整后相应期限档次的基准利率和上述计算方式确定新的借款执行利率，不另行通知借款人。基准利率调整日与借款发放日或该周期首月的借款对应日为同一日的，自基准利率调整日起确定新的借款执行利率。无借款对应日的，该月最后一日视为借款对应日。

（2）固定利率

借款利率在中国人民银行公布的同期同档次人民币贷款基准利率上＿＿＿＿＿＿（上/下）浮＿＿＿＿＿＿%，执行年利率＿＿＿＿＿＿%直至借款到期日。

外汇借款利率按以下第＿＿＿＿＿＿种方式确定：

（1）＿＿＿＿＿＿＿＿＿＿（大写）个月＿＿＿＿＿＿＿＿＿＿（LIBOR/HIBOR）＋＿＿＿＿＿＿＿＿＿＿%的利差组成的按＿＿＿＿＿＿＿＿＿＿（大写）个月浮动的借款利率。

LIBOR/HIBOR 为路透社公布的计息日前两个工作日对应期限的英国伦敦/中华人民共和国香港特别行政区同业市场拆借利率。

（2）执行年利率_____%，直至借款到期日。

（3）其他方式_____。

6. 结息

本合同项下借款按季结息，结息日为每季末月的 20 日。借款人须于每一结息日当日付息。如借款本金的最后一次偿还日不在结息日，则未付利息应随本金一并结清（日利率＝月利率/30）。

第二条　符合下列所有条件的，贷款人发放本合同项下借款：

1. 借款人在贷款人处开立_____账户。

2. 借款人按照贷款人要求提供有关文件、资料并办妥相关手续。

3. 本合同项下借款为外汇借款的，借款人已按照有关规定办妥与本借款有关的批准、登记及其他法定手续。

4. 本合同项下有担保的，担保合同已签订并生效。

5. 从借款合同生效日至贷款发放日前，借款人未发生影响贷款安全的重大事件。

6. 从借款合同生效日至贷款发放日前，有关部门未发布影响贷款发放的限制性政策。

第三条　贷款人权利和义务

1. 贷款人有权了解借款人的生产经营、财务活动、物资库存和借款使用等情况，要求借款人按期提供财务报表等文件、资料和信息，但贷款人应对这些资料负有保密义务。

2. 借款人出现本合同项下第四条第 7 项至第 10 项所列影响贷款安全的重大事件或情形时，经贷款人书面通知之日起 10 个工作日内，双方经协商仍未确定解决方案的，贷款人可以停止发放借款或提前收回已发放借款。

3. 依据本合同约定收取借款本金、利息、罚息、复利以及依法应付的其他费用。

4. 贷款人将主债权转让给第三人的，应征得借款人的书面同意，但行政性划转的除外。

5. 依据本合同约定按期足额向借款人发放借款。

第四条　借款人权利和义务

1. 有权按照本合同约定取得和使用借款。

2. 通过本合同第二条指定的账户办理与本合同项下借款有关的往来结算和存款。

3. 本合同项下借款为外汇借款的，应按照有关规定办妥与本借款有关的批准、登记及其他法定手续。

4. 按时归还借款本息。借款人需展期的，应在借款到期日前15日向贷款人提出书面申请，经贷款人同意后，签订借款展期合同。

5. 按本合同约定用途使用借款。

6. 定期向贷款人提供真实、完整、有效的财务报表或其他相关资料、信息（法律规定不能提供者除外）。积极配合接受贷款人对有关情况进行监督检查。

7. 借款人实施合并、分立、减少注册资本以及其他足以引起本合同之债权债务关系变化或影响贷款人债权实现的行为，应及时通知贷款人，并落实债务清偿责任。

8. 借款人发生除前项规定行为之外对其履行本合同项下还款义务产生重大足以影响贷款人债权实现的其他情形，借款人如出现歇业、解散、停业整顿、被吊销营业执照或被撤销时，应于该情形发生之日起7个工作日内书面通知贷款人，并及时落实贷款人认可的债权保全措施。

9. 借款人不得抽逃资金、转移资产或擅自转让股份，以逃避对贷款人的债务。

10. 本合同项下借款的保证人出现停产、歇业、注销登记、被吊销营业执照、破产等情形，部分或全部丧失与本借款相应的担保能力，借款人应当及时提供贷款人认可的其他担保措施。

11. 借款人发生名称、法定代表人、住所地、经营范围变更等事项，应当及时书面通知贷款人。

第五条　提前还款

借款人提前偿还本金、利息时，需提前7个工作日通知贷款人。

1. 浮动利率：按实际借款期限和约定利率计收利息，贷款人免收任何补偿费用。

2. 固定利率：按以下第_____种方式计收利息：

（1）按本合同约定借款期限和利率计收利息。

（2）按实际借款期限在本合同约定利率基础上上浮百分之二十计收利息，但实际收取利息金额不得超过按本合同约定期限和利率应计收的利息金额。

第六条　违约责任

1. 贷款人未按本合同约定按期足额向借款人发放借款，应按违约数额和延期天数付给借款人违约金，违约金数额的计算与同期逾期借款的利息计算方式相同。

2. 借款人未按本合同约定期限归还借款本金的，贷款人对逾期借款从逾期之日起在本合同约定的借款执行利率基础上上浮百分之三十计收罚息，直至本息清偿为止。逾期期间，人民币借款的，如遇中国人民银行同期人民币贷款基准利率上调，罚息利率自基准利率调整之日起相应上调。

3. 借款人未按本合同约定用途使用借款的，贷款人对违约使用部分从违约使用之日起在本合同约定的借款执行利率基础上上浮百分之五十计收罚息，直至本息清偿为止。在此期间，人民币借款的，如遇中国人民银行同期人民币贷款基准利率上调，罚息利率自基准利率调整之日起相应上调。

4. 对借款人未按期支付的利息，贷款人从未按期支付之日起按季计收复利。借款期内未按期支付的利息，按本合同约定的借款利率计收复利，自借款到期之日起，按本合同约定逾期罚息利率计收复利；对借款逾期或违约使用期间未按期支付的利息，按本合同约定的罚息利率计收复利。

第七条　借款担保

本合同项下借款的担保方式为［保证］，担保合同另行签订。

第八条　争议解决

本合同履行中发生争议，可由双方协商解决，也可按以下第_____种方式解决：

1. 诉讼。由_____（贷款人/借款人）住所地人民法院管辖。

2. 仲裁。提交_____（仲裁机构全称）按其仲裁规则进行仲裁。

在诉讼或仲裁期间，本合同不涉及诉讼或仲裁的条款仍须履行。

第九条　其他事项

第十条　合同的生效

本合同自借贷双方签字并加盖公章或合同专用章之日起生效。

第十一条　合同份数

本合同一式＿＿＿＿＿份，双方当事人各＿＿＿＿＿份，担保人＿＿＿＿＿份，具有同等法律效力。

借款人（公章或合同专用章）　　　贷款人（公章或合同专用章）

法定代表人　　　　　　　　　　　负责人
或授权代理人　　　　　　　　　　或授权代理人

签约日期：＿＿＿＿＿年＿＿＿＿＿月＿＿＿＿＿日
签约地点：＿＿＿＿＿

（二）连带责任保证合同

保证合同（连带保证）

编号：

债权人（全称）：＿＿＿＿＿

保证人（全称）：

（1）＿＿＿＿＿＿＿＿＿

（2）＿＿＿＿＿＿＿＿＿

（3）＿＿＿＿＿＿＿＿＿

为了确保＿＿＿＿＿＿（以下简称借款人）与债权人签订的编号为＿＿＿＿＿的《＿＿＿＿》（以下简称主合同）的切实履行，保证人愿意为借款人依主合同与债权人所形成的债务提供保证。当事人各方经协商一致，订立本合同。

本合同未约定的，适用《民法典》的有关规定。

第一条　被担保的主债权种类、本金数额

被担保的主债权种类为＿＿＿＿＿＿，本金数额（币种及大写金额）

为_____。

第二条　保证范围

保证担保的范围包括主合同项下的借款本金、利息、复利、罚息、损害赔偿金、实现债权的费用。

第三条　保证方式

本合同保证方式为连带责任保证。

第四条　保证期间

1. 保证人的保证期间为主合同约定的借款人履行债务期限届满之日起 6 个月。

2. 债权人与借款人就主合同债务履行期限达成展期合同的，应征得保证人的书面同意。保证人同意主债权展期的，保证期间至展期合同重新约定的借款到期之次日起 6 个月。

3. 本合同担保的借款人与债权人约定提前还款日的，保证期间为约定的提前还款之次日起 6 个月。借款人已经提前还款的，从还款之时起，保证人就借款人已提前还款部分的担保责任免除。

第五条　保证人和债权人承诺

（一）保证人承诺

1. 提供真实、完整、有效的财务报表及其他相关资料、信息；

2. 借款人未按主合同约定履行债务的，保证人自愿履行保证责任；

3. 保证人有下列情形之一的，足以影响其在本合同项下保证责任承担的，保证人应于该情形发生之日起 30 日内书面通知债权人：

（1）发生隶属关系变更、公司章程修改；

（2）停产、歇业、注销登记、被吊销营业执照；

（3）财务状况恶化、生产经营发生严重困难或发生重大诉讼、仲裁事件；

（4）变更名称、住所地、法定代表人、联系方式等事项；

（5）发生不利于实现债权的其他情形。

4. 保证人合并、分立的，应自作出决议之日起 30 个工作日内书面通知债权人。

（二）债权人承诺

1. 发生以下事项时，债权人应于事项发生之日起 30 日内书面通知保证人：

（1）债权人发生隶属关系变更、公司章程修改；

（2）债权人停产、歇业、注销登记、被吊销营业执照；

（3）债权人财务状况恶化、生产经营发生严重困难；

（4）债权人变更名称、住所地、法定代表人、联系方式等事项。

2. 债权人合并、分立的，应自作出决议之日起 30 个工作日内书面通知保证人。

3. 保证期间，债权人将主债权转让给第三人的，应征得保证人的书面同意，否则保证人不再承担保证责任，但行政性划转的除外。

第六条 违约责任

本合同生效后，债权人和保证人均应履行本合同约定的义务，任何一方不履行约定义务的，应当承担相应的违约责任，并赔偿由此给对方造成的损失。

第七条 争议的解决

本合同履行中发生争议，可由各方协商解决，也可按以下第_____种方式解决：

1. 诉讼。由债权人住所地人民法院管辖。

2. 仲裁。提交_____（仲裁机构全称）按其仲裁规则进行仲裁。

在诉讼或仲裁期间，本合同不涉及诉讼或仲裁的条款仍须履行。

第八条 合同的生效

本合同自各方签字并盖公章或合同专用章之日起生效。

第九条 本合同一式_____份，各方各持_____份，效力相同。

债权人（公章或合同专用章）　　　　保证人（公章或合同专用章）

负责人　　　　　　　　　　　　　　法定代表人

或授权代理人　　　　　　　　　　　或授权代理人

签约日期：_____年_____月_____日

签约地点：_____

（三）一般保证合同

保证合同（一般保证）

编号：

债权人（全称）：_____

保证人（全称）：

（1）_____

（2）_____

（3）_____

为了确保_____（以下简称借款人）与债权人签订的编号为_____的《_____》（以下简称主合同）的切实履行，保证人愿意为借款人依主合同与债权人所形成的债务提供保证，当事人各方经协商一致，订立本合同。

本合同未约定的，适用《民法典》的有关规定。

第一条　被担保的主债权种类、本金数额

被担保的主债权种类为_____，本金数额（币种及大写金额）为_____。

第二条　保证范围

保证担保的范围包括主合同项下的借款本金、利息、复利、罚息、损害赔偿金、实现债权的费用。

第三条　保证方式

本合同保证方式为一般责任保证。保证人在主合同纠纷已经审判或仲裁并就借款人的财产依法强制执行仍不能清偿债务的，按照本保证合同承担保证责任。否则，保证人有权拒绝履行保证义务。

第四条　保证期间

1. 保证人的保证期间为主合同约定的借款人履行债务期限届满之日起6个月。

2. 债权人与借款人就主合同债务履行期限达成展期合同的，应征得保证人的书面同意。保证人同意主债权展期的，保证期间至展期合同重新约定的借款到期之次日起6个月。

3. 合同担保的借款人与债权人约定提前还款日的，保证期间为约定的提前还款之次日起 6 个月。借款人已经提前还款的，从还款之时起，保证人就借款人已提前还款部分的担保责任免除。

第五条 保证人和债权人承诺

（一）保证人承诺

1. 提供真实、完整、有效的财务报表及其他相关资料、信息。

2. 借款人未按主合同约定履行债务的，在主合同纠纷已经审判或仲裁并就借款人的财产依法强制执行仍不能清偿债务的，保证人自愿履行保证责任。

3. 保证人有下列情形之一的，足以影响其在本合同项下保证责任承担的，保证人应于该情形发生之日起 30 日内书面通知债权人：

（1）发生隶属关系变更、公司章程修改；

（2）停产、歇业、注销登记、被吊销营业执照；

（3）财务状况恶化、生产经营发生严重困难或发生重大诉讼、仲裁事件；

（4）变更名称、住所地、法定代表人、联系方式等事项；

（5）发生不利于实现债权的其他情形。

4. 保证人合并、分立的，应自作出决议之日起 30 个工作日内书面通知债权人。

（二）债权人承诺

1. 发生以下事项时，债权人应于事项发生之日起 30 日内书面通知保证人：

（1）债权人发生隶属关系变更、公司章程修改；

（2）债权人停产、歇业、注销登记、被吊销营业执照；

（3）债权人财务状况恶化、生产经营发生严重困难；

（4）债权人变更名称、住所地、法定代表人、联系方式等事项。

2. 债权人合并、分立的，应自作出决议之日起 30 个工作日内书面通知保证人。

3. 保证期间，债权人将主债权转让给第三人的，应征得保证人的书面同意，否则保证人不再承担保证责任，但行政性划转的除外。

第六条 违约责任

本合同生效后，债权人和保证人均应履行本合同约定的义务，任何一方不履行约定义务的，应当承担相应的违约责任，并赔偿由此给对方造成的损失。

第七条 争议的解决

本合同履行中发生争议，可由各方协商解决，也可按以下第_____方式解决：

1. 诉讼。由（债权人/债务人）住所地人民法院管辖。

2. 仲裁。提交_____（仲裁机构全称）按其仲裁规则进行仲裁。

在诉讼或仲裁期间，本合同不涉及诉讼或仲裁的条款仍须履行。

第八条　合同的生效

本合同自各方签字并盖公章或合同专用章之日起生效。

第九条　本合同一式_____份，各方各持_____份，效力相同。

债权人（公章或合同专用章）　　　保证人（公章或合同专用章）

负责人　　　　　　　　　　　　　法定代表人
或授权代理人　　　　　　　　　　或授权代理人

签约日期：_____年_____月_____日
签约地点：_____

五、风险防范实例

（一）银企串通假借担保转移还贷风险

下面的案例提示企业在对外提供担保时，一定要注意是否存在利用担保转移还贷风险的情况。

案例 9：担保合同纠纷①

〔基本案情〕

2019 年 3 月 7 日，原告李某昌与被告史某亮签订《借款协议》《房屋抵押

—————————

① （2021）辽 02 民终 10177 号，载中国裁判文书网，https：//wenshu. court. gov. cn/website/wenshu/181107ANFZ0BXSK4/index. html？docId＝7c89384a96f54285b4c4ae4b0034bcee，2022 年 7 月 19 日。

合同》各二份，上述借款协议及抵押合同中的签约时间均为 2019 年 3 月 6 日，其中一份借款协议及房屋抵押合同约定原告向被告借款 100 万元，原告用其所有的另一处房屋作抵押，另外一份借款协议及房屋抵押合同约定原告向被告借款 500 万元，原告用其所有的房屋作抵押。上述二处房屋均于 2019 年 3 月 7 日办理了抵押登记。

另查，2019 年 3 月 7 日，被告史某亮与案外人王某力签订《借款合同》，合同约定王某力向史某亮借款 200 万元，用李某昌名下的二处房屋作抵押。2019 年 3 月 14 日，原告李某昌与被告史某亮签订了《抵押担保合同》，合同约定李某昌为借款人王某力的借款自愿提供自有的二处房产做抵押担保。同日，原告李某昌签署授权委托书一份，委托书载明：本人李某昌全权委托给王某力办理房屋过户、抵押、解押、代收借款、房款及一切事宜。

又查，被告史某亮在辽宁省大连市中山区人民法院依据其与王某力签订的《借款合同》以及其与李某昌于 2019 年 3 月 14 日签订的《抵押担保合同》，以王某力、李某昌为被告提起诉讼，诉请王某力、李某昌偿还借款 200 万元及利息等，在该案的起诉状中，史某亮诉称：2019 年 3 月 7 日，史某亮与王某力签订借款合同，约定借款 200 万元，由李某昌提供其名下的二处房屋作为抵押担保，后在 2019 年 3 月 14 日补签了借款抵押合同。

在庭审中，被告史某亮确认未曾向原告李某昌支付案涉二份借款协议中约定的 600 万元借款，但依据原告李某昌的授权向案外人王某力支付了借款 200 万元。原告认为被告向王某力支付的 200 万元借款，系王某力向被告借款，并非案涉二份借款协议中的借款。

辽宁省瓦房店市人民法院认为，根据《最高人民法院关于适用〈中华人民共和国民法典〉时间效力的若干规定》第一条第三款之规定："民法典施行前的法律事实持续至民法典施行后，该法律事实引起的民事纠纷案件，适用民法典的规定，但是法律、司法解释另有规定的除外。"本案借款协议及房屋抵押合同签订时间发生在《民法典》施行前，但双方引起的纠纷持续至民法典施行后，故本案应适用民法典的规定。

综上，依照《民法典》第四百九十条、第五百零二条、第六百七十九条、第三百八十八条、第三百九十五条、第四百零二条，《最高人民法院关于适用〈中华人民共和国民法典〉时间效力的若干规定》第一条第三款之规定，判决如下：

一、原、被告之间签订的签约时间为 2019 年 3 月 6 日的《借款协议》二份、《房屋抵押合同》二份不成立；

二、驳回原告李某昌其他诉讼请求。

辽宁省大连市中级人民法院依职权另查明，史某亮诉王某力、李某昌民间借贷纠纷案，本院于 2022 年 1 月 24 日作出（2021）辽 02 民终 10321 号民事判决，判决王某力偿还史某亮借款本金 200 万元及利息；李某昌在其所有的房产的价值范围内对王某力偿还史某亮本案借款本息不能清偿部分承担赔偿责任。

本案上诉人李某昌在原审的诉讼请求是确认双方于 2019 年 3 月 6 日签订的《借款协议》（二份）、《房屋抵押合同》（二份）不成立，经法院审查认为，双方签订的两份借款协议、两份房屋抵押合同未生效，因合同不成立与合同未生效的法律后果实质相同，根据最高人民法院《全国法院民商事审判工作会议纪要》（法〔2019〕254 号）第四十二条的规定，人民法院也可以结合当事人的诉讼请求，直接判决合同未生效。故二审法院对原审判决第一项予以变更。

综上，上诉人李某昌关于史某亮对涉案房屋不享有抵押权的上诉理由成立，法院予以支持。上诉人史某亮的上诉请求不能成立，法院不予支持。依照《最高人民法院关于适用〈中华人民共和国民法典〉时间效力的若干规定》第一条第二款、《合同法》第二百一十条、《担保法》第五十条、第五十二条、《民事诉讼法》第一百七十七条第一款第二项之规定，判决如下：

一、撤销辽宁省瓦房店市人民法院民事判决；

二、史某亮与李某昌于 2019 年 3 月 6 日所签订的两份借款协议、两份房屋抵押合同未生效；

三、确认史某亮对李某昌名下的二处房屋不享有抵押权。

〔借鉴意义〕

1. 注意《民法典》适用的时间效力。《最高人民法院关于适用〈中华人民共和国民法典〉时间效力的若干规定》第一条第二款的规定，《民法典》施行前的法律事实引起的民事纠纷案件，适用当时的法律、司法解释的规定，但是法律、司法解释另有规定的除外。本案上诉人与被上诉人于 2019 年 3 月签订《借款协议》《房屋抵押合同》，该法律事实发生在《民法典》实施前，应当适用当时的法律、司法解释的规定，故本案应当适用原《合同法》及《担保法》的相关规定，一审法院适用《民法典》的规定属于适用法律错误，应予纠正。

2. 自然人借款合同成立的特殊性。《民法典》第六百七十九条规定："自然人之间的借款合同，自贷款人提供借款时成立。"本案中，原、被告双方虽然在案涉二份借款协议中签名、捺印，但被告史某亮作为贷款人，并未向借款人即原告李某昌提供 600 万元借款，故案涉二份借款协议不成立。案涉二份房屋抵押合同是案涉二份借款协议的从合同，从合同的主要特点在于其附属性，即它不能独立存在，必须以主合同的存在并生效为前提，当主债权债务合同不成立时，从合同也不能有效成立，故案涉二份房屋抵押合同因其主合同的不成立而不成立。综上，原告诉请确认原、被告间 2019 年 3 月 6 日签订的两份借款协议、二份房屋抵押合同不成立，有事实与法律依据，予以支持。

3. 注意民事法律行为的对应关系。关于被告史某亮辩称涉案借款已经支付给原告李某昌授权的代收借款人王某力 200 万元的意见，虽然李某昌在授权委托书中载明全权委托给王某力办理案涉二处房屋的过户、抵押、解押、代收借款、房款及一切事宜，但是该授权并未明确指明代收案涉借款 600 万元，且被告史某亮与案外人王某力之间关于 200 万元借款已经另签借款合同及抵押担保合同，被告史某亮对该事实也已提起民事诉讼，足以证明被告史某亮支付给王某力的 200 万元借款并非其与本案原告李某昌之间的借贷，故其抗辩意见不予采纳。

4. 以不动产抵押的，应当办理抵押登记，抵押权自登记时设立。本案中，案涉二处抵押房屋已经于 2019 年 3 月 7 日办理了抵押登记，其抵押权自登记之日已经设立，故原告诉请确认被告对案涉二处房屋不享有抵押权，于法无据，不予支持。但因案涉二份房屋抵押合同不成立，办理抵押登记的，当事人可以申请撤销抵押登记，故原告可以另行申请撤销抵押登记。

5. 根据原《担保法》第五十条、第五十二条的规定，抵押权不得与债权分离而单独转让或者作为其他债权的担保。抵押权与其担保的债权同时存在，债权消灭的，抵押权也消灭。故抵押担保合同是依附于借款合同的从合同，在借款合同未生效的前提下，抵押担保合同也应认定为未生效。本案中，因本案借款合同未生效，抵押合同也应认定为未生效，因此，史某亮对案涉两套房屋应当不享有抵押权。

《民法典》第六百九十五条规定："债权人和债务人未经保证人书面同意，协商变更主债权债务合同内容，减轻债务的，保证人仍对变更后的债务承担保证责任；加重债务的，保证人对加重的部分不承担保证责任。债权人和债务人变更主债权债务合同的履行期限，未经保证人书面同意的，保证期间不受影响。"该规定已经将上述案例及《最高人民法院关于适用〈中华人民共和国担保法〉若干问题的解释》中相关内容变成了《民法典》的法律条款。

（二）盲目签字盖章导致债务风险

下面的案例提示企业不要轻易在可能使企业承担更多法律责任的书面文件上签字盖章，对于无法判断其法律风险的确认文件最好能及时征求企业法律顾问的意见。

案例 10：银行借款担保合同纠纷

〔基本案情〕

2017 年 2 月 26 日 a 公司与某银行签订了 300 万元借款合同，同日，a 公司的上级单位 A 公司与该银行签订了保证合同，合同主要约定：（1）贷款金额 300 万元，期限自 2017 年 2 月 26 日至 2017 年 12 月 25 日；（2）保证方式为连带责任保证；（3）保证担保范围为贷款 300 万元及利息、借款人应支付的违约金（包括罚息）、赔偿金和实现贷款债权费用；（4）保证期间为自合同生效之日起至借款合同履行期满之日后两年止；（5）本合同的效力独立于被保证的借款合同。某银行按合同规定向 a 公司发放 300 万元后，a 公司于 2017 年 5 月 29 日偿还贷款利息 45900 元，剩余贷款及利息未能偿还。为此某银行于 2018 年 11 月 11 日、2019 年 6 月 17 日、2020 年 5 月 23 日分别向 a 公司发出催款通知书。2020 年 6 月 5 日某银行向 A 公司发出履行担保责任通知书，要求"接到通知书后一个月内偿还贷款本金及利息"。A 公司于 2020 年 6 月 16 日收到通知后，在通知书回执上签字盖章，但未履行担保义务。

a 公司于 2021 年 1 月 11 日向某市人民法院申请破产，法院于 2021 年 1 月 18 日受理 a 公司破产还债一案。某银行未向 a 公司清算组申报债权。2021 年 9

月 11 日法院作出民事裁定，终结 a 公司破产程序。a 公司破产财产分配为零。某银行于 2021 年 10 月 29 日向某市人民法院提起诉讼，要求 A 公司承担贷款担保责任。某市人民法院根据 2020 年 6 月 5 日银行向 A 公司发出履行担保责任通知书及 A 公司在通知书回执上的签字盖章，判决 A 公司偿还 300 万元贷款及利息，并承担案件受理费及代理费。A 公司不服，向中级人民法院上诉，中级人民法院维持了原判。A 公司不服，向省高级人民法院申请再审，省高级人民法院经过认真审理，最终判决 A 公司不承担贷款担保责任。

〔借鉴意义〕

1. 本案的焦点是 2020 年 6 月 5 日银行向 A 公司发出履行担保责任通知书及 A 公司在通知书回执上的签字盖章，是否超过了保证期间。A 公司的保证期间应为贷款期满后两年，即 2019 年 12 月 25 日止。法律根据是原《最高人民法院关于适用〈中华人民共和国担保法〉若干问题的解释》第三十一条的规定："保证期间不因任何事由发生中断、中止、延长的法律后果。"保证期限届满后，连带责任保证人不再承担连带保证责任。并且连带责任保证人在履行保证通知书上签字、盖章的行为，不能视为保证人对原保证的明确确认和重新承诺。所以，2020 年 6 月 16 日 A 公司在回执上签字盖章的行为不能被认定为双方重新签订了担保合同。

《民法典》第六百九十二条规定："保证期间是确定保证人承担保证责任的期间，不发生中止、中断和延长。债权人与保证人可以约定保证期间，但是约定的保证期间早于主债务履行期限或者与主债务履行期限同时届满的，视为没有约定；没有约定或者约定不明确的，保证期间为主债务履行期限届满之日起六个月。债权人与债务人对主债务履行期限没有约定或者约定不明确的，保证期间自债权人请求债务人履行债务的宽限期届满之日起计算。"

2. 担保实践中应注意：

（1）对被担保的债权人应注意担保合同上的担保期限，在担保期内主张担保权。

（2）作为担保人，在担保方式上尽可能选择一般担保，并且要求被担保人提供反担保。

（3）不要轻易在可能使企业承担更多法律责任的书面文件上签字盖章。

第四节　委托贷款合同

在我国，为了便于国家对金融体系的管控，国家规定禁止企业之间的借贷。如果企业集团想要借钱给自己的下属企业怎么办呢？可以通过委托银行贷款的方式。本节列示了在审查委托贷款合同中经常发现的问题。

说明：本节当中，甲方指借款人，乙方指委托贷款人，丙方指受托贷款人（银行）。

一、委托贷款合同审查要点

（一）关于当事人的身份

委托贷款合同中银行的身份应当是"受托贷款人"，而不同于民法上的普通代理人。多数的委托贷款合同中都能正确界定委托贷款人、受托贷款人（银行）、借款人的身份，但是有少数委托贷款合同上出现过"代理人"的称谓。委托贷款合同中委托贷款人的身份也不同于贷款人，也要避免将其身份写成"贷款人"。这点需要特别注意，因为对于委托贷款法律关系，国家是有特殊规定的。

（二）关于多笔到期贷款并存时的还款原则

委托贷款合同约定："多笔到期贷款并存时的还款原则：

到期贷款中，既有乙方委托丙方向甲方发放的委托贷款，又有丙方向甲方发放的自营贷款的，如甲方未明确表示还款是用于归还何笔贷款，自营贷款应优先清偿，丙方亦有权从甲方在丙方开立的账户中划收款项优先用于清偿丙方的自营贷款。

乙方委托丙方向甲方发放的多笔委托贷款均到期的，如甲方未明确表示还款是用于归还何笔贷款，由丙方决定清偿顺序。"

建议修改为"到期贷款中，既有乙方委托丙方向甲方发放的委托贷款，又有丙方向甲方发放的自营贷款的，如甲方未明确表示还款是用于归还何笔贷款，应按比例清偿，丙方亦有权从甲方在丙方开立的账户中划收款项用于清偿丙方的委托贷款和自营贷款"。

（三）关于划收手续费和违约金时的通知义务

委托贷款合同约定："手续费支付方不按上述约定支付手续费的，每逾期一日，丙方有权按逾期未付手续费金额的万分之 a 收取违约金，并可从收回的委托贷款本息或甲方或乙方在丙方开立的任何币种账户中划收上述手续费和违约金。"

建议该条最后加上"但应提前通知乙方"。

（四）关于甲方拒绝索贿的约定

委托贷款合同约定："甲方有权拒绝乙、丙方及其工作人员索取贿赂，对于上述行为或者乙、丙方违反国家有关法律、法规的行为，有权向有关部门举报。"

鉴于该项内容属于法定事项，无须约定，并且该种约定容易引人误解，建议删除。

（五）关于乙方的权利和义务

委托贷款合同约定："乙方应当对贷款项目的可行性、合法合规性、甲方及/或担保人的资信状况、还款能力、履约能力进行独立审查，自行作出独立判断，独立承担贷款未按时足额收回的风险。"

建议该条修改为"乙方应当在丙方协助下对贷款项目的可行性、合法合规性、甲方及/或担保人的资信状况、还款能力、履约能力进行独立审查，自行作出独立判断，独立承担贷款未按时足额收回的风险"。

委托贷款合同约定："委托贷款发放后，对甲方使用借款的情况进行持续监督，持续关注甲方的经营、财务状况以及还款能力，在甲方发生任何可能影响乙方债权实现的情形时及时采取适当措施。乙方理解并同意，丙方并无上述义务。"

建议删除其中"乙方理解并同意，丙方并无上述义务"。

（六）关于丙方的催收义务

贷款合同约定："委托贷款到期后，乙方应当及时催收，对甲方、担保人及时提起诉讼、申请执行、申报破产债权以及采取法律许可的其他救济措施，不应以丙方负有协助贷款回收义务为由要求丙方承担责任。"

建议该款修改为"委托贷款到期后，丙方应当及时催收，对甲方、担保人及时提起诉讼、申请执行、申报破产债权以及采取法律许可的其他救济措施"。

（七）关于丙方的权利义务

委托贷款合同约定："丙方有权将与委托贷款有关的甲方信息和甲方在丙方的存款、贷款、结算等情况报告给乙方。"

建议其中"丙方有权"改为"丙方有义务"。

委托贷款合同约定："委托贷款本金到期后，甲方按时足额还款的，丙方应按照正常还款程序入账并及时通知乙方。甲方未按时足额还款的，丙方应将逾期情况书面通知乙方，并在 X 个月内向甲方进行一次贷款催收。丙方仅须采取书面形式，按照甲方或乙方提供的收件人名称、地址或电话（传真）号码发出催收通知，丙方就该逾期委托贷款的协助回收义务即已履行。如丙方采用其他方式进行催收，只要有证据证明，即应认为丙方协助回收义务已经履行。"

建议该条最后一句修改为"如丙方采用其他更有效的方式进行催收，丙方应充分、适当履行协助回收义务"。

委托贷款合同约定："丙方无义务参加与委托贷款及其担保相关的诉讼、仲裁、破产程序，也无义务为乙方处置抵债资产。"

建议删除。

（八）关于丙方记录的证据效力

委托贷款合同约定："丙方记录的证据效力：除非有真实、确定的相反证据，丙方就委托贷款有关本金、利息、费用和还款记录等内容的内部账务记载，丙方单方制作或保留的甲方办理提款、还款、付息等业务过程中发生的单据、凭证及丙方催收贷款的记录、凭证，均构成有效证明乙方与甲方的债权关系、丙方履行义务情况的证据，甲方、乙方同意不提出任何异议。"

在发生纠纷的情况下，丙方记录的证据效力应由法庭做出判断，而不能通过约定排除甲方和乙方提出异议的诉讼权利，因此建议删除其最后一句"甲方、乙方同意不提出任何异议"。

（九）关于合同无效或被撤销的后果

委托贷款合同约定："本合同项下委托关系及/或借款关系依法被认定为无效或被撤销时，如果乙方和丙方之间的委托关系有效，而甲方和乙方之间借款关系无效或被撤销，丙方不因此承担任何法律责任，同时，如丙方已经将委托资金交付给甲方，则乙方应当直接要求甲方返还委托资金，对于乙方所受到的损失，丙方不承担责任。"

建议该条修改为"本合同项下委托关系及/或借款关系依法被认定为无效或被撤销时，如果乙方和丙方之间的委托关系有效，而甲方和乙方之间借款关系无效或被撤销，如丙方已经将委托资金交付给甲方，则乙方可以直接要求甲方返还委托资金，或由丙方协助催要"。

委托贷款合同约定："本合同项下委托关系及/或借款关系依法被认定为无效或被撤销时，如导致第三人损失，则甲乙双方根据各自的过错分担法律责任，丙方不承担责任。"

建议修改为"本合同项下委托关系及/或借款关系依法被认定为无效或被撤销时，如导致第三人损失，则甲乙丙三方根据各自的过错分担法律责任"。

委托贷款合同约定："如果委托关系无效或被撤销，且借款关系无效或被撤销，如丙方已经将委托资金交付给甲方，则乙方应当直接要求甲方返还委托资金，对于乙方所受到的损失，丙方不承担责任。"

建议修改为"如果委托关系无效或被撤销，且借款关系无效或被撤销，如丙方已经将委托资金交付给甲方，则乙方可以直接要求甲方返还委托资金，或由丙方协助催要"。

（十）关于管辖法院

委托贷款合同约定"管辖法院为丙方住所地人民法院"。

公平起见，建议修改为"被告住所地人民法院"。

二、委托贷款合同范本

合同编号：

委托贷款合同

借款人（甲方）：

住所（地址）：　　　　　　　　邮政编码：

法定代表人：　　　　　　　　　联系人：

传　　真：　　　　　　　　　　电　话：

委托贷款人（乙方）：

住所（地址）：　　　　　　　　邮政编码：

法定代表人：　　　　　　　　　联系人：

传　　真：　　　　　　　　　　电　话：

受托贷款人（丙方）：

住所（地址）：　　　　　　　　邮政编码：

法定代表人：　　　　　　　　　联系人：

传　　真：　　　　　　　　　　电　话：

根据甲方业务需要和借款申请，乙方同意并委托丙方向甲方发放委托贷款。为明确各自的权利和义务，遵照国家有关法律规定，经三方平等协商一致，订立本合同。

第一条　甲方陈述与保证

甲方向乙方及丙方作出如下陈述与保证。下列陈述与保证是在本合同签字之日作出的，并被视为在本合同有效期内始终有效：

1.1甲方是按中华人民共和国法律登记注册的企（事）业法人或其他经济组织，并已通过工商行政管理部门的年检，具有签订和履行本合同的资格和能力；

1.2甲方提供给乙方的所有文件和资料均是真实、准确、完整和有效的，财务会计报表的编制符合中华人民共和国企业会计准则的规定；

1.3 甲方有健全的组织机构和财务管理制度，在近一年内的经营中未发生重大违规违纪行为，现任高级管理人员无任何重大不良记录；

1.4 甲方签订和履行本合同不违反甲方公司章程或对甲方有约束力的法律、行政法规的规定，与丙方已签订或正在履行的其他任何合同均无抵触；

1.5 甲方未隐瞒其所涉及的诉讼、仲裁、索赔事件或其他可能危及乙方权益实现的违法违纪事件；

1.6 甲方应付借款利息和本金已按期清偿，无不良履约记录。

第二条　借款种类

本合同项下的借款为＿＿＿＿＿＿＿＿＿＿＿借款。

第三条　借款用途

3.1 本合同项下的借款用途为：＿＿＿＿＿＿＿＿＿＿＿。

3.2 未经乙方书面同意，甲方不得改变本合同中确定的借款用途。

第四条　借款币种、金额

4.1 合同项下的借款币种为＿＿＿＿＿＿＿＿＿＿＿。

4.2 金额为（大写）＿＿＿＿＿＿，（小写）＿＿＿＿＿元。

第五条　借款期限

5.1 本合同约定借款期限为＿＿＿年，即从＿＿＿年＿＿＿月＿＿＿日至＿＿＿年＿＿＿月＿＿＿日。

5.2 本合同项下的借款期限起始日与贷款转存凭证不一致时，以第一次放款时的贷款转存凭证所载日期为准。贷款转存凭证为本合同的组成部分，与本合同具有同等法律效力。

第六条　委贷手续费、借款利率、罚息利率及计息、结息

6.1 本合同项下的委托贷款手续费为合同金额的＿＿＿‰，由乙方于本合同生效后的五个工作日内向丙方一次性支付。

6.2 本合同项下的借款利率为＿＿＿（年/月）利率，利率为下列第＿＿＿种：

（1）固定利率，即＿＿＿（年/月），在借款期限内，该利率保持不变；

（2）浮动利率，即在基准利率水平上＿＿＿（上浮/下调）＿＿＿%，自起息日起每＿＿＿个月调整一次。利率调整日为起息日在调整当月的对应日，当月没有起息日的对应日的，则当月最后一日为利率调整日。

6.3 罚息利率

6.3.1 甲方未按合同用途使用贷款的，罚息利率为借款利率加收50%；

6.3.2 本合同项下贷款逾期的，罚息利率为借款利率加收30%。

6.4 本条中的起息日是指本合同项下首次发放的贷款转存到甲方账户之日。

6.5 本合同项下首次发放贷款时，基准利率是指起息日当日中国人民银行公布施行的同档次贷款利率；此后，贷款利率或罚息利率依前述约定调整时，基准利率是指调整日当日中国人民银行公布施行的同档次贷款利率；如果中国人民银行不再公布同档次贷款利率，基准利率是指调整日当日银行同业公认的或通常的同档次贷款利率，双方另有约定的除外。

6.6 贷款利息自贷款转存到甲方账户之日起计算。本合同项下的贷款按日计息，日利率＝月利率/30＝年利率/360。如甲方不能按期付息，则自次日起计收复利。

6.7 结息

6.7.1 实行固定利率的贷款，结息时，按约定的利率计算利息。实行浮动利率的贷款，按各浮动期当期确定的利率计算利息；单个结息期内有多次利率浮动的，先计算各浮动期利息，结息日加总各浮动期利息计算该结息期内利息。

6.7.2 本合同项下借款按_____（月/季）结息，结息日为每_____（月/季末月）的20日。借款人须于每一结息日当日付息。如借款本金的最后一次偿还日不在结息日，则未付利息应利随本清。

6.8 本合同履行中如遇中国人民银行调整贷款利率并应适用于本合同项下借款时，乙方、丙方需通知甲方并依规定按调整后的贷款利率和方式计算利息。

第七条 提款条件

每次提款前，应满足下列条件：

7.1 乙方的委托基金已经划到其在丙方开立的委托贷款资金账户。

7.2 丙方已经接到乙方的委托贷款通知。

7.3 甲方未发生本合同所规定的任一违约事件。

7.4 甲方已按照有关法律、行政法规规定及贷款人要求，办妥与本合同项下贷款有关的批准、登记、交付及其他手续。

第八条 提款安排

8.1 本合同项下借款的提款方式按下列的约定执行。

甲方按下表所列时间及金额提款：

_____年_____月_____日　　金额_____万元；

8.2 甲方应按本合同 8.1 条的约定提取借款，如有特殊原因，应出具书面申请，经乙方书面同意，并通知丙方后可提前或推迟_____日提款。

8.3 合同之具体提款日和还款日，以甲、乙双方办理的借据上所记载的实际日期为准。借据或借款支取凭证是本合同不可分割的组成部分。

8.4 甲方要求取消本合同全部或部分未提款项的，应在本合同确定的提款日前 30 日向乙方提出书面申请，经乙方书面同意后方可取消。

第九条　还款

9.1 甲方偿还本合同项下借款本息的资金来源于但不限于：

9.1.1 营业收入；

9.1.2 其他资金。

9.2 无论甲方作为一方当事人的其他任何合同对甲方的还款资金来源有任何约定，该约定均不能影响甲方在本合同项下还款义务的履行。无论出现何种情况，甲方都不得援用 9.1 条而拒绝履行其在本合同项下的还款义务。

9.3 甲方应按本合同约定按月/季足额支付利息，并按下列的约定偿还借款本金；

分次还本，具体还本金额和日期如下：

_____年_____月_____日　　金额_____万元。

9.4 甲方提前还款的，应于拟提前还款日前 30 日向乙方提交书面申请，乙方应在收到甲方提交的申请 20 日内，向甲方给予书面答复。

9.5 甲方提前还款经乙方同意的，归还本金不得少于_____万元，并应是_____万元的整倍数。

9.6 甲方提前归还的本金，应按本合同 9.3 条的还款顺序倒序冲减。

9.7 甲方于本合同约定的结息日或还本日前在乙方指定的账户上备足当期应付的利息或本金，并授权丙方于约定的结息日或还本日从甲方账户划收归乙方。

第十条　借款担保

10.1 如为担保借款，担保方式为以下第_____种：

（1）保证。

（2）抵押。

（3）质押。

（4）备用信用证。

（5）信用保险。

（6）其他：_____。

10.2 甲方有义务积极协助乙方并使乙方与担保人就本合同之具体担保事项签订编号为_____的担保合同。

10.3 本合同项下之担保如发生严重影响乙方债权实现的情形时，经乙方通知，甲方应按要求另行提供令乙方满意的担保。

第十一条 甲方的权利和义务

11.1 甲方的权利

11.1.1 有权要求乙方、丙方按合同约定发放委托贷款；

11.1.2 有权按本合同约定的用途使用借款；

11.1.3 有权向乙方申请借款展期，并在乙方同意后_____个工作日内与乙、丙方办理展期手续；

11.1.4 有权要求乙、丙方对甲方提供的有关财务资料以及生产经营方面的商业秘密予以保密，但法律、行政法规另有规定的除外。

11.2 甲方的义务

11.2.1 必须按照乙方的要求提供有关财务会计资料及生产经营状况资料，包括但不限于每季度第一个月的前_____个银行工作日内向乙方提供上季度末的资产负债表、截至上季度末的损益表（事业单位为收入支出表），并于年度末提供当年现金流量表，并且对所提供资料的真实性、完整性和有效性负责；

11.2.2 应按本合同约定的用途使用借款，不得挤占、挪用；

11.2.3 应积极配合并自觉接受乙方对本合同项下借款使用情况的检查、监督；

11.2.4 应按本合同的约定按期归还借款本息；

11.2.5 甲方及其投资者不得抽逃资金或转移资产，以逃避对乙方的债务；

11.2.6 在未还清乙方贷款本息之前，未征得乙方同意不得用本合同项下的贷款形成的资产向第三人提供担保；

11.2.7 本合同有效期间，甲方如要为他人债务提供担保，可能影响其本合同项下还款能力的，应当提前10日书面通知乙方并征得乙方同意；

11.2.8 本合同项下保证人出现停产、歇业、注销登记、被吊销营业执照、破产、被撤销以及经营亏损等情况，部分或全部丧失与本贷款相应的担保能力，或者作为本合同项下贷款担保的抵押物、质押财产价值减少、意外毁损或灭失，甲方应当在 30 日内提供乙方认可的其他担保；

11.2.9 本合同有效期间，甲方发生名称、法定代表人（负责人）、住所、经营范围、注册资本金变更等事项，应当事项变更后 10 日内通知乙方；

11.2.10 本合同有效期间，甲方如发生承包、租赁、股份制改造、联营、合并、兼并、分立、合资、申请停业整顿、申请解散、申请破产等足以影响乙方贷款债权实现的行为，应当提前 30 日书面通知乙方，并按乙方要求落实本合同项下债务的清偿及担保；

11.2.11 本合同有效期间，甲方如发生停产、歇业、被注销登记、被吊销营业执照、法定代表人或主要负责人从事违法活动、涉及重大诉讼活动、生产经营出现严重困难、财务状况恶化等情形，对其履行本合同项下还款义务产生重大不利影响的，均应在发生上述情形后 10 日内书面通知乙方，并按乙方要求落实本合同项下债务的清偿及担保；

11.2.12 应当承担与本合同及本合同项下担保有关的律师服务、保险、评估、登记、保管、鉴定、公证等费用。

第十二条　乙、丙方的权利和义务

12.1 乙、丙方的权利

乙方、丙方有权了解有关甲方的财务活动，有权要求甲方提供必需的计划统计、财务会计报表等文件资料。

12.2 乙、丙方的义务

12.2.1 乙方应按照本合同约定按期足额将委托贷款资金拨付丙方。丙方应及时足额发放委托贷款，如因乙方资金拨付迟延造成丙方无法发放的除外。

12.2.2 对甲方提供的有关财务资料以及生产经营方面的商业秘密，乙方、丙方应予以保密，但法律、行政法规另有规定的除外。

第十三条　其他约定事项

甲、乙、丙三方另行约定如下：

（1）_____。

（2）_____。

（3）_____。

(4) _____。
(5) _____。

第十四条　违约责任

14.1 本合同生效后，甲、乙、丙三方当事人均应履行本合同所约定的义务。任何一方不履行或不完全履行本合同所约定义务的，应当依法承担违约责任。

14.2 甲方未按本合同 8.1 条约定办理并提取借款的，乙方有权按合同利率按日计收迟延违约金。

14.3 乙方未按本合同 8.1 条约定办理并发放借款的，向甲方按合同利率按日支付迟延违约金，但因丙方、甲方原因造成迟延的除外。

14.4 未经乙方书面同意，甲方提前归还本合同项下借款的，乙方有权依照本合同约定的借款期限和利率计收利息。

14.5 甲方到期不偿还本合同项下借款本金及利息的，乙方、丙方有权限期清偿，同时对逾期借款按本合同 6.3.2 条的约定计收利息，对未支付利息计收复利。

14.6 甲方未按本合同约定用途使用借款的，经乙方、丙方通知后仍不纠正，乙方、丙方有权停止发放贷款、有权提前收回部分乃至全部借款或解除合同，并对甲方违约使用的借款根据违约使用天数按本合同 6.3.1 条的约定计收的利息，未支付的利息计收复利。

14.7 甲方使用借款如同时出现 14.5、14.6 条所列情形的，乙方、丙方应择其重而处罚，不能并处。

14.8 甲方有下列行为之一的，应在收到乙方、丙方通知后 7 日内予以改正或采取令乙方满意的补救措施，否则乙方有权通过丙方停止或取消甲方尚未提取使用的借款、有权提前收回部分乃至全部借款；不能收回的，按逾期贷款利率按日计收违约金：

14.8.1 向乙方提供虚假的或者隐瞒重要事实的资产负债表、损益表和其他财务资料的；

14.8.2 不配合或拒绝接受乙方对其使用借款情况和财务活动监督的；

14.8.3 未经乙方同意转让或处分或者威胁转让或处分其资产重要部分，足以严重影响乙方债权实现的；

14.8.4 其财产的重要部分或全部被其他债权人占有或被指定受托人、接收人或类似人员接管，或者其财产被扣押或冻结，可能足以严重影响乙方债权实现的；

14.8.5 未经乙方同意进行承包租赁、股份制改造、联营、合并、兼并、合资、分立、减资、股权变动、重大资产转让等足以严重影响乙方债权安全的；

14.8.6 发生变更住所、通信地址、营业范围、法定代表人等工商登记事项或对外发生重大投资等情况使乙方债权实现受到严重影响或威胁的；

14.8.7 涉及重大经济纠纷或财务状况恶化等，使乙方债权实现受到严重影响或威胁的；

14.8.8 其他任何可能导致严重影响乙方债权实现的情形。

第十五条　合同的生效、变更、解除和终止

15.1 本合同经甲、乙、丙三方签字并盖章后生效，有担保合同的，自担保合同生效后生效。

15.2 有下列情形之一的，乙方、丙方有权解除合同，并要求甲方提前归还贷款本息和赔偿损失：

15.2.1 甲方发生歇业、解散、停业整顿、被吊销营业执照或被撤销时；

15.2.2 本合同项下之担保发生了足以影响乙方债权实现的变化，且甲方未能按乙方要求另行提供所需担保的；

15.2.3 其他严重的违约行为。

15.3 甲方如要求贷款展期，应于本合同到期日前 30 日向乙方、丙方提出书面申请及担保人同意继续担保的书面意见，经乙方、丙方审查同意，并签订展期协议后，本合同项下借款才相应展期；在三方签订展期协议前，本贷款合同继续执行。

15.4 本合同生效后，除本合同已有之约定外，甲、乙、丙任何一方都不得擅自变更或提前解除本合同，如确需变更或解除本合同，应经甲、乙、丙三方协商一致，并达成书面协议。书面协议达成之前，本合同继续执行。

第十六条　争议的解决

16.1 本合同在履行过程中发生争议，通过协商解决，协商不成，按以下第_____种方式解决：

（1）向丙方住所地人民法院起诉。

（2）提交_____仲裁委员会（仲裁地点为_____），按照申请仲裁时该会现行有效的仲裁规则进行仲裁。仲裁裁决是终局的，对双方均有约束力。

16.2 在诉讼或仲裁期间，本合同不涉及争议部分的条款仍需履行。

第十七条　附则

17.1 本合同项下的所有附件、借还款凭证、结付息单据以及与履行本合同有关的协议、逾期索付及罚息通知等均为本合同的组成部分，与本合同具有同等法律效力。

17.2 乙方、丙方未行使或部分行使或迟延行使本合同项下的任何权利，不构成对该权利或任何其他权利的放弃或变更，也不影响其进一步行使该权利或任何其他权利。

17.3 合同履行中，如某个提款、还款日为非银行工作日，则顺延至下一个银行工作日。

17.4 除非本合同另有约定，甲、乙、丙三方之间的所有通知均应以书面形式按本合同签署页列明的通信地址送达对方。如果是信函，则以双挂号方式寄发，并以收件人在回执联上签字或盖章之日为送达日；如果是专程送达，则收件人签收之日为送达日。

17.5 本合同一式＿＿＿＿份，甲方、乙方、丙方执＿＿＿＿份、具有同等法律效力。

甲方（公章或合同专用章）：

法定代表人：

（或授权代理人）

乙方（公章或合同专用章）：

法定代表人：

（或授权委托人）

丙方（公章或合同专用章）：

法定代表人：

（或授权委托人）

签约日期：　　　年　　　月　　　日

案例 11：委托贷款合同纠纷①

〔基本案情〕

2015 年 7 月 13 日，JK 集团（甲方）、ZS 公司（乙方，该公司成立于 2013 年 1 月 14 日，注册资本 1000 万元）、LT 公司（丙方，该公司成立于 2015 年 6 月 2 日，注册资本 200 万元）签订两份《三方代偿协议》，主要内容为：1. 2015 年 7 月 14 日甲方与 WF 银行签订《委托贷款协议》，2015 年 7 月 14 日乙方与 WF 银行《委托贷款借款合同》，乙方通过 WF 银行委托贷款的方式向甲方借款人民币陆佰万元、肆佰万元，共计壹仟万元整。2. 现丙方自愿代乙方偿还借款陆佰万元、肆佰万元整。甲方、乙方、丙方经自愿、平等、友好协商达成如下协议：第一条　现丙方自愿代替乙方归还借款本金人民币陆佰万元、肆佰万元整，丙方同意在 WF 银行的贷款发放后一个工作日内立即向甲方归还前述借款。第二条　甲方同意丙方代替乙方归还借款本金人民币陆佰万元、肆佰万元整。第三条　在丙方代替乙方归还借款本金之日起三日内，乙方应按照前述《委托贷款借款合同》的约定向甲方支付剩余利息。2015 年 7 月 15 日，LT 公司（甲方）与 WF 银行（乙方）签订《委托贷款借款合同》，载明：根据 JK 集团（以下简称委托人）与乙方签订《委托贷款协议书》，由乙方代委托人向甲方发放贷款。乙方在受托范围内经与甲方协议后订立本合同。第一条约定，借款用途：转化投资；金额：捌佰万元整；年利率：7%；期限：自 2015 年 7 月 15 日起至 2016 年 7 月 12 日止。2015 年 7 月 15 日，AC 公司（甲方）与 WF 银行（乙方）签订编号为 2015 年 0713 第 97 号《委托贷款抵押合同》，载明：为了保证乙方债权的实现，甲方自愿以其有处分权的财产向乙方提供担保。为明确双方权利、义务，依据《合同法》《担保法》《物权法》及其他有关法律法规规定，甲、乙双方经平等协议一致，订立本合同。甲方陈述及声明"完全了解主合同的全部内容，为主合同借款人债务提供抵押担保完全出于自愿，在本合同项下的全部意思表示真实"。本合同所担保的主债权为乙方依据委托方授权与 LT 公

---

① （2022）鲁 07 民终 1741 号，载中国裁判文书网，https：//wenshu. court. gov. cn/website/wenshu/181107ANFZ0BXSK4/index. html？docId=2333b113f47c48e18894ae800186d9ab，2022 年 7 月 19 日访问。

司签订的主合同（主合同名称：《委托贷款借款合同》）而享有的对债务人的债权。AC 公司用其所有的国有土地使用权提供抵押担保。

AC 公司诉 WF 银行、JK 集团、第三人 LT 公司确认合同效力纠纷案，2018 年 8 月 24 日，山东省潍坊市中级人民法院作出（2018）鲁 07 民初 29 号民事判决书，认为："AC 公司主张 JK 集团与 LT 公司恶意串通、隐瞒借款用途，案涉委托贷款抵押合同应为无效，AC 公司不应承担抵押责任。AC 公司提交了化工公司、AC 公司、ZS 公司签订的土地房屋买卖协议及 JK 集团出具的证明。首先，土地房屋买卖协议，JK 集团并未参与签订，其并非买卖合同当事人，对 JK 集团不具有约束力。情况说明中载明的内容与土地房屋买卖协议内容不完全相同，情况说明的内容不能证明是为购买 AC 公司的土地而签订本案的委托贷款借款合同，与委托贷款借款合同中载明的借款用途亦不相符，该两份证据不足以证明恶意串通情形的存在及 JK 集团存在隐瞒 AC 公司用途的故意，且 AC 公司在提供土地房产抵押时，委托贷款抵押合同中对于所担保的借款合同约定明确，而借款合同对于借款用途约定明确，其作为独立法人，应具备审慎的审核义务，其在抵押合同上签字盖章，应视为对抵押合同内容的认可，AC 公司庭审中抗辩签订抵押合同是为了将土地房屋卖给化工公司，但与现有书面证据反映事实不符，故对其该项主张不予支持，AC 公司主张涉案借款已偿还完毕，抵押权已消灭的主张不能成立，法院不予支持。"判决：驳回 AC 公司的诉讼请求。AC 公司不服判决，提起上诉。2019 年 4 月 10 日，山东省高级人民法院作出（2018）鲁民终 2176 号民事判决书，认为："AC 公司与 WF 银行签订的涉案两份《委托贷款抵押合同》系当事人真实意思表示，并不违反法律法规的强制性规定，应为合法有效。该抵押也已办理了抵押登记。一审法院对 AC 公司主张涉案抵押权已经消灭、应解除对抵押土地房产的抵押登记不予支持并无不当。首先，AC 公司主张其为涉案借款提供抵押担保是为了履行其与化工公司、ZS 公司签订的《房屋土地买卖协议》，JK 集团与 LT 公司、化工公司、ZS 公司恶意串通、隐瞒借款的真实目的、骗取其提供抵押担保，该主张，证据不足，一审法院不予支持；AC 公司主张本案 3000 万元为借新还旧，涉案借款已经偿还，其不应承担担保责任，并无事实及法律依据，不予支持。"判决：驳回上诉，维持原判。AC 公司向最高人民法院申请再审，2020 年 11 月 5 日，最高人民法院作出（2019）最高法民申 4076 号民事裁定书，认为："一审法院经审查认为，1. 再审审查中，AC 公司提交了三份材料作为新证据，用以证明化工公司与 LT 公司是关联公司，LT 公司向 JK 集团借款是为了购买 AC 公司的房地产，AC 公司为此才提供抵押担保。AC 公司所提供的证据不属于足以推翻原判决的新证据，该项申请再审事由没有事实和法律依据，不予支持。2. 本案所涉及的《委托贷款借款合同》明确约定借款用途为转化投资、转化不良投资，对于案涉借款用途的表述是明确具体的。虽然当事人双方对约定内容理解不一，但 AC 公司在签订案涉《委托贷款抵押合同》时，对于该借款用途是明知的。AC 公司提交的《房屋土地买卖协议》，签订主体是 AC 公司与化工公司、ZS 公司，JK 集团并非该合同当事人，也没有证据证明 JK 集团知悉该协议，LT 公司在获取案涉借款后，依据《三方代偿协议》代化工公司、ZS 公司偿还所欠 JK 集团的债务，并未超越《委托贷款借款合同》约定的借款用途范围。故 AC 公司关于 JK 集团和 LT 公司恶意串通、隐瞒借款的真实目的，骗取 AC 公司提供担保的主张并无事实与法律依据。"裁定：驳回 AC 公司的再审申请。

JK 集团诉 LT 公司、AC 公司、化工公司、牟某春金融借款合同纠纷案的庭审笔录、质证笔录，JK 集团提交的证据及民事判决书，能够证实在该案审理过程中，JK 集团提交了 JK 集团、LT 公司、ZS 公司的《三方代偿协议》作为证据，AC 公司进行了质证。2018 年 9 月 20 日，山东省潍坊市中级人民法院作出（2016）鲁 07 民初 694 号民事判决书，认为："AC 公司抗辩称 JK 集团与 LT 公司恶意串通，并提交了化工公司、AC 公司、ZS 公司签订的土地房屋买卖协议及 JK 集团出具的证明。首先，土地房屋买卖协议，JK 集团并未参与签订，其并非买卖合同当事人，情况说明的内容与土地房屋买卖协议内容不完全相同，故仅有上述证据不足以证明恶意串通情形的存在，且 AC 公司在提供土地房产抵押时，抵押合同中对于所担保的借款合同约定明确，而借款合同对于借款用途约定明确，其作为独立法人，应具备审慎的审核义务，其在抵押合同上签字盖章，应视为对抵押合同内容的认可，AC 公司庭审中抗辩签订抵押合同是为了将土地房屋卖给化工公司，但与现有书面证据反映事实不符，故对其该项主张不予支持。"判决：一、LT 公司于判决生效之日起十日内偿还 JK 集团借款本金 3000 万元及相应利息；二、JK 集团就判决第一项确定的债权，有权对 AC 公司提供抵押的房地产有优先受偿权，AC 公司在承担责任后，有权向 LT 公司追偿；三、化工公司、牟某春对判决确定的债权向 JK 集团承担连带清偿责任，并在承担清偿责任后，有权向 LT 公司追偿。AC 公司不服提起上诉，山东省高级人民法院于 2019 年 9 月 16 日作出（2019）鲁民终 1561 号民事判决书，判决驳回上诉，维持原判决。AC 公司向最高人民法院申请再审，2020 年 6 月 15 日，最高人民法院作出（2020）最高法民申 434 号民事裁定书，认为："案涉《委托贷款借款合同》《三方代偿协议》系各方当事人真实意思表示，协议签订过程中亦不存在违反法律、行政法规强制性规定，应为合法有效。《委托贷款借款合同》明确约定借款用途为'转化投资'，该约定对于案涉借款用途的表述是明确具体的。即使 LT 公司在获取借款后，依据《三方代偿协议》代化工公司、ZS 公司偿还债务，也并未有证据证明超出合同约定的借款用途。AC 公司在签订案涉《委托贷款抵押合同》时，对于该借款用途明确知晓，且并未提交充分证据证明 LT 公司与 JK 集团恶意串通隐瞒涉案款项的借款用途，故 AC 公司关于 LT 公司实际清偿的是《三方代偿协议》项下的债务，其不应提供抵押担保，原判决认定基本事实缺乏证据证明的申请再审事由不能成立，法院不予支持。案涉《三方代偿协议》系各方当事人真实意思表示，内容不违反法律、行政法规的强制性规定，AC 公司关于上述协议能够证明 JK 集团及 LT 公司相互串通以骗取其提供担保的主张并无事实及法律依据。"裁定：驳回 AC 公司的再审申请。

另查明，山东省高级人民法院（2015）鲁民一终字第 447 号民事判决书、山东省潍坊市寒亭区人民法院（2016）鲁 0703 民初 1031 号民事判决书、（2018）鲁 0703 民初 271 号民事判决书，以上文书主要内容为 ZS 公司因涉及民间借贷、金融借款合同纠纷被法院依法判决承担民事责任。山东省潍坊市中级人民法院作出（2021）鲁 07 民终 5587 号民事裁定书，认为："本案与（2018）鲁 07 民初 29 号、（2018）鲁民终 2176 号案件诉讼标的不同，非重复诉讼。裁定指令山东省潍坊市潍城区人民法院立案受理。"

山东省潍坊市潍城区人民法院认为，案涉《三方代偿协议》系各方当事人真实意思表示，内容不违反法律、行政法规的强制性规定，合法有效。最高人民法院的民事裁定书中对案涉《三方代偿协议》亦作出"合法有效"的认定。在已经生效的民事判决书中，法院根据对证据的审查认定，对 AC 公司关于 JK 集团与 LT 公司、化工公司、ZS 公司恶意串通、隐瞒借款的真实目的、骗取其提供抵押担保的主张亦不予支持。在本案中，AC 公司又提供了 LT 公司、ZS 公司企业信用信息公示报告和 ZS 公司因涉及民间借贷、金融借款合同纠纷被依法判决承担民事责任的民事判决书，主张以此证明 LT 公司、JK 集团、ZS 公司签订的《三方代偿协议》属恶意串通。一审法院认为 AC 公司提供的以上证据不足以证实其主张，亦无法律依据，对 AC 公司的诉讼请求，一审法院不予支持。据此，依照《民事诉讼法》第一百四十四条、《最高人民法院关于适用〈中华人民共和国民事诉讼法〉的解释》第九十条之规定，判决如下：

驳回 AC 公司的诉讼请求。

山东省潍坊市中级人民法院认为，法院作出的（2021）鲁 07 民终 5587 号民事裁定书，已认定本案与（2018）鲁 07 民初 29 号、（2018）鲁民终 2176 号案件诉讼标的不同，并非重复诉讼。AC 公司的诉讼请求为"依法确认 JK 集团、ZS 公司、LT 公司于 2015 年 7 月 15 日签订的《三方代偿协议》无效"，经查，已生效的裁判文书已认定案涉《三方代偿协议》合法有效。一审中，AC 公司提供的 LT 公司、ZS 公司企业信用信息公示报告和 ZS 公司因涉及民间借贷、金融借款合同纠纷被依法判决承担民事责任的民事判决书等证据，上述证据不足以证明《三方代偿协议》系无效协议，一审据此判决驳回 AC 公司的诉讼请求，并无不当。综上所述，AC 公司、JK 集团的上诉请求不能成立，应予驳回；一审判决认定事实清楚，适用法律正确，应予维持。依照《民事诉讼法》第一百七十七条第一款第一项规定，判决如下：

驳回上诉，维持原判。

本判决为终审判决。

〔借鉴意义〕

关于委托贷款的主要规定：

1. 中国人民银行《贷款通则》（1996 年 8 月 1 日起施行）第七条第三款规定，委托贷款，系指由政府部门、企事业单位及个人等委托人提供资金，由贷款人（即受托人）根据委托人确定的贷款对象、用途、金额、期限、利率等代为发放、监督使用并协助收回的贷款。贷款人（受托人）只收取手续费，不承担贷款风险。

2. 《最高人民法院关于审理存单纠纷案件的若干规定》第七条第二款规定，构成委托贷款的，金融机构出具的存单或进账单、对账单或与出资人签订的存款合同不作为存款关系的证明，借款方不能偿还贷款的风险应当由委托人承担。

第五节　租赁合同

租赁合同是出租人将租赁物交付承租人使用、收益，承租人支付租金的合同。房屋租赁是最常见的租赁合同，也具备租赁关系的一般特征，因此，本节以房屋租赁合同为例来阐明租赁合同审查的要点。

一、房屋租赁合同的审查

《中华人民共和国城市房地产管理法》第五十三条规定："房屋租赁，是指房屋所有权人作为出租人将其房屋出租给承租人使用，由承租人向出租人支付租金的行为。"

（一）审查当事人双方是否具备主体资格

1. 出租人是否具备主体资格

出租人是否具备出租房屋的主体资格，直接关系到合同的效力问题，所以应予以充分重视。主要从以下两方面来审查：

（1）出租人为自然人的，是否具备完全民事行为能力，审查其居民身份证或户口簿；出租人系法人或其他组织的，是否依法成立，审查其营业执照，看其是否年检并进行必要的工商查询。

（2）出租人是否享有出租房屋的实体权利。

①房屋的所有权人：出租人是否与出租房屋产权证上的名称一致，必要时到房屋管理部门查询。

②委托或代理出租的：房屋所有权人是否与出租房屋产权证上的名称一致，是否经所有权人同意或授权，是否有所有权人同意或授权出租的书面证明材料。

③共有房屋出租的：是否经其他共有人同意，是否有其他共有人同意出租的书面证明材料。

④房屋转租的：是否经出租人同意，是否有出租人同意转租的书面证明材料。

2. 承租人是否具备主体资格

审查承租人是否具有合法的身份，自然人应审查其身份证、军官证、护照、台湾居民往来大陆通行证、香港永久性居民身份证、澳门特别行政区永久性居民身份证等身份证明文件，如暂住人口承租房屋的，必经持有公安机关核发的工作居住证或者暂住证；法人或其他组织承租房屋的，必经持有合法有效的企业法人营业执照、事业单位法人证书、社团法人登记证书、民办非企业单位等级证书等身份证明。

（二）审查房屋的租赁用途与政府批准的规划用途是否一致

这一点主要是看房屋的产权证，审查其用途是住宅用房还是经营性用房。如果合同约定的租赁用途与政府批准的规划用途不一致，须报规划部门批准。

（三）审查房屋是否存在禁止出租的情形

根据《中华人民共和国城市房地产管理法》第五十五条规定："住宅用房的租赁，应当执行国家和房屋所在城市人民政府规定的租赁政策。租用房屋从事生产、经营活动的，由租赁双方协商议定租金和其他租赁条款。"

（四）审查房屋的坐落地点、面积、结构、装修状况、附属设施和设备状况

1. 必须写明租赁房屋实际所处的确切位置；
2. 租赁面积的计算方法（使用面积还是建筑面积）；
3. 房屋结构；
4. 合同中最好应明确现有的房屋装修状况，以免发生纠纷无据可依，同时应尽量明确房屋交还时对装修的要求；
5. 审查出租人是否同意承租人对房屋进行装修或改造，如果同意，那么装修或改造的条件及装修或改造的标准是什么；
6. 审查房屋交付时附属设施和设备的状况（最好以制作附件的形成加以明确），附属设施、设备能否拆除、改建或者添设，租赁期满交还时的具体要求；
7. 如果有新装修或添设附属设施、设备，应审查合同是否明确租赁期满时如何处理，若合同提前解除或终止时又应做何处理。

上述第 1 点至第 3 点的审查，主要是查看与房屋产权证所做的登记是否一致。

（五）审查租赁期限

《民法典》第七百零五条规定："租赁期限不得超过二十年。超过二十年的，超过部分无效。租赁期限届满，当事人可以续订租赁合同；但是，约定的租赁期限自续订之日起不得超过二十年。"

应审查合同的起租日，同时注意有无在一定期限内免租的约定及是否有表明装修期内免租的约定。

（六）审查租金、租赁保证金和有关费用及支付方式、期限

1. 租金是否包含水电费、空调费、物业管理费等费用；

2. 租赁保证金约定是否合理及租赁期满后如何处理；

3. 支付方式是现金支付、转账支付还是其他支付方式；

4. 支付期限有月付、季付、年付等，合同中应明确约定并确定支付的具体日期或最后日期。

（七）关于其他条款的审查

1. 修缮条款：审查修缮责任是否明确；

2. 转租条款：审查是否允许承租人转租及转租的条件；

3. 保险条款：审查是否投保公众责任险或第三者责任险、保险费用负担；

4. 合同的变更与解除：审查是否对己方当事人较为有利；

5. 违约责任条款：审查是否显失公平，对己方会不会有较大的不利影响；

6. 免责条款：审查免责的范围；

7. 争议解决条款：审查管辖约定是否正确、有效，选择诉讼的，有无违反级别管辖、专属管辖的规定，选择仲裁的，仲裁委员会的名称是否准确无误；

8. 备案条款：审查由谁向房屋管理部门履行备案的义务及备案费用的负担。

此外，还要审查是否已将当事人双方约定的特殊要求内容全部列入合同中，是否有遗漏的特殊事项。

二、房屋租赁合同范本

房屋租赁合同

出租方（甲方）：

承租方（乙方）：

依据《中华人民共和国民法典》及有关法律、法规的规定，甲乙双方在平等、自愿的基础上，就房屋租赁的有关事宜达成协议如下：

第一条　房屋基本情况

该房屋坐落于＿＿＿市＿＿＿区（县）＿＿＿＿＿＿。

该房屋为：楼房＿＿＿＿室＿＿＿＿厅＿＿＿＿卫，平房＿＿＿＿间，建筑面积＿＿＿＿平方米，使用面积＿＿＿＿平方米，装修状况＿＿＿＿＿，其他条件为＿＿＿＿＿，该房屋（□已/□未）设定抵押。

第二条　房屋权属状况

该房屋权属状况为第＿＿＿＿种：

（一）甲方对该房屋享有所有权的，甲方或其代理人应向乙方出示房屋所有权证，证书编号为：＿＿＿＿＿＿。

（二）甲方对该房屋享有转租权的，甲方或其代理人应向乙方出示房屋所有权人允许甲方转租该房屋的书面凭证，该凭证为：＿＿＿＿＿＿＿＿＿＿＿＿＿＿。

第三条　房屋用途

该房屋用途为：＿＿＿＿＿＿＿＿＿＿＿。乙方保证，在租赁期内未征得甲方书面同意以及按规定经有关部门审核批准前，不擅自改变该房屋的用途。

第四条　交验身份

（一）甲方应向乙方出示（□身份证/□营业执照）及＿＿＿＿＿等真实有效的身份证明。

（二）乙方应向甲方出示（□身份证/□营业执照）及＿＿＿＿＿等真实有效的身份证明。

第五条　房屋改善

（一）甲方应在本合同签订后＿＿＿＿日内对该房屋做如下改善：＿＿＿＿＿＿＿＿＿＿＿＿＿＿＿＿，改善房屋的费用由（□甲方/□乙方）承担。

（二）甲方（□是/□否）允许乙方对该房屋进行装修、装饰或添置新物。

装修、装饰或添置新物的范围是：＿＿＿＿＿＿＿＿＿＿，双方也可另行书面约定。

第六条　租赁期限

（一）房屋租赁期自＿＿＿＿＿年＿＿＿＿＿月＿＿＿＿＿日至＿＿＿＿＿年＿＿＿＿＿月＿＿＿＿＿日，共计＿＿＿＿＿年＿＿＿＿＿个月（期限超过20年的，超过部分无效）。

（二）租赁期满，甲方有权收回该房屋。乙方有意继续承租的，应提前＿＿＿＿＿＿＿＿日向甲方提出（□书面/□口头）续租要求，征得同意后甲乙双方重新签订房屋租赁合同。如乙方继续使用租赁房屋甲方未提出异议的，本合同继续有效，租赁期限为不定期，双方均有权随时解除合同，但应提前＿＿＿＿＿＿＿＿日（□书面/□口头）通知对方。

第七条　租金

（一）租金标准：＿＿＿＿＿＿＿＿元/（□月/□季/□半年/□年），租金总计：＿＿＿＿＿＿＿＿元（大写：＿＿＿＿＿＿＿＿元）。该房屋租金＿＿＿＿＿＿＿＿（□年/□月）不变，自第＿＿＿＿＿＿＿＿（□年/□月）起，双方可协商对租金进行调整。有关调整事宜由双方另行约定。

（二）租金支付时间：＿＿＿＿＿＿＿＿＿＿＿＿＿。

（三）租金支付方式：□甲方直接收取/□甲方代理人直接收取（甲方代理人为房地产经纪机构的，乙方应在银行开立账户，通过该账户支付租金，房地产经纪机构不得直接向乙方收取租金，但乙方未按期到银行支付租金的除外。房地产经纪机构应于本合同签订之日起3个工作日内应将其中一份合同送交银行）。

（四）甲方或其代理人收取租金后，应向乙方开具收款凭证。

第八条　房屋租赁保证金

（一）甲方交付该房屋时，乙方（□是/□否）向甲方支付房屋租赁保证金，具体金额为：＿＿＿＿＿＿＿＿元（大写：＿＿＿＿＿＿＿＿元）。

（二）租赁期满或合同解除后，房屋租赁保证金除抵扣应由乙方承担的费用、租金以及乙方应承担的违约赔偿责任外，剩余部分应如数返还乙方。

第九条　其他费用

租赁期内，与该房屋有关各项费用的承担方式为：

（一）乙方承担（□水费/□电费/□电话费/□电视收视费/□供暖费/□燃

气费/□物业管理费/□_____) 等费用。乙方应保存并向甲方出示相关缴费凭据。

（二）房屋租赁税费以及本合同中未列明的其他费用均由甲方承担。

第十条　房屋的交付及返还

（一）交付：甲方应于_____年_____月_____日前将房屋按约定条件交付给乙方。《房屋附属设施、设备清单》经双方交验签字盖章并移交房门钥匙及_____后视为交付完成。

（二）返还：租赁期满或合同解除后，乙方应返还该房屋及其附属设施。甲乙双方验收认可后在《房屋附属设施、设备清单》上签字盖章。甲乙双方应结清各自应当承担的费用。乙方添置的新物可由其自行收回，而对于乙方装饰、装修的部分，具体处理方法为（□乙方恢复原状/□乙方向甲方支付恢复原状所需费用/□乙方放弃收回/□归甲方所有但甲方折价补偿）。返还后对于该房屋内乙方未经甲方同意遗留的物品，甲方有权自行处置。

第十一条　房屋及附属设施的维护

（一）租赁期内，甲方应保障该房屋及其附属设施处于适用和安全的状态。乙方发现该房屋及其附属设施有损坏或故障时，应及时通知甲方修复。甲方应在接到乙方通知后的_____日内进行维修。逾期不维修的，乙方可代为维修，费用由甲方承担。因维修房屋影响乙方使用的，应相应减少租金或延长租赁期限。

（二）对于乙方的装修、改善和增设的他物甲方不承担维修的义务。

（三）乙方应合理使用并爱护该房屋及其附属设施。因乙方保管不当或不合理使用，致使该房屋及其附属设施发生损坏或故障的，乙方应负责维修或承担赔偿责任。如乙方拒不维修或拒不承担赔偿责任的，甲方可代为维修或购置新物，费用由乙方承担。

（四）对于该房屋及其附属设施因自然属性或合理使用而导致的损耗，乙方不承担责任。

第十二条　转租

（一）除甲乙双方另有约定以外，乙方需事先征得甲方书面同意，方可在租赁期内将该房屋部分或全部转租给他人。

（二）乙方转租该房屋，应按规定与接受转租方订立书面转租合同，并向房屋租赁管理行政机关办理房屋租赁合同登记备案手续。

（三）接受转租方对该房屋及其附属设施造成损坏的，应由乙方向甲方承担赔偿责任。

第十三条　所有权变动

（一）租赁期内甲方转让该房屋的，甲方应当提前_____日书面通知乙方，乙方在同等条件下享有优先于第三人购买的权利。

（二）租赁期内该房屋所有权发生变动的，本合同在乙方与新所有权人之间具有法律效力。

第十四条　合同的解除

（一）经甲乙双方协商一致，可以解除本合同。

（二）有下列情形之一的，本合同终止，甲乙双方互不承担违约责任：

1. 该房屋因城市建设需要被依法列入房屋拆迁范围的。

2. 因地震、火灾等不可抗力致使房屋毁损、灭失或造成其他损失的。

（三）甲方有下列情形之一的，乙方有权单方解除合同：

1. 未按约定时间交付该房屋达_____日的。

2. 交付的房屋不符合合同约定严重影响乙方使用的。

3. 不承担约定的维修义务致使乙方无法正常使用该房屋的。

4. 交付的房屋危及乙方安全或者健康的。

5. 其他：_____。

（四）乙方有下列情形之一的，甲方有权单方解除合同，收回该房屋：

1. 不支付或者不按照约定支付租金达_____日的。

2. 欠缴各项费用达_____元的。

3. 擅自改变该房屋用途的。

4. 擅自拆改变动或损坏房屋主体结构的。

5. 擅自将该房屋转租给第三人的。

6. 利用该房屋从事违法活动的。

7. 其他：_____。

第十五条　违约责任

（一）甲方有本合同第十四条第三款约定的情形之一的，应按月租金的_____%向乙方支付违约金。

（二）因甲方未按约定履行维修义务造成乙方人身、财产损失的，甲方应承担赔偿责任。

（三）租赁期内，甲方需提前收回该房屋的，应提前_____日通知乙方，将已收取的租金余额退还乙方并按月租金的_____%支付违约金。

（四）乙方有本合同第十四条第四款约定的情形之一的，应按月租金的_____%向甲方支付违约金。

（五）乙方擅自对该房屋进行装修、装饰或添置新物的，甲方可以要求乙方恢复原状或者赔偿损失。

（六）租赁期内，乙方需提前退租的，应提前_____日通知甲方，并按月租金的_____%支付违约金。

（七）甲方未按约定时间交付该房屋或者乙方不按约定支付租金但未达到解除合同条件的，以及乙方未按约定时间返还房屋的，应按_____标准支付违约金。

（八）其他：_____。

第十六条　无权代理

由甲方代理人代为签订本合同并办理相关事宜的，甲方代理人和乙方应在甲方开具的授权委托书或出租代理合同的授权范围内确定本合同具体条款，甲方代理人超越代理权或代理权终止后的代理行为，未经甲方书面追认的，对甲方不发生法律效力。

第十七条　合同争议的解决办法

本合同项下发生的争议，由双方当事人协商解决或申请调解解决；协商或调解不成的，依法向人民法院起诉，或按照另行达成的仲裁条款或仲裁协议申请仲裁。

第十八条　其他约定事项

（一）_____。

（二）_____。

（三）_____。

本合同经甲乙双方签字盖章后生效。本合同（及附件）一式_____份，其中甲方执_____份，乙方执_____份，房屋租赁管理行政机关备案一份，执_____份。

本合同生效后，双方对合同内容的变更或补充应采取书面形式，作为本合同的附件。附件与本合同具有同等的法律效力。

出租方（甲方）签章：　　　　　承租方（乙方）签章：

住所：　　　　　　　　　　　　住所：

证照号码：　　　　　　　　　　证照号码：

法定代表人：　　　　　　　　　法定代表人：

电话：　　　　　　　　　　　　电话：

委托代理人：　　　　　　　　　委托代理人：

电话：　　　　　　　　　　　　电话：

签约时间：　　年　　月　　日

签约地点：

案例 12：租赁合同主体的认定纠纷①

〔基本案情〕

2010 年 8 月 15 日，原告造纸公司（甲方）与被告林某某、张某某签订《租赁合同书》，该《租赁合同书》前部出租方（甲方）处落款为造纸公司，承租方（乙方）处空白，但有："承租方（乙方）：_____公司地址：_____法定代表人：_____"字样；后部落款签名处甲方在法定代表人处由造纸公司法定代表人刘某某签名（未盖公章），乙方在法定代表人处由林某某、张某某签名。租赁合同约定：造纸公司将生产经营的厂房、设备及配件、办公楼、职工宿舍、食堂等出租给乙方；租赁期限 5 年，自 2010 年 8 月至 2015 年 8 月；租金每月人民币 10 万元。租赁合同签订后，造纸公司依约将厂房及设备交给乙方使用。

林某某、张某某签订租赁合同后，于 2010 年 8 月 27 日以发起人身份向当地工商局申请取得"纸业公司"名称预先核准。2010 年 9 月 15 日成立"纸业

① （2014）潮中法民一终字第 89 号，载中国裁判文书网，https://wenshu. court. gov. cn/website/wenshu/181107ANFZ0BXSK4/index. html？docId = 1377a8889a8e4e529fc8daae83710d18，2022 年 7 月 19 日访问。

公司"并取得营业执照，股东林某某出资 51 万元，占注册资本的 51%；张某某出资 49 万元，占注册资本的 49%。纸业公司注册地址为上述租赁场地所在地。林某某、张某某成立纸业公司后，在租赁场地使用租赁设备进行生产经营。2011 年 10 月 19 日，股东张某某的股权过户到谢某某名下，并做了相应的工商变更。

造纸公司于 2010 年 11 月 15 日，以及 2011 年 1 月 31 日、4 月 27 日、5 月 12 日、5 月 18 日、7 月 15 日、9 月 15 日、10 月 15 日开具收款收据 9 份，共收取租金人民币 110 万元，收款收据均注明"今收到纸业公司交来租金"字样。另外，造纸公司于 2010 年 11 月 15 日、2011 年 5 月 12 日开具收款收据 2 份，收取租赁合同约定的租期最后 6 个月的租金人民币 60 万元，该两份收款收据也注明"今收到纸业公司交来第五年下半年租金（安全、押金）"字样。自 2011 年 10 月 15 日后，造纸公司再没有收取租金。2013 年 3 月，纸业公司出具欠条一份，欠条内容为"结欠刘某某（2011 年 11 月至 2013 年 3 月）共 17 个月租金共壹佰柒拾万元整"。该欠条加盖纸业公司财务专用章及林某某、张某某私章。2013 年 7 月 1 日，造纸公司以林某某、张某某未能按照租赁合同约定履行承租人给付租金义务、长期拖欠租金为由起诉到法院，要求林某某、张某某支付拖欠的租金人民币 200 万元。

广东省潮州市湘桥区人民法院经审理认为：本案争议的焦点在于合同的主体及拖欠租金的违约责任应由谁承担。林某某、张某某是纸业公司的股东和发起人，设立该公司前林某某、张某某与造纸公司签订《租赁合同书》取得经营场所，该场所即是纸业公司的住所登记地址，而且从签订租赁合同至公司登记成立的时间性看，林某某、张某某与造纸公司签订的《租赁合同书》应是为了申请设立纸业公司向公司登记机关提供公司住所证明的行为，且公司成立后即以自己的名义对外签订租赁合同的事实予以认定。但是，纸业公司对该合同予以确认，并对租赁场地、设备进行使用，也即是纸业公司已实际享有合同权利，同时也开始履行合同义务，造纸公司也向纸业公司收取租金并接受纸业公司出具的结欠租金的"欠条"，上述事实可以确认林某某、张某某及纸业公司、造纸公司三方均已确认合同主体变更为造纸公司与纸业公司。根据《民法典》第五百五十五条"当事人一方经对方同意，可以将自己在合同中的权利和义务一并转让给第三人"的规定，三方的变更行为合法有效，应受法律保护。造纸公司已同意纸业公司作为合同主体。综上，造纸公司同意林某某、张某某转让在合同中的权利和义务后，再要求林某某、张某某承担租赁合同责任即支付拖欠租金的请求，不符合法律的规定，不予支持。因主体不适格，经释明后，造纸公司仍坚持要求林某某、张某某承担责任。根据民事诉讼"不告不理"和当事人意思自治原则，造纸公司对《租赁合同》的权利可以另行起诉主张。依照《合同法》第八十八条之规定，判决如下：

驳回造纸公司的诉讼请求。

广东省潮州市中级人民法院认为：双方当事人对于至 2013 年 6 月涉案的拖欠租金金额为 200 万元均没有提出异议，争议焦点为：1. 涉案的《租赁合同书》是林某某、张某某以设立中公司名义签订的，还是为设立公司以自己名义签订的。2. 原审法院根据《民法典》的规定，认为林某某、张某某及纸业公司、造纸公司三方均已确认合同主体变更为造纸公司与纸业公司是否正确。3. 本案拖欠租金的违约责任应由谁承担。

林某某、张某某于 2010 年 8 月 15 日与造纸公司法定代表人刘某某签订了涉案的《租赁合同书》。我国对公司名称实行预先核准制度，2010 年 8 月 27 日林某某、张某某以发起人的身份向当地工商局申请取得纸业公司名称预先核准，于 2010 年 9 月 15 日成立纸业公司并取得企业法人营业执照。设立中的公司，是指自发起人签订发起人协议或者达成发起合意时起，至设立登记完成前，尚未取得企业法人资格的主体。设立中公司虽然不具有独立法人人格，但是已经具备民事主体的一些特征，如已具有事务执行机关、共同行为准则和一定的财产等。而且设立中公司的名称应当满足公司名称的特点和构成要件，即应当由行政区划、字号、行业、组织形式依次组成。本案中林某某、张某某均承认签订本案租赁合同的目的是设立公司提供经营场所，但没有证据证明签订合同时纸业公司是"设立中公司"，且《租赁合同书》中没有"纸业公司"字样。

因此，被上诉人林某某、张某某认为本案需根据《最高人民法院关于适用〈中华人民共和国公司法〉若干问题的规定（三）》第三条第一款"发起人以设立中公司名义对外签订合同，公司成立后合同相对人请求公司承担合同责任的，人民法院应予支持"的规定由纸业公司承担责任，该主张没有事实依据，不予采纳。

林某某、张某某签订《租赁合同书》向造纸公司承租经营场地、机器设备和建筑物，该建筑物所在地即是纸业公司的住所登记地址，纸业公司成立后使用涉案租赁合同约定的建筑物及设备进行生产经营并向造纸公司支付租金，因此原审法院确认林某某、张某某是为了设立公司以自己的名义对外签订租赁合同的事实是正确的。

根据《民法典》第五百五十一条第一款规定，债务人将债务的全部或者部分转移给第三人的，应当经债权人同意。结合本案履行过程分析：1. 在造纸公司与林某某、张某某签订合同后，造纸公司是将租赁物交付给林某某、张某某二人，其二人在设立纸业公司后纸业公司使用了涉案的场地和设备，但林某某、张某某出具了声明系林某某、张某某无偿提供给纸业公司使用。实际使用人与合同签订人不一致并不能说明主体发生变更。2. 本案造纸公司共收取了租金 170 万元，虽然收据上记载均是纸业公司支付，但其中 60 万元实际是林某某、张某某在订立合同时交付的押金。纸业公司代履行支付部分租金的义务应是民法上第三人代为履行的行为，不影响合同相对人仍是林某某、张某某。3. 涉案欠条上加盖了纸业公司的财务专用章、财务人员的私章和林某某的私章，就欠条的形式，也不足以证明造纸公司同意合同主体发生变更。4.《租赁合同书》中约定"未尽事宜另订立协议"，在没有订立协议的前提下，根据《民法典》第五百四十四条"当事人对合同变更的内容约定不明确的，推定为未变更"的规定，应认为并未变更合同主体。综上，原审法院认定林某某、张某某及纸业公司、造纸公司三方均已确认合同主体变更为造纸公司与纸业公司，该认定依据不足，不能成立。

《最高人民法院关于适用〈中华人民共和国公司法〉若干问题的规定（三）》第二条规定"发起人为设立公司以自己名义对外签订合同，合同相对人请求该发起人承担合同责任的，人民法院应予支持"，造纸公司作为合同相对人，在向人民法院提起诉讼时请求林某某、张某某二发起人承担偿还拖欠租金的合同责任，人民法院应予支持。

依据《民法典》《最高人民法院关于适用〈中华人民共和国公司法〉若干问题的规定（三）》第二条、《民事诉讼法》第一百七十条第一款第二项的规定，判决如下：

撤销原判，判令被上诉人林某某、张某某于判决生效之日起十日内付还上诉人造纸公司租金人民币 200 万元。

〔借鉴意义〕

合同主体是合同要件之一，对于确定合同的权利、义务和责任承担者具有基础性作用，合同主体要具有签订合同的民事权利能力，即具备相应的主体资格，要具体、明确。像本案例中的情况，符合"以设立中公司名义对外签订合同"的情形，可以在公司设立后变更承租方为纸业公司，这样签约主体和实际履约主体就能一致，避免合同履行中发生争议。

第六节 建筑工程承包合同

建筑工程承包合同是建设单位为发包方，施工企业为承包方，依据基本建设程序，为完成特定建筑安装工程，协商订立的明确双方权利义务关系的合同。建设工程合同包括工程勘察、设计、施工合同。鉴于此类合同国家都有制定好的示范文本，本节不再后附范本，读者可以参考本节内容，在国家示范文本基础上以补充协议的方式补充相应的特殊条款。

一、承包方资格

（一）通常情况

一是必须具备企业法人资格；二是必须具有履行合同的能力，即必须具有营业执照和由建设行政主管部门核准的资质等级。依据中华人民共和国住房和城乡建设部《建筑业企业资质管理规定和资质标准实施意见》第一条规定，企业首次申请或增项申请建筑业企业资质，其资质按照最低等级资质核定。企业可以申请施工总承包、专业承包、施工劳务资质三个序列的各类别资质，申请资质数量不受限制。取得施工总承包资质的企业，可以承接施工总承包工程。施工总承包企业可以对所承接的施工总承包工程内各专业工程全部自行施工，也可以将专业工程或劳务作业依法分包给具有相应资质的专业承包企业或劳务分包企业。取得专业承包资质的企业，可以承接施工总承包企业分包的专业工程或者建设单位按照规定发包的专业工程。专业承包企业可以对所承接的专业工程全部自行施工，也可以将劳务作业分包给具有相应资质的劳务分包企业。获得施工劳务资质的企业，可以承接施工总承包企业或者专业承包企业分包的劳务作业。

（二）诉讼中的主体问题

1. 建设单位内部不具备法人资格的职能部门或下属机构签订的建筑承包合同，产生纠纷后，应以该建设单位为诉讼主体，起诉或应诉。

2. 建筑施工企业的分支机构（分公司、工程处、工区、项目经理部、建筑队等）签订的建筑承包合同，产生纠纷后，一般以该分支机构作为诉讼主体，如该分支机构不具有独立的财产，则应追加该建筑企业为共同诉讼人。

3. 借用营业执照、资质证书及他人名义签订的建筑承包合同，涉诉后，由借用人和出借人为共同诉讼人，起诉或应诉。

4. 共同承包或联合承包的建筑工程项目，产生纠纷后，应以共同承包人为共同诉讼人，起诉或应诉；如共同承包人组成联营体，且具备法人资格的，则以该联营体为诉讼主体。两个以上的法人、其他经济组织或个人合作建设工程并对合作建设工程享有共同权益的，其中合作一方因与工程的承包人签订建设工程合同而发生纠纷的，其他合作建设方应列为共同原、被告。

5. 实行总分包办法的建筑工程，因分包工程产生纠纷后，总承包人和分包人应作为共同诉讼人，起诉或应诉；如果分包人起诉总承包人，则以分包合同主体作诉讼主体，是否列建设单位为第三人，视具体案情而定。

6. 涉及个体建筑队或个人合伙建筑队签订的建筑承包合同，产生纠纷后，一般应以个体建筑队或个人合伙建筑队为诉讼主体。

7. 挂靠经营关系的建筑施工企业以自己的名义或以被挂靠单位的名义签订的承包合同，一般应以挂靠经营者和被挂靠单位为共同诉讼人，起诉或应诉。施工人挂靠其他建筑施工企业，并以被挂靠施工企业名义签订建设工程合同，而被挂靠建筑施工企业不愿起诉的，施工人可作为原告起诉，不必将被挂靠建筑施工企业列为共同原告。

8. 因转包产生的合同纠纷，如发包人起诉，应列转包人和被转包人作为共同被告；如因转包合同产生纠纷，以转包人和被转包人为诉讼主体，建设单位列为第三人；多层次转包的，除诉讼当事人外，应将其他各方列为第三人。

9. 以筹建或临时机构的名义发包工程，涉讼后，如果该单位已经合法批准成立，应由其作为诉讼主体起诉或应诉；如该单位仅是临时性的机构，尚未办理正式审批手续的，或该临时机构被撤销的，由成立或开办该单位的组织进行起诉或应诉。

10. 实行承包经营的施工企业，产生纠纷后，如果该企业是法人组织，则由该企业为诉讼主体，起诉或应诉；如果该企业不是法人组织，则列发包人和承包企业为共同当事人，参加诉讼。

11. 因拖欠工程款引起的纠纷，承包人将承包的建设工程合同转包而由实际承包人起诉承包人的，可不将发包人列为案件的当事人；承包人提出将发包人列为第三人，并对其主张权利而发包人对承包人又负有义务的，可将发包人列为第三人，当事人根据不同的法律关系承担相应的法律责任；如转包经发包人同意，即属合同转让，应直接列发包人为被告。

12. 因工程质量引起的纠纷，发包人只起诉承包人，在审理中查明有转包的，应追加实际施工人为被告，实际施工人与承包人对工程质量承担连带责任。

二、施工合同效力

《民法典》第一百四十三条规定："具备下列条件的民事法律行为有效：（一）行为人具有相应的民事行为能力；（二）意思表示真实；（三）不违反法律、行政法规的强制性规定，不违背公序良俗。"第一百四十六条规定："行为人与相对人以虚假的意思表示实施的民事法律行为无效。以虚假的意思表示隐藏的民事法律行为的效力，依照有关法律规定处理。"第五百零二条规定："依法成立的合同，自成立时生效，但是法律另有规定或者当事人另有约定的除外。依照法律、行政法规的规定，合同应当办理批准等手续的，依照其规定。未办理批准等手续影响合同生效的，不影响合同中履行报批等义务条款以及相关条款的效力。应当办理申请批准等手续的当事人未履行义务的，对方可以请求其承担违反该义务的责任。依照法律、行政法规的规定，合同的变更、转让、解除等情形应当办理批准等手续的，适用前款规定。"

据此，一般从以下四个方面对合同效力予以审查：

（1）合同主体是否合格；

（2）合同内容是否合法；

（3）当事人的意思表示是否真实；

（4）合同是否履行了法定的审批手续。

具体来说，上述四点分述如下：

（一）审查发包方与承包方是否具备建设与承包施工资格

发包方的资格审查：法人、依法成立的其他组织、个体工商户、农村承包经营户、公民、个人合伙、联营体均可对外发包工程。主要审查以上主体是否具备发包条件：（1）发包人发包的工程是否立项；是否取得施工许可证或开工报告（一般民用建筑除外）；（2）发包人是否属于招标人；（3）发包人是否取得建设工程规划许可证。

1. 几种特殊主体对外发包工程的合同效力：

（1）建设单位的内部机构对外发包工程的合同效力。

有两种情况：①以法人名义签订合同，法人明知而不反对的，若无其他违法情节，可认定合同有效；内部机构既无事先授权又无事后追认的，合同以主体不合格归于无效。②以内部机构名义签订合同，法人明知而不表示反对并准备履行或已开始履行合同的，可认定合同有效；其他情况（法人不知道、反对、不准备履行）认定合同无效；当事人对合同效力不提异议的，可按有效合同处理。

（2）临时机构对外发包工程的合同效力。

审查临时机构是否为行政机关正式行文成立，有一定的机构、办公地点、职责的组织，并在授权的范围内签订合同，具备以上条件并符合其他条件的，认定合同有效。

承包方的资格审查：主要审查承包人有无企业法人营业执照、是否具有与所承包工程相适应的资质证书（允许低于资质等级承揽工程）、是否办理了施工许可证。施工单位的资格主要从营业执照、资质证书两个方面审查，施工单位必须具备企业法人资格且营业执照经过年检，施工单位要在资质等级许可的范围内对外承揽工程。跨省、自治区、直辖市承包工程的还要经过施工所在地建筑行政主管部门办理施工许可手续，行政管理规定不影响民事主体的民事权利能力，未办跨省施工许可手续的不影响合同有效。

2. 特殊主体承包工程的合同效力：

（1）施工单位无证、无照承包工程，所签订的合同无效（一般农建工程除外）。

（2）施工单位借用、冒用、盗用营业执照、资质证书承包工程，所签订的合同无效。

（3）施工单位超越经营范围、资质等级承包工程所签订的合同无效。

（4）无资质的建筑队挂靠建筑公司，成为建筑公司的一个工区对外承包工程，有两种情况：①以挂靠单位的名义签订合同的，合同无效；②以被挂靠单位的名义签订合同，有两种情况：A. 建筑公司承包工程，将工程交给建筑队施工，所签订的合同有效。B. 建筑队自己承包工程，以建筑公司的名义签订合同，合同无效。

（5）建筑公司的分支机构对外承包工程，所签订的合同无效。

（6）个体建筑队、个人合伙建筑队承建的一般农用建筑，符合有关规定的，认定有效。

（7）两个施工单位联合共同承包工程的，应按资质等级低的单位的业务许可范围承包，否则合同无效。

（二）审查合同内容是否符合法律规定和产业政策以及是否违反国家利益和社会公共利益

合同内容作为审查合同效力的一个方面，实践中因合同内容导致合同无效的较少。

（1）审查合同规定的工程项目是否符合政府批文，不符合的无效；（2）审查合同规定的项目是否符合国家产业政策，不符合的无效；（3）合同内容约定带、垫资施工条款可导致合同的部分无效或者全部无效（对带、垫资施工的效力问题见下文详述）；（4）合同主要条款不完善或欠缺，合同双方又不能补正的，合同不成立，合同不成立的不涉及合同效力；（5）合同内容违反地方性、专门性规定的效力确认，应具体审查地方性、专门性规定的效力，主要看该地方性、专门性规定是否与法律法规的禁止性或强制性规定相一致，一致的合同无效，否则，不影响合同的效力。

（三）审查合同当事人的意思表示是否真实

意思表示不真实的是无效民事行为、可变更可撤销的民事行为或者是效力待定行为。

（四）审查合同是否经过了必要的程序

如依照《中华人民共和国招标投标法》第三条、第四条的规定，在我国境内进行下列工程建设项目包括项目的勘察、设计、施工、监理以及与工程建设有关的重要设备、材料等的采购，必须进行招标：①大型基础设施、公用事业等关系社会公共利益、公众安全的项目；②全部或者部分使用国有资金投资或者国家融资的项目；③使用国际组织或者外国政府贷款、援助资金的项目。这些项目的具体范围和规模标准，由国务院发展计划部门会同国务院有关部门制订，报国务院批准。任何单位和个人不得将依法必须进行招标的项目化整为零或者以其他任何方式规避招标。对依法应当招标而未招标的合同无效。需注意的是，同一建筑工程签订有两份以上的合同，如其中一份是通过招标投标方式签订的，其他合同也应视为有效，如设计变更合同、施工变动合同、附加合同等。又如国务院 2017 年颁布的《机关团体建设楼堂馆所管理条例》第三条规定：建设办公用房应当严格履行审批程序，严格执行建设标准。未经批准，不得建设办公用房。禁止以技术业务用房等名义建设办公用房或者违反规定在技术业务用房中设置办公用房。

案例 13：拖欠工程款纠纷

〔基本案情〕

2002 年 4 月 12 日，第三人 B 公司（发包方）与本案被告工业勘察设计研究院（承包单位）签订《工程施工总承包合同》（以下简称《总承包合同》），嗣后于 2003 年 11 月 26 日签订《工程施工总承包合同补充合同》。2002 年 8 月被告与 C 公司（原告挂靠单位）等 4 家公司签订《工程施工合作合同》。

2005 年 12 月第三人与承包单位（本案被告）、审计单位签订《工程施工总承包合同及补充合同竣工结算书》（以下简称《竣工结算书》）和《基本建设工程结算审核定案表》对施工单位送审金额进行核减定案，第三人按结算书支付了工程款。

后因原被告双方对工程量发生争议，故原告诉至法院。

本案争议的焦点是"工程工作量是多少"。按施工单位申报"平均半断面基岩厚"达 12.91 米。原告提供了成孔记录作为证据。

第三人在结算审核时认为施工单位的申报与相关的钻探、勘察资料不符，不切实际，是虚报工作量行为。最终与承包单位（本案被告）达成半断基岩工作量按施工单位申报量的三分之一计算的结算意见。

本案第三人（发包方）与被告（承包单位）依据事实达成竣工结算书，并据此完成最终结算。因被告与原告结算纠纷，作为涉案无独立请求权第三人，支持被告胜诉。

被告与原告等单位以合作施工的名义签订分包合同，违反了《总承包合同》的约定，属于违法分包。

《最高人民法院关于审理建设工程施工合同纠纷案件适用法律问题的解释》（法释〔2004〕14号）第二十六条规定："实际施工人以转包人、违法分包人为被告起诉的，人民法院应当依法受理。实际施工人以发包人为被告主张权利的，人民法院可以追加转包人或者违法分包人为本案当事人。发包人只在欠付工程价款范围内对实际施工人承担责任。"第三人根据《竣工结算书》与承包单位进行最后对账后于2008年1月11日付清尾款，即根据《最高人民法院关于审理建设工程施工合同纠纷案件适用法律问题的解释》第三人已不存在拖欠工程款的问题。

原告根据《最高人民法院关于审理建设工程施工合同纠纷案件适用法律问题的解释》第十九条"当事人对工程量有争议的，按照施工过程中形成的签证等书面文件确认。承包人能够证明发包人同意其施工，但未能提供签证文件证明工程量发生的，可以按照当事人提供的其他证据确认实际发生的工程量"，主张按现场签证纪录进行结算。根据对方陈述，施工时由现场管理人员先签字，汇总后给监理工程师签字，也就是说监理工程师不是在现场当时签字的，经司法鉴定，其中有两处何某某的名字为冒签，也就是有作假的行为，即监理工程师基于信任现场管理人员待汇总后签字的信任基础已存在疑问，也就是现场签证记录存在瑕疵。鉴于此，承包单位曾于2006年申请过现场抽样调查，其结果与承包单位出具的钻探、勘察资料基本吻合。但原告不予认可。

由于各方对事实部分争议很大，法院决定由司法鉴定中心委托同一家鉴定机构对原告主张的现场签证及被告、第三人同意的某研究设计院的鉴定报告，分别做出两套工程造价鉴定方案。鉴定结果为两者相差220多万元。

《总承包合同》约定"由乙方编制实际的设计修改、签证增减的工程量及其相应的造价结算报告，由监理单位会同甲方组织核定"。被告与原告等单位签订的施工合作合同也有由建设单位组织核定的类似约定。根据该合同条款，甲方有权对施工签证组织核定。

〔借鉴意义〕

《最高人民法院关于审理建设工程施工合同纠纷案件适用法律问题的解释》出台后，实际上突破了合同的相对性，非法分包、转包方随时可以以"实际施工人"的名义起诉发包方，加重了发包方的责任，因此对发包方签订和履行建设工程合同提出了更高的要求：

1. 签订合同时定义要准确，条款完整、约定明确；

2. 选择信誉好有实力有资质的企业发售标书，对于不允许分包、转包的合同，可以在签订合同时约定高额违约金；

3. 严禁合同转包，严格对分包方的资质审核；

4. 谨慎选择监理公司；

5. 严格工程现场管理，特别是对增减工程量的签证管理，发包方现场管理人员要亲自检查、核实，即时做好记录，并当场签字，收集好原始记录等证据，尽可能避免纠纷。

建筑工程承包合同纠纷是实践中常见的纠纷，因为合同履行期限长、合同金额巨大、涉及事项繁多、不可预先确定的因素很多，所以导致纠纷频发，所以在此类合同的起草、审查中一定要慎之又慎，尽量考虑到所有的细节，避免履行过程中互相推诿。

第七节　股权转让合同

并购，也就是购买其他企业部分或者全部的股权，是现代企业迅速扩张的主要途径。

不仅国有经济需要通过兼并与重组增强企业在市场上的控制力，民营企业在竞争中也常常通过并购别的企业迅速增强自己在某一市场上的竞争力。而企业并购在法律上采取的形式往往体现为股权转让合同。相对于单纯的物的买卖来说，企业股权的买卖是个更加综合和复杂的交易，需要投入更多的精力来把握交易的过程和防范交易的风险。

股权转让合同需要把握的第一个风险就是合同效力的风险。本节从股权转让合同的效力入手，阐述股权转让合同的审查。

一、股权转让合同的效力

有限责任公司股权转让作为一种双方的民事法律行为，一般通过签订股权转让合同实施。实践中，有的股东未经其他股东过半数同意而与第三人签订股权对外转让合同，对这类合同的效力如何认定，存在争议。

（一）主要观点

在实践中主要存在以下几种观点：

1. 成立生效说。《民法典》第五百零二条规定："依法成立的合同，自成立时生效，但是法律另有规定或者当事人另有约定的除外。依照法律、行政法规的规定，合同应当办理批准等手续的，依照其规定。未办理批准等手续影响合同生效的，不影响合同中履行报批等义务条款以及相关条款的效力。应当办理申请批准等手续的当事人未履行义务的，对方可以请求其承担违反该义务的责任。依照法律、行政法规的规定，合同的变更、转让、解除等情形应当办理批准等手续的，适用前款规定。"除国有独资及外资企业的股权转让需要办理批准手续外，其他公司并无批准、登记等手续要求，故股权转让合同应采"成立生效主义"。

2. 成立不生效说。有限责任公司股权对外转让行为是附生效条件的，根据《中华人民共和国公司法》（以下简称《公司法》）第七十一条第二款的规定：股东向股东以外的人转让股权，应当经其他股东过半数同意。股东应就其股权转让事项书面通知其他股东征求同意，其他股东自接到书面通知之日起满三十日未答复的，视为同意转让。其他股东半数以上不同意转让的，不同意的股东应当购买该转让的股权；不购买的，视为同意转让。其他股东过半数同意和其他股东不行使优先购买权是股权对外转让的生效条件。如果其他股东过半数不同意和其他股东主张行使优先购买权，则股权对外转让合同成立，但不生效。

3. 无效说。《公司法》第七十一条第二款规定："股东向股东以外的人转让股权，应当经其他股东过半数同意……"这是对有限责任公司股权对外转让的强制性规定。如果未履行此程序，应依《民法典》第一百五十三条的规定认定为无效。

4. 效力待定说。未经其他股东过半数同意的股权对外转让合同属效力待定合同。《公司法》第七十一条第二款之立法目的在于：既保障公司其他股东的优先购买权，又保障转让方收回投资的权利。有限责任公司以股东之间的相互信任为基础，法律赋予其他股东股权转让之同意权，股东对外转让出资的权利受到一定的限制，因此，未经其他股东过半数同意，合同的效力未定。如果在案件审理终结前能获得同意，则合同获得补正，应认定有效，反之无效。

（二）法律评析

有限责任公司股权对外转让合同的效力应当适用《民法典》的有关规定进行判断。除国有独资有限责任公司及外资企业的股权转让需要办理批准手续外，相关法律、行政法规没有规定股权转让合同须经登记或审批程序方为有效。《公司法》第七十一条第二款的规定也不是强制性规定，而是任意性规定，允许公司章程对股权转让作出其他规定，公司章程规定的对外转让条件可以更严，也可以放宽，而且公司章程的规定应优先适用。可见，"成立不生效说""无效说"不可采。有限责任公司股权对外转让合同也非效力待定合同，所谓效力待定的合同是指合同虽然已经成立，但因其不完全符合有关生效要件的规定，因此其效力能否发生，尚未确定，一般须经有权人表示承认才能生效。根据《民法典》的相关规定，效力待定的合同包括三种情形：一是主体不合格的合同，即无民事行为能力人订立的合同和限制民事行为能力人依法不能独立订立的合同；二是因无权代理而订立的合同；三是无权处分人与他人订立的合同。《公司法》第七十一条第二款虽对股东对外转让股权进行了一定限制，但只是程序上的限制，而非实体上的限制。股东对自己的股权享有完全的处分权，可见，未经其他股东过半数同意而签订的股权对外转让合同不属于效力待定的合同。综上，有限责任公司股权对外转让合同是诺成性合同，自转让人与受让人签章之日起成立并生效，当事人即受合同的约束。

（三）股东撤销权

如前分析，未经其他股东过半数同意而为的股权对外转让合同一般应认定为有效合同，关于如何协调公司人合性及其他股东优先购买权的保护的问题，笔者认为，《公司法》应明确建立类似于合同保全制度的公司人合性保全制度，赋予公司和其他股东对这类合同的撤销权，把这类合同纳入可撤销合同的范畴。所谓可撤销合同是指合同成立后，因存在法定事由，人民法院或者仲裁机构根据一方当事人的申请，将合同予以撤销。有限责任公司股东未按《公司法》第七十一条之规定对外转让股权，对公司而言，可能损害公司的人合性，从而损害公司的正常经营，甚至导致公司僵局。对其他股东而言，损害了法律规定的优先购买权，影响其对公司的既有影响力。因此，公司和其他股东均可行使撤销权。

由于上述对公司或其他股东的损害都具有或然性，故公司和其他股东是否行使撤销权，由其权衡把握，法律不应干涉。但只要公司或其他股东行使撤销权，股东对外转让股权的合同就应当被撤销。把这类合同纳入可撤销的合同，具有其他学说无可比拟的两大益处：一是鼓励交易，对股东的股权自由转让和第三人的权益给予适当的保护。人民法院在审理股东与受让人之间的股权转让纠纷案件时，若公司或其他股东没有异议，就不必深究合同的效力，这样有利于加速社会资本的合理流动，促进经济的发展。二是保护公司的人合性，有利于公司的正常经营发展。"成立生效说"并不排斥公司人合性的保护，公司或其他股东可依《公司法》第七十一条第二款之规定撤销转让股东与受让人之间的股权转让合同。

结合《公司法》第七十一条规定，公司或其他股东行使撤销权的除斥期间为30日，股东与第三人履行股权转让合同时，必然要求公司变更公司章程和股东名册的相关登记，否则第三人不能取得股东资格。因此，公司行使撤销权的除斥期间的起算点确定为股东与第三人要求公司变更股东登记之日，比合同签订之日便于把握，能及时稳定股权转让、公司与股东等相关法律关系。公司收到股东要求变更股东登记时，应要求转让股东通知其他股东，其他股东在接到通知之日起30日内可行使撤销权，逾此期间，公司和其他股东不得主张撤销，公司应当办理股权变更登记，确认受让人的股东身份。公司或其他股东主张撤销的，应当向人民法院提起诉讼，法院审理后，确认股东未经其他股东过半数同意或损害其他股东优先购买权的，应判决撤销股权对外转让合同。

当因其他股东行使撤销权而撤销合同的，可能产生三种情形：一是转让股东将拟转让的股权转让给异议股东，这符合《公司法》第七十一条之规定，自然不再产生争议；二是转让股东不再转让股份，继续保留原有股权，也不会产生争议；三是转让股东坚持要转让股权，而异议股东拒绝购买，恶意使股东丧失有利转让机会。在第三种情形中，异议股东显然违背了诚实信用原则，为法律所不容。根据《公司法》第七十一条之规定，能推导出其他股东行使优先购买权时的"直接购买原则"，即人民法院依其他股东的申请撤销股东与第三人的股权转让合同时，若转让股东坚持转让的，应一并判决转让股东与异议股东之间成立的以被撤销合同的内容为转让条件的股权内部转让合同，法院判决生效之日，就是股权内部转让合同生效之日。异议股东拒绝购买的，应承担违约责任。《公司法》第三十五条规定："公司成立后，股东不得抽逃出资。"公司行使撤销权，只判决撤销股权对外转让合同，不能判决公司回购转让股东的股权。

二、股权转让合同审查要点

（一）债权债务承担

股权转让合同约定："目标公司在评估基准日（含本日）前发生且尚未清结的全部债权、债务均由乙方（受让方）享有及承担。"

为了防止出让方隐瞒或漏报债权债务，建议修改为"已列入审计报告和评估报告并经过甲乙双方确认的目标公司在评估基准日（含本日）前发生且尚未清结的全部债权、债务均由目标公司享有及承担；未列入审计报告和评估报告的目标公司在评估基准日（含本日）前发生且尚未清结的全部债务由甲方负责偿还和处理"。

股权转让合同约定："自评估基准日之后目标公司发生的债权、债务受让方已审定认可的部分由受让方承担，除此以外的债权、债务均由原股东承担。"

由于目标公司是有限公司，承担的是有限责任，所以目标公司的债权债务应由其自行享有和承担，只有在转让方故意隐瞒了目标公司的债权债务、导致确定股权转让价格时没能对该债权债务进行考虑的情况下，才约定由转让方承担，以避免受让方的损失。因此建议该款修改为"自评估基准日之后目标公司发生的债权、债务受让方已审定认可的部分由目标公司承担，除此以外的债权、债务均由原股东甲方承担"。

（二）资产及资料的移交

股权转让合同约定了资产及资料移交的范围，但是没有详细的清单。
建议分类制作详细的资产及资料移交清单，作为合同的附件。

（三）审批程序和人员安置

公司股权转让涉及目标公司职工的合法权益，因此，本次转让及职工安置方案等应经职工代表大会通过，这种情况下需要把职工代表大会通过作为合同生效的一个条件。股权转让合同约定："本合同评估基准日（不含本日）起至股权转让完成之日止，目标公司冻结员工的调入，维持原有职工现有的薪酬、福利等发放标准。"
建议在本条描述现有职工情况，并将评估基准日的职工详细情况列表作为合同附件；职工薪酬、福利应约定为"按经过乙方确认、合法有效的劳动合同执行"。

（四）特别条款

股权转让合同约定："……否则由此所产生的相关后果由甲方承担，乙方不产生任何的权利及义务。"
建议修改为"……否则由此所产生的相关后果由甲方承担，乙方不承担任何义务"。

（五）争议解决

股权转让合同约定："……凡因本合同引起的或与本合同有关的任何争议，由合同签订地人民法院仲裁。"

诉讼和仲裁只能选择一个，而且法院也不能仲裁，建议修改为"……凡因本合同引起的或与本合同有关的任何争议，由合同签订地人民法院管辖"。

（六）融资责任

股权转让合同约定："审计结果确定后 15 个工作日内，融入资金未达到持股比例的一方将差额部分及同期银行贷款利息支付给对方。"

建议修改为"审计结果确定后 15 个工作日内，融入资金未达到持股比例的一方将其实际融资额与应承担的融资额之间的差额部分及同期银行贷款利息支付给对方"。

（七）违约责任

股权转让合同约定："任何一方违反本合同的约定或声明、保证和承诺条款，即构成违约，均须依据有关法律、法规及本合同约定承担违约责任。"

此处违约责任的约定不明确，从便于执行的角度，建议明确约定违约责任。

（八）解约事由

股权转让合同第 5 条第 3 款约定："本合同签订后，甲乙方不得以清产核资、财务审计和资产评估结论，要求对股权转让价款总额进行变更，亦不能以前述理由撤销本合同。"

建议末尾增加"但在清产核资、财务审计和资产评估时发现甲方有欺诈、隐瞒行为的除外"。

（九）过渡期

股权转让合同约定："若在过渡期内发生由目标公司承担法律责任的情形，甲方（转让方）不承担任何责任。"

由于过渡期内甲方仍为目标公司股东，建议该款修改为"若在过渡期内发生由目标公司承担法律责任的情形，甲方承担相应的责任"。

（十）税费承担

股权转让合同约定："因股权转让而产生的一切应当缴纳的税、费，依法各自承担。"

为避免没有明文规定税费由谁承担时的争议，建议合同该条末尾增加约定"法无明文规定者，甲乙双方平均分担"。

（十一）担保费

股权转让合同约定："若因乙方（受让方）的原因造成本合同约定的时间未办理变更担保解除手续，超过规定时限 30 天内甲方按担保金额年 3% 担保费率收取乙方担保费，此后，每超过 30 天担保费率将在原基础上增加 3%，即在工商变更登记完成之日起 60~89 天内按 3% 收取担保费，在 90~119 天将按 6% 收取担保费，以此类推；若非因乙方的原因而造成贷款担保不能转移的，乙方对此不负担任何义务和责任。"

为表述得精确，建议该条当中"超过规定时限 30 天内甲方按担保金额年 3% 担保费率收取乙方担保费"修改为"超过规定时限 30 天内甲方按每年 3% 的担保费率和迟延天数收取乙方担保费"。

（十二）不可抗力

股权转让合同约定："任何一方由于不可抗力造成的部分或全部不能履行本合同义务的行为，不视为违约，但应在条件允许下采取一切合理及实际可行的补偿措施，减少因不可抗力造成的损失。"

由于不可抗力是法定免责事由，因此在不可抗力发生时，相关各方互不承担责任，不涉及"补偿"问题，因此该条当中"补偿措施"建议修改为"补救措施"。

（十三）效力顺序

股权转让合同约定："为办理股权工商变更备案而签署的股权转让合同与如本合同不一致的，以本合同为最终依据。"

建议该条当中"以本合同为最终依据"修改为"以本合同为决定三方权利、义务的最终依据"。

三、股权转让合同范本

有限公司股权转让合同

本合同由下列各方于_____年_____月_____日在_____订立：

转让方：

法定代表人：

住所：

受让方：

法定代表人：

住所：

鉴于：

1. _____公司系_____年_____月_____日依照中华人民共和国法律设立并有效存续的有限责任公司，企业法人营业执照注册号为_____，注册地址为_____，法定代表人为_____，经营范围为_____。

_____公司设立时注册资本为人民币_____亿元，其中：_____公司出资人民币_____亿元，占_____%；_____公司出资人民币_____亿元，占_____%；_____公司出资人民币_____亿元，占_____%；_____公司出资人民币_____亿元，占_____%。

2. _____公司注册资本变动情况如下：_____。

3. _____公司股权变动情况如下：_____。

现转让方和受让方经充分友好协商，就转让方将持有的_____有限公司_____%股权转让予受让方有关事宜，达成如下合同：

第一条 定义

1.1 除非本合同中另有所指，本合同中的下列用语具有如下含义：

［目标公司］指_____公司；

［目标股权］指依据本合同规定，转让方拟转让的转让方持有的目标公司_____%的股权；

［本次股权转让］指本合同所述的转让方将持有的目标股权转让给受让方的行为；

［股权转让价款］指本合同所述的受让方因受让目标股权而支付的全部转让价款；

［交割先决条件成就日］指本合同第＿＿＿＿条所述的交割先决条件成就日；

［签署日］指合同双方在本合同上签字盖章之日；

［生效日］指本合同生效之日，即本合同第 5.1 条约定的交割先决条件全部成就并且本合同经双方法定代表人或授权代表签字及加盖公章之日；

［工商变更登记日］指目标股权转让工商变更登记完成日，即就本次股权转让目标公司取得工商管理部门换发的最新营业执照之日；

［交割日］指工商变更登记日；

［过渡期］指自生效日至交割日的期间续表；

［公司章程］指目标公司现行有效的公司章程；

［工作日］指中国境内的银行开展对公业务的任何一日，但不包括法定的节假日；

［日］指日历日；

［元］指人民币元；

1.2 在本合同内，凡提及任何法律、法律性规定或规范性文件的，应包括其下现行有效的法律、法规和其各自不时经修改、变更、重新制定或替代的文本。

1.3 如要在某时期以内或之后作出任何行动或采取某些步骤，在计算该时期时，不应计入计算当日；如该期间的最后一天不是工作日，该期间应顺延至下一个工作日终止。

1.4 本合同中的标题仅为检索方便而设置，合同条款的具体内容应当以条款的具体约定为准，而不应参考该标题进行解释。

1.5 当提及"一方"或"各方"时，系指本合同转让方或/和受让方；当提及"双方"时，系指本合同转让方与受让方。

第二条　股权转让

2.1 目标股权：本次转让的目标股权为转让方持有的目标公司＿＿＿＿%股权。

2.2 转让方同意根据本合同约定的条款和条件将目标股权转让给受让方，受让方同意根据本合同约定的条款和条件受让目标股权。

第三条　股权转让价款及支付

3.1 股权转让价款

经协商确定，目标股权转让价款为_____亿元（_____元）。

3.2 股权转让价款的支付

受让方应在交割先决条件成就日后尽快支付股权转让价款，将股权转让价款_____元一次性划至转让方以下账户，并于款项划出当日通知转让方，股权转让价款到账之日不得晚于交割先决条件成就日后第五个工作日：

账户名称：_____公司

开户银行：

银行账号：

第四条　股权转让交割

4.1 交割先决条件

4.1.1 转让方应成就的先决条件

a. 目标公司董事会已作出同意本次股权转让以及修订公司章程以反映本次股权转让的董事会决议；

b. 本次股权转让涉及的资产评估等相关事宜获得国资委的批准/核准/备案；

c. 本次股权转让有关事宜获得转让方上级部门的批准/确认/同意/许可；

d. 与受让方就本次股权转让有关事宜协助和配合目标公司获得主管机关的批准/确认/同意/许可。

4.1.2 受让方应成就的先决条件

a. 受让方的董事会通过决议，批准本次股权转让有关事宜；

b. 本次股权转让有关事宜获得_____国有资产监督管理委员会（或集团公司）的批准/确认/同意/许可；

c. 与转让方就本次股权转让有关事宜协助和配合目标公司获得主管机关的批准/确认/同意/许可。

4.2 交割先决条件成就日

4.2.1 一方应不晚于应由该方成就的所有先决条件均已成就并获得相应法律文件之日的次一工作日，就该等先决条件成就的事实书面通知另一方；

4.2.2 应由一方成就的先决条件如获得合法豁免，该方应不晚于知悉该豁免事实之日的次一工作日，就该豁免事实书面通知另一方；

4.2.3 本合同第 4.1 条约定的全部先决条件（获得合法豁免的先决条件除外）中最后成就的先决条件已成就并获得相应法律文件后，该先决条件的成就方书面通知另一方的日期为交割先决条件成就日。

4.3 交割日及交割日后双方权利义务

4.3.1 受让方支付的股权转让价款到达本合同第 3.2 条列示的账户之日的次一工作日为交割日；

4.3.2 自交割日起，转让方作为持有目标股权的股东在目标公司的所有权利和义务转由受让方享有和承担，该等权利和义务包括但不限于与目标股权对应的目标公司利润分配/转增股本/增资，参与剩余财产分配，法律、法规、公司章程所规定和赋予的其他任何权利，以及目标股权项下的全部义务；

4.3.3 自交割日起，双方应就本次股权转让事宜积极协助和配合目标公司向商务主管机关、国有产权登记机关、工商行政管理机关申请办理外商投资企业批准证书的换发以及有关目标股权转让的变更登记手续；

4.3.4 自交割日至工商变更登记日的期间，根据受让方的要求，转让方应撤回其委派于目标公司的董事，同意受让方按受让方自己的意愿提名和委任对应于目标股权的董事；或者视情况需要，为维护受让方利益，转让方应要求其委派于目标公司的董事参加目标公司的董事会会议，且须要求该等董事根据受让方的要求进行议事、行使表决权、签署董事会会议决议、会议记录等相关法律文件。

第五条　过渡期安排

5.1 过渡期

本合同所涉过渡期，系指自签署日至交割日的期间。

5.2 过渡期安排

过渡期内，双方应当遵守下述约定：

5.2.1 转让方应依据法律、法规和公司章程行使对目标公司的股东权利，不做出有损于受让方及目标公司的行为，并将督促目标公司依法诚信经营；

5.2.2 转让方有义务督促其提名和委任于目标公司的董事和高级管理人员继续履行对目标公司的忠实义务和勤勉义务；

5.2.3 受让方不得非法干预目标公司正常的业务运营和经营管理；

5.2.4 受让方不得利用本次股权转让行为损害目标公司及包括转让方在内

的目标公司股东的合法权益；

5.2.5 任何一方应及时履行和/或积极协助和配合另一方和/或目标公司履行本次股权转让有关程序，包括但不限于本次股权转让涉及的内部决策、监管机构审批、信息披露；

5.2.6 履行为本次股权转让之目的，在过渡期内转让方或受让方应当履行的任何其他义务和职责。

第六条 税费的承担

双方应当按照法律、法规的规定或监管机构关于股权转让的相关收费规定，各自缴纳本次股权转让和工商变更登记过程中涉及的税费。

第七条 特殊事项安排

（如有）。

第八条 转让方声明、保证与承诺

转让方做出下列声明、保证和承诺，并确认依据这些声明、保证和承诺而签署本合同：

8.1 转让方是根据中国法律合法设立、有效存续的企业法人，且拥有必要的许可或授权执行目前正在进行的商业活动。

8.2 就转让方作为目标公司股东所了解的情况，目标公司是根据中国法律合法设立并有效存续的有限公司。

8.3 转让方具有订立及履行本合同的权利和能力。

8.4 转让方截至签署日未在目标股权上为转让方或任何第三方之利益设定任何抵押、质押等担保权利，及在交割日前不会在目标股权上为转让方或任何第三方之利益设定任何抵押、质押等担保权利。

8.5 转让方依据国家有关机构的决定签署及履行本合同，不会违反任何对转让方有约束力的法律、法规和监管机构的规范性文件，亦不会违反转让方与任何第三方签署的合同、合同等法律文件。

8.6 转让方承诺将本着诚实信用原则遵守和履行本合同约定的其他有关义务和职责。

第九条 受让方声明、保证与承诺

受让方做出下列声明、保证和承诺，并确认依据这些声明、保证和承诺而签署本合同：

9.1 受让方是合法设立、有效存续的企业法人，且拥有必要的许可或授权执行目前正在进行的商业活动。

9.2 受让方具有参与 920 项目投资者应符合的相应条件，具有签订与履行本合同的能力。

9.3 受让方保证就本次股权转让相关事宜此前已向转让方和/或见证方提供的所有文件资料是真实的、准确的。

9.4 受让方保证其受让目标股权的资金来源合法，且有充分的资金及时支付本合同所述的股权转让价款。

9.5 受让方签署及履行本合同不会违反任何对受让方有约束力的法律、法规和监管机构的规范性文件，亦不会违反受让方章程、受让方与任何第三方签署的合同、合同等法律文件，以及受让方向转让方出具的有关声明、保证和承诺。

9.6 受让方在审阅目标股权及目标公司相关文件的基础上，基于独立判断签署和履行本合同。

9.7 受让方承诺将本着诚实信用的原则遵守和履行本合同约定的其他有关义务和职责。

第十条　共同声明、保证与承诺

10.1 双方保证为办理本次股权转让相关事宜而向监管机构已经和将要提供的所有文件资料是真实的、准确的。

10.2 双方的各项声明、保证和承诺均是根据签署日前存在的事实而做出的，每项声明、保证和承诺应单独解释，不受其他各项声明、保证和承诺或本合同其他条款的限制。

第十一条　保密

11.1 双方对于因签署和履行本合同而获得的包括但不限于本合同的各项条款、有关本合同的谈判及本合同任何一方的商业秘密和经营机密等保密信息，应当严格保密，任何一方未经另一方及见证方同意，不得向第三方披露（第11.2 条约定的情形除外），且不使双方公司中无须知晓本合同内容的人士获知上述保密信息。

11.2 任何一方在下述情形下可披露保密信息：

11.2.1 如该等披露是由于法律、行政法规有此要求；

11.2.2 如该等披露是由于有关司法机关、政府机构监管有此要求；

11.2.3 如在其获得或收到保密信息之前，相关保密信息已为公众所知；

11.2.4 非因该方的过错而导致公开的信息；

11.2.5 如果就披露事宜另一方已事先发出书面同意。

11.3 本合同解除后，第十一条仍然有效，不受时间限制。

第十二条 合同变更、解除和终止

12.1 一般规定

非经协商一致或法律法规和本合同规定的情形，本合同任何一方不得擅自变更、解除本合同。对本合同的任何变更、解除，必须由转让方和受让方以书面形式做出，并经主管机关批准后方能生效。

12.2 出现下列情形之一的，合同一方或双方可书面通知对方解除本合同，并列明解除所依据的条款：

12.2.1 因不可抗力致使合同目的无法实现，经见证方同意，合同任何一方可解除本合同；

12.2.2 一方违约致使合同目的无法实现，另一方有权单方解除本合同；

12.2.3 一方因破产、解散、被依法撤销等原因丧失履约能力致使合同目的无法实现，另一方有权单方解除本合同；

12.2.4 在本合同签署后_____个工作日内，一方在本合同第4.1条所述的交割先决条件仍不能成就的，就本合同继续履行事宜双方经协商未达成一致的，另一方有权解除本合同；

12.2.5 根据本合同约定出现的其他解除情形。

12.3 出现下列情形之一的，本合同终止：

12.3.1 本合同项下义务已经按约定履行完毕；

12.3.2 本合同解除导致的合同终止的法律后果。

12.4 合同终止的法律后果

本合同终止后，尚未履行的，终止履行；已经履行的，守约方可根据履行情况要求违约方承担违约和赔偿责任。本合同权利义务终止，不影响本合同保密条款、违约责任条款和争议解决条款的效力。

第十三条 违约责任

13.1 任何一方违反本合同的约定或声明、保证和承诺条款，即构成违约，均须依据有关法律、法规及本合同约定承担违约责任。

13.2 受让方违约特别约定

13.2.1 受让方未按本合同约定的期限支付股权转让价款全额的，每迟延支付一日，受让方应当按股权转让价款全额的 1‰ 按日支付违约金，受让方在支付股权转让价款的同时一并支付上述迟延支付期间的累计违约金；

13.2.2 受让方迟延支付超过 7 个工作日，转让方有权单方面解除本合同。转让方同意继续履行本合同的，受让方应当按照第 13.2.1 条约定的方式承担违约责任；转让方行使解除权的，受让方应当按股权转让价款全额的 5% 支付违约金；

13.2.3 因受让方过错导致本合同所述的任何一项交割先决条件在本合同签署后 30 个工作日内仍不能成就的，受让方应按本次股权转让价款全额的 5% 支付违约金；

13.2.4 受让方应根据转让方的要求将受让方因违约而应支付的违约金划至本合同第 3.2 条所述的账户，违约金可以从受让方已交付的保证金及其利息中扣收。

第十四条 不可抗力

14.1 一般规定

不可抗力是指在签署日后发生的、妨碍本合同任何一方完全或部分履约，且本合同双方不能预见、不能避免并不能克服的一切事件。上述事件包括地震、台风、水灾、火灾、战争以及其他不能预见、不能避免并不能克服的事件。

14.2 通知义务

受不可抗力事件影响的一方，应立即（如遇通信中断，则在通信恢复之时）以书面形式通知另一方，并在其后 15 日内提供上述不可抗力发生的证明，以说明不可抗力事件的详细情况及本合同因不可抗力事件的影响而不能履行，或者不能全部履行，或者需要延期履行的理由。上述证明文件应由不可抗力事件发生地的公证机构出具。

14.3 补救与责任豁免

14.3.1 如果发生任何不可抗力事件，一方应在接到另一方书面通知后立即开始与另一方协商，以寻求公平解决方法；

14.3.2 双方应尽一切合理努力尽量减轻上述不可抗力的影响；

14.3.3 如果一方因不可抗力事件的影响而全部或部分不能履行其在本合同中的义务，发生不可抗力事件一方的合同义务在不可抗力引起的延误期内可予中止，履行义务的期限可予相应顺延，顺延期间与中止时间相等，该方无须就此承担违约责任。

第十五条 适用法律

本合同的签署、效力、解释和履行应适用中华人民共和国法律。

第十六条 争议解决

16.1 协商解决

因订立、履行本合同而产生的任何争议或纠纷，均应首先通过友好协商解决，该类协商应在任何一方向另一方递交要求协商的书面通知后立即开始。

16.2 仲裁裁决

16.2.1 在本条 16.1 所述的书面通知送达后 30 日内合同双方未能达成书面一致意见，则任何一方有权将此争议提交北海仲裁委员会进行仲裁，仲裁程序将按照届时有效的北海仲裁委员会仲裁规则进行；

16.2.2 仲裁裁决为终局裁决，对本合同双方均具有法律约束力；

16.2.3 除非仲裁裁决另有规定，仲裁有关费用（包括但不限于仲裁费、律师费、保全费、执行费等）由败诉方承担。

16.3 第十六条是独立存在的，本合同的变更、解除、终止或者无效均不影响本条款的效力。

16.4 在争议解决期间，除争议事项外，本合同双方仍应继续履行本合同项下的其他条款及相应义务。

第十七条 通知与送达

17.1 通知

17.1.1 本合同项下所述的任何通知应根据以下通信方式发送：

转让方：_____公司

地　　址：

邮　　编：

电话号码：

传真号码：

收 件 人：

受 让 方：_____公司

地　　址：

邮　　编：

电话号码：

传真号码：

收 件 人：

见 证 方：

地　　址：

邮　　编：

电话号码：

传真号码：

收 件 人：

17.1.2 转让方、受让方或见证方变更第 17.1.1 条所列通信方式，应在变更后 3 日内书面通知其他方。

17.2 送达

本合同项下所述的通知行为系指通知送达。需要任何一方发出的通知该方应在第一时间以传真方式发送，并以收件人或经接收方认可的其他人员确认收到时视为送达；应另一方及见证方的要求，应在不晚于传真发出之日起 3 日内以专人送达或特快专递方式将通知及相关法律文件的正本送达或邮寄至另一方及见证方。

第十八条　其他

18.1 合同的签署和生效

本合同于文首所述日期由双方法定代表人或授权代表签字及加盖公司公章，并经主管机关批准后生效。

18.2 文本

本合同以中文书写，一式八份。转让方持一份，受让方持一份，见证方持一份，其余用于向相关监管机构/登记机关申报和备案，具有同等法律效力。

18.3 可分割性

如本合同的任何条文被有权机构裁定为无效或不可执行，本合同的其他条文应不受影响而继续全面有效地得到执行。

18.4 权利放弃

本合同任何一方未行使、部分行使或延迟行使其在本合同项下的任何权利，不应被认为其放弃该项权利或本合同项下的其他任何权利，但合同一方明示以书面形式放弃其权利者除外。

18.5 权利义务之不可转让

未经另一方的书面同意、经见证方见证并经商务主管机关批准，任何一方不得转让其依本合同所享有的权利和承担的义务。合同双方的继受者均应受本合同约束。

18.6 未尽事宜

本合同未尽事宜，法律法规有规定的，按规定执行；未规定的，可由合同双方另行签署补充合同，并报主管机关批准，补充合同与本合同具有同等法律效力。

（本页无正文，为《＿＿＿＿＿＿公司股权转让合同》签字盖章页）

转让方：＿＿＿＿＿＿公司（公章）

法定代表人（或授权代表）：

受让方：＿＿＿＿＿＿公司（公章）

法定代表人（或授权代表）：

　　年　　　月　　　日

案例 14：股权转让合同纠纷①

〔基本案情〕

高某、许某锋、侯某健、张某杰成立了 RY 公司，2010 年 4 月 29 日 RY 公

---

① （2021）鲁 17 民终 5153 号，载中国裁判文书网，https：//wenshu. court. gov. cn/website/wenshu/181107ANFZ0BXSK4/index. html？docId＝f2bdd64dc9a244c2a3a0ae3e017d2508，2022 年 7 月 20 日访问。

司代表人高某与 DY 镇政府签订了企业产权转让协议书，协议约定 DY 镇政府以 290 万元的价格收购了 RY 公司全部股权及企业产权，并约定了价款支付方式及期限。合同签订后，DY 镇政府支付 110 万元，2010 年 5 月 28 日，高某、许某锋、侯某健、张某杰将公司股权变更为第三人刘某某。2014 年 9 月 27 日 DY 镇人民政府与 L 公司签订了企业转让协议书，以 210 万元的价格将 RY 公司的所有资产转让给 L 公司。2017 年 5 月 17 日，L 公司、RY 公司、DY 镇人民政府签署三方协议，约定了所有转让款项，均转至丙方（DY 镇人民政府）或者丙方指定的账户。丙方收到款后及时将款项交付甲方股东的债权人高某。2019 年 9 月 6 日，L 公司注销。

山东省巨野县人民法院认为，关于本案是否超过诉讼时效问题。根据高某、许某锋、侯某健、张某杰提交的证据，2021 年 7 月 1 日，高某与 DY 镇政府 DY 镇人民政府书记张某方的通话录音，能够证实高某向 DY 镇政府主张权利的事实，也能够证明 DY 镇政府一直在协调此事。因此，DY 镇政府辩称本案超过诉讼时效的抗辩理由不能成立，法院不予采纳。

关于 DY 镇政府是否应当支付高某、许某锋、侯某健、张某杰转让款 180 万元及利息。《最高人民法院关于适用〈中华人民共和国民事诉讼法〉的解释》第九十条规定："当事人对自己提出的诉讼请求所依据的事实或者反驳对方诉讼请求所依据的事实，应当提供证据加以证明，但法律另有规定的除外。在作出判决前，当事人未能提供证据或者证据不足以证明其事实主张的，由负有举证明责任的当事人承担不利的后果。"DY 镇政府辩称，签订完议书之后，在政府不知情的情况下，RY 公司将股权转让给刘某某。刘某某并非 DY 镇政府的工作人员，也不是 DY 镇政府指定的接受股权人，DY 镇政府更不认识刘某某。法院认为，DY 镇政府与 L 公司于 2014 年 9 月 27 日签订了《企业产权转让协议书》；2017 年 5 月 17 日，RY 公司、L 公司、DY 镇人民政府三方签订了《协议书》，在 L 公司支付首付 50 万元后，把 RY 公司的国有土地证交付给了 L 公司。说明 DY 镇政府对高某、许某锋、侯某健、张某杰将股权转让给刘某某是知情的，且未提出异议。同时，在三方协议中亦认可高某、许某锋、侯某健、张某杰为 RY 公司股东的债权人。因此，对 DY 镇政府的该项辩称，法院不予采信。本案为股权转让纠纷，高某与 DY 镇人民政府签订企业产权转让协议，DY 镇政府以 290 万元的价格收购高某、许某锋、侯某健、张某杰所有的 RY 公司企业产权及全部股份，协议签订后，高某、许某锋、侯某健、张某杰收到了110万元转让款，至今剩余款项未支付。《民法典》第一百一十九条规定："依法成立的合同，对当事人具有法律约束力。"《民法典》第五百七十九条规定："当事人一方未支付价款、报酬、租金、利息，或者不履行其他金钱债务的，对方可以请求其支付。"根据合同的相对性，DY镇政府作为企业产权转让协议的收购方，应当履行协议义务，支付高某、许某锋、侯某健、张某杰剩余转让款180万元。

关于利息问题，《民法典》第五百八十四条规定："当事人一方不履行合同义务或者履行合同义务不符合约定，造成对方损失的，损失赔偿额应当相当于因违约所造成的损失，包括合同履行后可以获得的利益；但是，不得超过违约一方订立合同时预见到或者应当预见到的因违约可能造成的损失。"《企业产权转让协议书》中约定最后一期付款期限是2013年12月底前，但截至庭审时DY镇政府仅支付了110万元。DY镇政府的行为违反了双方的合同约定，依法应当承担因违约行为对原告造成的损失。DY镇政府最后一次付款50万元时间是2017年6月23日，高某、许某锋、侯某健、张某杰要求从2017年7月1日起，以180万元为基数，全国银行间同业拆借中心公布的一年期贷款市场报价利率3.85%计算利息损失的诉讼请求不违反法律规定，法院予以支持。

综上，依据《民法典》第一百一十九条、第五百七十九条、第五百八十四条、《最高人民法院关于适用〈中华人民共和国民事诉讼法〉的解释》第九十条之规定，判决如下：

由DY镇政府于判决生效后十日内支付高某、许某锋、侯某健、张某杰转让款180万元及利息（以180万元为基数按照全国银行间同业拆借中心公布的一年期贷款市场报价利率3.85%计算）。如果未按判决指定的期间履行给付金钱义务，应当按照《民事诉讼法》第二百五十三条之规定，加倍支付迟延履行期间的债务利息。

二审期间，DY镇政府提交以下证据，二审法院组织当事人进行证据交换和质证：

证据一，RY公司工商登记信息，证明合同相对方RY公司仍然处于正常经营状态，高某、许某锋、侯某健、张某杰不是合同的相对方，不具备主体资格。高某、许某锋、侯某健、张某杰质证对真实性无异议，对其证明目的有异议。高某、许某锋、侯某健、张某杰在2010年5月28日就不再是RY公司的股东，与 RY 公司已经没有任何关系。高某、许某锋、侯某健、张某杰作为本案原告主体适格。

证据二，领款单四份，证明 RY 公司原法定代表人即该公司后来指定的收款人高某，共从 DY 镇政府处领取企业出售款 150 万元，一审判决认定从 DY 镇政府领取 110 万元股权转让款错误。高某、许某锋、侯某健、张某杰对真实性质证无异议，认可共收取 150 万元转让款。

二审法院对以上证据认定如下：对上述证据真实性予以确认。RY 公司的工商登记信息显示处于经营状态，实际股东已并非本案高某、许某锋、侯某健、张某杰。该证据不能证明 DY 镇政府的证明目的。证据二能够证明高某、许某锋、侯某健、张某杰收取案涉转让款共计 150 万元。

二审法院查明的其他事实与一审法院查明的事实基本一致。

经审理，二审法院认为 DY 镇政府的上诉请求部分成立，二审法院予以部分支持。因二审中 DY 镇政府提交新证据，二审法院对一审判决予以改判。依照《中华人民共和国合同法》第六十条、第一百零七条，《中华人民共和国公司法》第七十一条，《最高人民法院关于审理买卖合同纠纷案件适用法律问题的解释》第十八条，《最高人民法院关于适用〈中华人民共和国民法典〉时间效力的若干规定》第一条第二款，《中华人民共和国民事诉讼法》第一百七十七条第一款第二项规定，判决如下：

一、撤销山东省巨野县人民法院民事判决；

二、上诉人 DY 镇政府于本判决生效后十日内支付被上诉人高某、许某锋、侯某健、张某杰转让款 140 万元及利息（利息计算以 140 万元为基数，自 2017 年 7 月 1 日起按照中国人民银行同期同类人民币贷款基准利率计算至 2019 年 8 月 19 日；自 2019 年 8 月 20 日起按照中国人民银行授权全国银行间同业拆借中心公布的一年期贷款市场报价利率计算支付至实际履行完毕之日止）；

如果未按判决指定的期间履行给付金钱义务，应当按照《中华人民共和国民事诉讼法》第二百六十条之规定，加倍支付迟延履行期间的债务利息。

三、驳回被上诉人高某、许某锋、侯某健、张某杰的其他诉讼请求。

〔借鉴意义〕

1. 依法成立的合同应得到全面履行。《民法典》第一百一十九条规定：

"依法成立的合同，对当事人具有法律约束力。"第五百七十九条规定："当事人一方未支付价款、报酬、租金、利息，或者不履行其他金钱债务的，对方可以请求其支付。"

2. 违反合同约定应依法承担违约责任。《民法典》第五百八十四条规定："当事人一方不履行合同义务或者履行合同义务不符合约定，造成对方损失的，损失赔偿额应当相当于因违约所造成的损失，包括合同履行后可以获得的利益；但是，不得超过违约一方订立合同时预见到或者应当预见到的因违约可能造成的损失。"

第四章　合同纠纷

◎ **本章导读**

　　本章分类介绍常见的合同纠纷及相关案例，以帮助读者更直观地理解合同纠纷发生的常见环节和原因。按照合同行为一般的顺序，我们把合同纠纷分为合同订立纠纷、合同效力纠纷、合同履行纠纷和合同变更与解除纠纷。

第一节　合同订立纠纷

一、订立合同的能力

当事人订立合同，应当具有相应的民事权利能力和民事行为能力。

当事人依法可以委托代理人订立合同。

案例 15：公司实控人代表公司签订的合同有效①

〔基本案情〕

　　Z 公司于 2020 年 7 月 2 日登记设立，主要经营"剧本杀"业务，法定代表人为仇某茗，股东及持股比例为：朱某露持股 80%，仇某茗持股 10%，郭某持

---

① （2022）苏 02 民终 60 号，载中国裁判文书网，https://wenshu.court.gov.cn/website/wenshu/181107ANFZ0BXSK4/index.html? docId=a9b3f5eb146149c2a4abae6f012474eb，2022 年 7 月 20 日访问。

股10%。Z公司开设桌游俱乐部（以下简称案涉店铺）。2021年4月，朱某军与李某旭就案涉店铺转让事宜进行磋商。同年4月11日，李某旭通过微信转账向朱某军支付1万元，朱某军在微信聊天中称："此1万元作为案涉店铺转让定金，18号之前按约定签订19.5万元转让合同，超期不签，定金不退。"李某旭回复称："同意。"

合同订立后，朱某军组建案涉店铺交接微信群，群内成员为朱某军、仇某茗、郭某、李某旭、姚某，聊天记录如下：同年4月18日，朱某军：有什么交接需要提前沟通好的，在群里列出来。李某旭：剧本目录、物品清单、房屋租赁合同、会员列表，麻烦了。朱某军：什么时候要？李某旭：尽快……

李某旭为证明朱某军与其订立上述合同构成无权代理，提供了仇某茗于2021年7月28日出具的《情况说明》1份，该说明载明：对于您与朱某军于2021年4月11日以19.5万元价款签订转让合同一事，本公司及本法定代表人并不知情，事后本公司及本法定代表人也未对该合同追认，本公司及本法定代表人也未收受关于转让的定金1万元，该款项尚在朱某军处，本公司及本法定代表人已积极为您联系朱某军向您退款，但该退款义务确应由朱某军承担，且本公司的剧本杀馆已在2021年5月22日转让至第三人处。该《情况说明》加盖了Z公司公章并由仇某茗签名确认。

朱某军为证明其系Z公司的实际控制人，属于有权代表，提供了以下证据：1. 朱某露出具的《情况说明》、户口簿各1份，证明朱某军与朱某露系兄妹，朱某露自述持有的Z公司的80%股权系为朱某军代持，实际出资并对公司进行管理的为朱某军，朱某露未实际出资和管理公司。2. 微信群聊天记录，群内成员为朱某军、仇某茗、郭某，载明：同年3月5日，朱某军：我们要把店里的纪律以及客户的回馈先做好。仇某茗：我在开本，明天聊。朱某军：讨论下，大家想想方案。同年3月8日，朱某军：微信到我小号，支付宝到我手机号，这两个号，专用。仇某茗：不是周日结束转嘛。朱某军：昨天不是结束了吗？转账多少你发一下以后，微信预留1000元当备用金。同年3月16日，仇某茗：@朱某军，工资。朱某军：总计？仇某茗：8705.975元……

一审中，关于朱某军的身份情况及本案合同的订立情况，法院向郭某、仇某茗、朱某露进行谈话并制作笔录。郭某述称：朱某军系大股东朱某露的哥哥，也是公司的实际投资人；李某旭是姚某（仇某茗的朋友）的朋友，其与李某旭谈过转让店铺的事情，并把情况告诉了朱某军，但其对朱某军与李某旭签订预约合同的事情不知情，其同意朱某军代表 Z 公司与李某旭签订合同并收取定金。仇某茗述称：朱某军跟其说他是以大股东的身份参与店铺并实际投资，但实际上的股东是朱某露，但其从未与朱某露见过面；朱某军确实出资了，但出资多少其不清楚；朱某军想插手公司经营时就会插手，有时候会通过下指令一样的方式要求其；当时，李某旭和姚某找到其说有盘店的意向，其说跟其一个人谈没用，也要让朱某军知道的；朱某军和李某旭签订预约合同的事情是李某旭后来跟其讲的，朱某军没有跟其讲过；其不同意朱某军代表 Z 公司与李某旭签订预约合同并收取定金。朱某露述称：其为 Z 公司登记的股东，代朱某军持有公司股权，朱某军是实际的股东，其从未参与公司经营，也不认识其余股东，其同意朱某军代表公司与李某旭签订预约合同。

上述事实，有《情况说明》、微信聊天记录，微信转账记录、企业信用信息查询单、谈话笔录等证据及当事人陈述在卷佐证。

江苏省无锡市梁溪区人民法院认为，朱某军有权代表 Z 公司与李某旭订立合同，理由如下：其一，朱某军系 Z 公司的实际控制人。根据朱某军与仇某茗的微信聊天记录，朱某军就公司收入打入个人账户、工资发放等事项向仇某茗作出指令，仇某茗均予以遵从，结合朱某露表示其系代朱某军持有 Z 公司 80%股权的陈述，以及朱某露与其他两名股东不相识，亦不参与 Z 公司经营管理等诸多事实，表明朱某军虽不是股东，但通过投资关系能够实际支配 Z 公司的行为，系公司的实际控制人。其二，李某旭对朱某军的身份情况是明知的。李某旭首先系与仇某茗、郭某就盘店事宜磋商，而仇某茗系 Z 公司的股东兼法定代表人，郭某系 Z 公司的股东，二人均向李某旭表示盘店须经朱某军同意，表明李某旭是在知晓朱某军身份的情况下与之进行磋商，其称系朱某军主动以 Z 公司大股东身份与其磋商所言不实。其三，Z 公司的股东和法定代表人均未对朱某军的代表行为提出异议。在与李某旭订立合同后，朱某军即将相关情况以及正式签约时间告知了仇某茗、郭某。此后，朱某军又为双方人员建立微信群，并指令仇某茗、郭某按照对方要求提供订立合同所需的材料，仇某茗、郭某在此过程中都予以积极回应。因此，在整个磋商过程中，Z 公司一方均系由朱某军主导，股东仇某茗、郭某从未提出异议。而李某旭提供的《情况说明》系仇某茗于诉讼中出具，内容亦与仇某茗此前在微信聊天记录中的陈述相互矛盾，不具有证明力，故对李某旭主张朱某军系无权代理的意见，法院不予采信。

如果朱某军系有权代表，李某旭无权要求返还定金 1 万元。前文已述，朱某军系有权代表，故朱某军代表 Z 公司与李某旭于 2021 年 4 月 11 日通过微信方式订立的预约合同系双方真实意思表示，合法有效，应予确认。根据约定，李某旭交付的定金 1 万元系订约定金，作为双方于同年 4 月 18 日前签订正式店铺转让合同的担保，逾期不订立正式合同的，定金不予退还，李某旭也表示同意。根据微信聊天记录，李某旭于同年 4 月 21 日明确表示"不用明天，现在就可以给你答复，您可以找另外的卖家了"，表明其拒绝订立正式的店铺转让合同，故无权请求返还定金。关于李某旭主张对方存在租金物业金未缴纳、不清退会员等违约情形的意见，因双方未在预约合同中作出明确约定，且上述情形均属于正式合同的履行内容，李某旭完全可以通过在正式合同约定违约责任的方式进行救济，朱某军亦表示上述内容"是可以在合同里面体现的"，故上述情形均非李某旭拒绝订立正式合同的正当理由。关于在某点评 App 上评分骤降的情况，李某旭在微信聊天中亦承认"交易流产"的原因是"基于不可控因素"，且亦未在预约合同中约定，故亦不能成为不签订正式合同的理由。综上，对李某旭主张返还定金 1 万元及承担利息并赔偿损失的诉讼请求，法院不予支持。

依照《民法典》第四百九十五条、第五百八十六条、第五百八十七条，《公司法》第二百一十六条第三项之规定，作出判决如下：

驳回李某旭的诉讼请求。

江苏省无锡市中级人民法院认为，公司实际控制人，是指虽不是公司的股东，但通过投资关系、协议或者其他安排，能够实际支配公司行为的人。本案中，根据朱某露关于代持股权的陈述，以及 Z 公司另两名股东仇某铭（法定代表人）、郭某曾表示盘店须经朱某军同意的事实，结合微信聊天记录反映的仇某铭、郭某均在朱某军的主导下听从其指令、对店铺转让予以积极配合的过程，上述事实相互印证，可以反映朱某军系能够实际支配 Z 公司行为的人，为 Z 公司的实际控制人。据此，朱某军代表 Z 公司与李某旭订立预约合同并收取定金的行为，系有权代表行为。事实上，李某旭之所以与朱某军订立预约合同并支付定金，正是基于其对朱某军系 Z 公司实际控制人的认知，且双方在磋商过程中，无论是李某旭还是 Z 公司其他股东均未对朱某军的身份提出异议，现李某旭主张朱某军无权代理，与前述事实相悖，二审法院对其该上诉意见不予采纳。

李某旭上诉称双方未能订立正式合同的原因系 Z 公司在某点评 App 上评分降低、账目混乱且存在债务。对此，因双方并未签订书面预约合同，无从反映双方已就案涉店铺需满足的某点评 App 具体评分标准达成一致，李某旭以评分降低为由拒绝签订正式合同的理由不能成立。另外，即便李某旭所称的物业费未缴纳、会员未清退等情况属实，双方也可以在订立正式合同时就相关费用负担进行约定，从现有证据来看，无法证实系因朱某军或 Z 公司拒绝提供配合导致正式合同无法订立，故李某旭以朱某军违反预约合同为由要求退还定金，依据不充分，应承担举证不能的法律后果。

综上所述，李某旭的上诉请求不能成立，应予驳回；一审判决认定事实清楚，适用法律正确，应予维持。依照《民事诉讼法》第一百七十七条第一款第一项之规定，判决如下：

驳回上诉，维持原判。

〔借鉴意义〕

通常情况下，公司的法定代表人、授权代表才有权代表公司签订合同。在实际案例中，在复杂的情况下，判断一个人是否具备代表公司签约的资格，应综合考察该主体是否为公司的法定代表人、控股股东、是否有公司的授权委托书等因素，同时，根据实质重于形式的原则，从维护交易安全的角度判断该资格。公司实际控制人，是指虽不是公司的股东，但通过投资关系、协议或者其他安排，能够实际支配公司行为的人。本案中法院认定了朱某军为公司的实际控制人，进而认定其有权代表公司签订合同。

二、合同的形式

当事人订立合同，有书面形式、口头形式和其他形式。《民法典》第一百三十五条规定："民事法律行为可以采用书面形式、口头形式或者其他形式；法律、行政法规规定或者当事人约定采用特定形式的，应当采用特定形式。"

案例 16：免费邮箱服务纠纷①

〔基本案情〕

2001 年 4 月 22 日，来某通过互联网在信息技术公司所属的某网站上注册为会员，并根据该网站的承诺，使用网站提供的 50 兆容量的"免费邮箱"服务。2001 年 8 月 2 日，该网通知所有用户，于 9 月 16 日零时将"免费邮箱"的容量从 50 兆缩减至 5 兆。来某认为该网不顾其承诺和信誉，在未经会员同意的情况下，擅自变更电子邮箱服务，压缩"免费邮箱"的容量，构成了违约。请求判令被告继续履行承诺提供 50 兆容量"免费邮箱"的服务。

北京市海淀区人民法院经审理查明：

被告信息技术公司所属某网站在网上接纳会员用户申请注册程序中，专门设立了一个向申请人展示网站的服务条款并要求申请人确认的步骤，申请人必须点击"我同意"的标识，表示同意网站的服务条款内容后，方可继续进行会员的注册登记。被告信息技术公司的《某网北京站服务条款》共计 15 条，内容包括电子服务的所有权人和运作者身份、服务内容的介绍、服务条款的变动与修订、用户应遵循的守责、网站的通告提示、告知义务等。其中"确认和接纳"一项中规定："某网提供的服务将完全按照其发布的章程、服务条款和操作规则严格执行。用户必须完全同意所有的服务条款并完成注册程序，才能成为某网的正式用户。""服务条款的修改和服务修订"一项中规定："某网有权在必要时修改服务条款，某网服务条款一旦发生变动，将会在重要页面上提示修改内容。如果不同意所改动的内容，用户可以主动取消所获得的网络服务。如果用户继续享用网络服务，则视为接受服务条款的变动。某网保留随时修改或中断服务的权利，不需对用户或第三方负责。"此外，会员用户使用"免费邮箱"时，还要在网上确认某网的《免费电子邮箱服务使用协议》，该协议与《某网北京站服务条款》的内容基本一致。

北京市海淀区人民法院认为：某网是以《某网北京站服务条款》为承诺，

---

① 载《最高人民法院公报》2002 年第 6 期，http://gongbao.court.gov.cn/Details/553264d27a09a2ea3e9662ebe3dfb8.html，2022 年 7 月 20 日访问。

向会员提供信息服务的。该服务条款确定了网站向用户提供信息服务的权利和义务，实际上是一种电子数据文本形式的信息服务合同。根据网站的程序设计，服务条款的具体内容在网站的页面中已经向用户作了全面展示。该合同合法有效，且某网不存在违约情形。因此，判决如下：

驳回原告来某要求信息技术公司继续履行提供 50 兆免费电子邮箱服务的诉讼请求。

一审宣判后，来某不服，上诉到北京市第一中级人民法院，二审法院驳回上述，维持原判。

〔借鉴意义〕

1. 数据电文合同

数据电文形式的合同是书面合同的一种。《民法典》第四百六十九条规定："当事人订立合同，可以采用书面形式、口头形式或者其他形式。书面形式是合同书、信件、电报、电传、传真等可以有形地表现所载内容的形式。以电子数据交换、电子邮件等方式能够有形地表现所载内容，并可以随时调取查用的数据电文，视为书面形式。"

该案例是一例典型的网络时代电子数据形式的合同纠纷，广大网友在使用网站提供的免费邮箱或者其他网络服务产品时要认真阅读相关声明条款的内容，以判断自己是否要接受该项服务。

2. 格式条款

《民法典》第四百九十六条规定："格式条款是当事人为了重复使用而预先拟定，并在订立合同时未与对方协商的条款。采用格式条款订立合同的，提供格式条款的一方应当遵循公平原则确定当事人之间的权利和义务，并采取合理的方式提示对方注意免除或者减轻其责任等与对方有重大利害关系的条款，按照对方的要求，对该条款予以说明。提供格式条款的一方未履行提示或者说明义务，致使对方没有注意或者理解与其有重大利害关系的条款的，对方可以主张该条款不成为合同的内容。"

被告信息技术公司所属某网在网站页面上向用户展示的网站服务条款内容，符合预先拟定并可重复使用的特征，应属于格式条款。在网络信息服务中，网站与用户都是通过网络联系沟通的。网站采用电子文本的格式条款合同方式，供用户选择并确定双方有关信息服务的权利、义务关系，不违反法律的规定。对于当事人双方订立的格式条款，只要合同的约定内容不违反法律的禁止性规定，应视为有效。

三、订立合同方式

当事人订立合同，采取要约、承诺方式。承诺生效时合同成立。

四、缔约过失

当事人在订立合同过程中有下列情形之一，给对方造成损失的，应当承担损害赔偿责任：（一）假借订立合同，恶意进行磋商；（二）故意隐瞒与订立合同有关的重要事实或者提供虚假情况；（三）有其他违背诚实信用原则的行为。

案例 17：缔约过失责任纠纷①

〔基本案情〕

原告刘某锋欲承揽被告巫某喜承包的某工程中的钢筋工程，于 2016 年 10 月 27 日向被告指定账户转款 10 万元保证金。2019 年 1 月 25 日，被告巫某喜为原告出具欠条一份，载明："本人巫某喜在某工地，因工程运作以保证金的形式于 2016 年 10 月 27 日收到刘某锋现金拾万元整，保证今日起 6 个月内还清。"后原告并未承揽某工程中的钢筋工程。经原告催要，被告未归还涉案欠款。

河南省汝南县人民法院认为，《合同法》第四十二条规定："当事人在订立合同过程中有下列情形之一，给对方造成损失的，应当承担损害赔偿责任：（一）假借订立合同，恶意进行磋商；（二）故意隐瞒与订立合同有关的重要事实或者提供虚假情况；（三）有其他违背诚实信用原则的行为。"由此，缔约过失责任是订立合同过程中，一方因违反先合同义务而造成对方信赖利益损失应承担的民事赔偿责任。缔约过失责任的承担须以先合同义务的存在及违反作为前提条件。本案中，首先，原告主张被告向其承诺承包工程，但被告收到原

① （2021）豫 1727 民初 5656 号，https：//wenshu. court. gov. cn/website/wenshu/181107ANFZ0BXS K4/index. html？docId＝4f5a0e99d538494384f4ae6901760c80，载中国裁判文书网，2022 年 7 月 20 日访问。

告的工程保证金后双方并未签订建设工程施工合同,属于缔约过失,故原告要求被告承担缔约过失责任,返还其工程保证金,对此原告提交了被告出具的欠条足以证明被告收取工程保证金的客观事实。在双方承揽合同未能成立的情况下,被告占有原告的保证金没有法律依据,故原告之请求于法有据,依法予以支持。被告经法院合法传唤,无正当理由拒不到庭参加诉讼,视为其对答辩、举证、质证等诉讼权利的放弃。

依照《合同法》第十三条,《最高人民法院关于适用〈中华人民共和国民法典〉时间效力的若干规定》第一条第二款及《民事诉讼法》第一百四十七条之规定,判决如下:

被告巫某喜于本判决生效后十日给付原告刘某锋保证金10万元。

〔借鉴意义〕

一般而言,订立合同需要经历一个磋商、谈判的过程,在此过程中,当事人产生了一定的信赖关系,其应当秉承诚实信用的原则,尽到必要、合理的注意义务,告知当事人相关情况,以达到订立合同的目的。根据《民法典》第五百条规定:"当事人在订立合同过程中有下列情形之一,造成对方损失的,应当承担赔偿责任:(一)假借订立合同,恶意进行磋商;(二)故意隐瞒与订立合同有关的重要事实或者提供虚假情况;(三)有其他违背诚信原则的行为。"

该案例提醒我们,在与潜在合作方进行谈判、签约的过程中,要根据对方的实力、以往经营情况和在市场上的口碑了解对方的诚意,警惕那些没有诚意,假借订立合同,恶意进行磋商的对手。

第二节　合同效力纠纷

关于合同的效力,有如下相关规定:

一、合同的生效

依法成立的合同,自成立时生效。法律、行政法规规定应当办理批准、登记等手续生效的,依照其规定。

二、附条件的合同

当事人对合同的效力可以约定附条件。附生效条件的合同，自条件成就时生效。附解除条件的合同，自条件成就时失效。当事人为自己的利益不正当地阻止条件成就的，视为条件已成就；不正当地促成条件成就的，视为条件不成就。

签订合同是一种民事法律行为。民事法律行为所附的条件，是决定民事法律行为的效力发生或消灭的特定事实。这种法律事实，须符合以下要求：

1. 将来发生的事实。即是行为人实施民事法律行为时尚未发生的事实，已经发生的事实不能作为民事法律行为所附的条件。

2. 客观上可能发生的事实。即条件在将来是否必然发生，行为人在约定时不能确定。将来必定发生和根本不会发生的事实不能作为民事法律行为所附的条件。

3. 当事人任意选择的事实。即行为人约定的事实。法律规定某项法律行为必须具备的条件，即该项法律行为生效或失效的法定条件不能作为民事法律行为所附的条件。

4. 合法的事实。即所附条件须符合法律和社会公共利益的要求。

三、附期限的合同

当事人对合同的效力可以约定附期限。附生效期限的合同，自期限届至时生效。附终止期限的合同，自期限届满时失效。

四、特殊情况下订立的合同

（一）限制行为能力人订立的合同

限制民事行为能力人订立的合同，经法定代理人追认后，该合同有效，但纯获利益的合同或者与其年龄、智力、精神健康状况相适应而订立的合同，不必经法定代理人追认。

相对人可以催告法定代理人在一个月内予以追认。法定代理人未作表示的，视为拒绝追认。合同被追认之前，善意相对人有撤销的权利。撤销应当以通知的方式作出。

（二）无权代理人订立的合同

行为人没有代理权、超越代理权或者代理权终止后以被代理人名义订立的合同，未经被代理人追认，对被代理人不发生效力，由行为人承担责任。相对人可以催告被代理人在一个月内予以追认。被代理人未作表示的，视为拒绝追认。合同被追认之前，善意相对人有撤销的权利。撤销应当以通知的方式作出。

（三）表见代理订立的合同

行为人没有代理权、超越代理权或者代理权终止后以被代理人名义订立合同，相对人有理由相信行为人有代理权的，该代理行为有效。

（四）法定代表人超越权限订立的合同

法人或者其他组织的法定代表人、负责人超越权限订立的合同，除相对人知道或者应当知道其超越权限的以外，该代表行为有效。

（五）无处分权人订立的合同

无处分权的人处分他人财产，经权利人追认或者无处分权的人订立合同后取得处分权的，该合同有效。

五、无效合同

（一）合同无效的法定情形

有下列情形之一的，合同无效：
1. 无民事行为能力人订立的合同；
2. 行为人与相对人以虚假的意思表示实施的合同行为（以虚假的意思表示隐藏的合同行为的效力，依照有关法律规定处理）；
3. 行为人与相对人恶意串通，损害他人合法权益的合同；
4. 违反法律、行政法规的强制性规定的合同；
5. 违背公序良俗的合同。

《最高人民法院关于适用〈中华人民共和国民法典〉合同编通则部分的解释》第十四条规定："当事人之间就同一交易订立多份合同，人民法院应当认定其中以虚假意思表示订立的合同无效。当事人为规避法律、行政法规的强制性规定，以虚假意思表示隐藏真实意思表示的，人民法院应当依据民法典第一百五十三条第一款的规定认定被隐藏合同的效力；当事人为规避法律、行政法规关于合同应当办理批准等手续的规定，以虚假意思表示隐藏真实意思表示的，人民法院应当依据民法典第五百零二条第二款的规定认定被隐藏合同的效力。依据前款规定认定被隐藏合同无效或者确定不发生效力的，人民法院应当以被隐藏合同为事实基础，依据民法典第一百五十七条的规定确定当事人的民事责任。但是，法律另有规定的除外。当事人就同一交易订立的多份合同均系真实意思表示，且不存在其他影响合同效力情形的，人民法院应当在查明各合同成立先后顺序和实际履行情况的基础上，认定合同内容是否发生变更。法律、行政法规禁止变更合同内容的，人民法院应当认定合同的相应变更无效。"

（二）合同免责条款的无效

合同中的下列免责条款无效：

1. 造成对方人身损害的；

2. 因故意或者重大过失造成对方财产损失的。

六、可撤销合同

下列合同，当事人一方有权请求人民法院或者仲裁机构撤销：

1. 基于重大误解实施的民事合同行为，行为人有权请求人民法院或者仲裁机构予以撤销。

2. 一方以欺诈手段，使对方在违背真实意思的情况下实施的合同行为，受欺诈方有权请求人民法院或者仲裁机构予以撤销。

3. 第三人实施欺诈行为，使一方在违背真实意思的情况下实施的合同行为，对方知道或者应当知道该欺诈行为的。

4. 一方或者第三人以胁迫手段，使对方在违背真实意思的情况下实施的民事法律行为，受胁迫方有权请求人民法院或者仲裁机构予以撤销。

5. 一方利用对方处于危困状态、缺乏判断能力等情形，致使合同成立时显失公平的，受损害方有权请求人民法院或者仲裁机构予以撤销。

有下列情形之一的，撤销权消灭：

1. 当事人自知道或者应当知道撤销事由之日起一年内、重大误解的当事人自知道或者应当知道撤销事由之日起九十日内没有行使撤销权；

2. 当事人受胁迫，自胁迫行为终止之日起一年内没有行使撤销权；

3. 当事人知道撤销事由后明确表示或者以自己的行为表明放弃撤销权；

4. 当事人自合同行为发生之日起五年内没有行使撤销权的，撤销权消灭。

七、合同自始无效与部分有效

无效的合同或者被撤销的合同自始没有法律约束力。合同部分无效，不影响其他部分效力的，其他部分仍然有效。

案例 18：无效合同纠纷①

〔基本案情〕

2021 年 1 月 8 日，李某江（甲方）与张某川（乙方）签订房屋租赁合同，约定乙方租赁房屋；租赁期限为 2021 年 1 月 8 日至 2022 年 1 月 6 日；房费每月 1400 元，乙方应向甲方支付总额为相当于 1 个月入住房费金额为押金，押金共计 1400 元，上述押金应在本合同签署之日起当日内连同入住房费一并缴纳；入住房费按自然月结算并应提前支付，对于首期入住费（自起住日至该月最后一日），乙方应在合同签署之日起 1 日内将该月之全额入住房费、押金、选配方案费等付予甲方指定的第三方服务商；除首期入住房费之外的其他每期入住房费和每月其他费用，乙方应于上月 25 日之前将下个月的应付费用全额支付至甲方指定的第三方服务商。双方在合同中亦约定了其他事项。

2021 年 7 月 27 日，某镇人民政府发布搬家通知，载明：经查明，涉案房屋，因存在未能提供合理合法的占地建设、翻、改、扩建等相关审批材料，已

---

① （2021）京 03 民终 20437 号，载中国裁判文书网，https：//wenshu．court．gov．cn/website/wen-shu/181107ANFZ0BXSK4/index．html？docId＝1f36c896c8114a4f8a09532fd63fed80，2022 年 7 月 20 日访问。

构成违法建设行为，我镇依据《某市禁止违法建设若干规定》，将于近期对上述违法建设进行拆除整改。2021 年 7 月 31 日，张某川从涉案房屋搬离，张某川的房屋租金交至 2021 年 8 月 31 日。庭审中，张某川称李某江共退还 1700 元，其中押金 1400 元、房卡、电卡和电费共计 300 元，未退还 8 月份房租，退还押金的时候李某江将押金条收走；李某江称其退还张某川 1700 元，其中 8 月租金 1400 元，房卡、电卡和电费共计 300 元，张某川没有押金条故未退还。

北京市通州区人民法院认为，出租人就未取得建设工程规划许可证或者未按照建设工程规划许可证的规定建设的房屋，与承租人订立的租赁合同无效。本案中涉案场地上建设的地上物无相关部门的审批手续，出租人李某江以此为标的与承租人张某川签订租赁合同，故该合同因违反法律强制性规定应属无效。民事法律行为无效、被撤销或者确定不发生效力后，行为人因该行为取得的财产，应当予以返还；不能返还或者没有必要返还的，应当折价补偿。有过错的一方应当赔偿对方由此所受到的损失；各方都有过错的，应当各自承担相应的责任。

关于张某川的各项诉讼请求，法院认定如下：对于张某川主张的 8 月份房租 1400 元，李某江辩称已经退还，张某川称李某江退还的是押金，租金并未退还，法院认为，根据法院查明的事实，张某川在搬离房屋之时尚有 8 月份房屋租金和押金李某江并未退还，李某江仅退还 1400 元，尚有 1400 元并未退还，张某川所述李某江退还的 1400 元为押金，押金条已交还李某江，张某川所述符合常理，法院对此予以认可，因合同无效，房屋租金应为房屋使用费；关于垃圾清运费 50 元，李某江称已交给环卫处，此不能作为其不退还张某川垃圾清运费的抗辩，故法院对于张某川要求李某江退还垃圾清运费的请求予以支持；违约责任的承担以合同有效为前提，因双方租赁合同无效，故法院对于张某川要求的违约金，法院不予支持。

综上所述，依据《民法典》第一百五十七条、《最高人民法院关于审理城镇房屋租赁合同纠纷案件具体应用法律若干问题的解释》第一条、第二条之规定，判决如下：

一、确认张某川与李某江签订的房屋租赁合同无效；

二、李某江给付张某川房屋使用费和垃圾清运费共计 1450 元，于判决生效之日起 15 内执行；

三、驳回张某川的其他诉讼请求。

如果未按判决指定的期间履行给付金钱义务，应当按照《中华人民共和国民事诉讼法》第二百五十三条之规定，加倍支付延迟履行期间的债务利息。

北京市第三中级人民法院认为，合同是否合法有效是认定当事人民事权利义务的前提，人民法院应当依职权主动进行审查，不受当事人主张的限制。本案中，涉案场地上建设的地上物无相关部门的审批手续，出租人李某江以此为标的与承租人张某川签订租赁合同，故该合同因违反法律强制性规定应属无效。

民事法律行为无效、被撤销或者确定不发生效力后，行为人因该行为取得的财产，应当予以返还；不能返还或者没有必要返还的，应当折价补偿。有过错的一方应当赔偿对方由此所受到的损失；各方都有过错的，应当各自承担相应的责任。关于张某川主张的 8 月份房租 1400 元，根据查明的事实，张某川在搬离房屋之时尚有 8 月份房屋租金和押金李某江并未退还，李某江仅退还 1400 元，尚有 1400 元并未退还，张某川所述李某江退还的 1400 元为押金，押金条已交还李某江，符合常理，法院对此予以认可，因合同无效，李某江应退还房屋使用费 1400 元。关于垃圾清运费 50 元，李某江关于已交给环卫处的说法不能作为其不退还张某川的抗辩，李某江应当退还张某川垃圾清运费。关于违约金，合同无效的，不影响合同中有关解决争议方法的条款的效力。本案中双方租赁合同无效，但合同并未约定违约金，故二审法院对张某川要求的违约金不予支持。

综上所述，李某江的上诉请求及理由不能成立，应予驳回。一审判决认定事实清楚，适用法律正确，应予维持。依照《民事诉讼法》第一百七十七条第一款第一项之规定，判决如下：

驳回上诉，维持原判。

〔借鉴意义〕

1. 合同无效的，不影响合同中有关解决争议方法的条款的效力。

2. 出租人就未取得建设工程规划许可证或者未按照建设工程规划许可证的规定建设的房屋，与承租人订立的租赁合同无效。本案中涉案场地上建设的地上物无相关部门的审批手续，出租人李某江以此为标的与承租人张某川签订租赁合同，故该合同因违反法律强制性规定应属无效。民事法律行为无效、被撤销或者确定不发生效力后，行为人因该行为取得的财产，应当予以返还；不能返还或者没有必要返还的，应当折价补偿。有过错的一方应当赔偿对方由此所受到的损失；各方都有过错的，应当各自承担相应的责任。

八、解决争议条款

解决争议的途径一般包括协商、调解、诉讼和仲裁。协商不成时，可选择诉讼或者仲裁。约定诉讼解决时，最重要的是约定管辖法院。《民事诉讼法》第二十四条规定："因合同纠纷提起的诉讼，由被告住所地或者合同履行地人民法院管辖。"第二十五条规定："因保险合同纠纷提起的诉讼，由被告住所地或者保险标的物所在地人民法院管辖。"第三十五条规定："合同或者其他财产权益纠纷的当事人可以书面协议选择被告住所地、合同履行地、合同签订地、原告住所地、标的物所在地等与争议有实际联系的地点的人民法院管辖，但不得违反本法对级别管辖和专属管辖的规定。"因此，合同纠纷管辖法院可以约定，一般情况下，合同一方都倾向于选择自己所在地有管辖权的法院管辖，一是有利于节省诉讼成本，二是有利于排除对方所在地法院的地方保护主义影响。选择诉讼的示范条款为："因本合同的签订、履行产生的争议，双方协商解决；协商不成的，双方同意由甲方（或乙方）住所地有管辖权的人民法院管辖。"

仲裁的好处是：1. 效率高，一裁终局。而诉讼要经过一审、二审甚至再审程序。2. 保密性高。仲裁信息一般不向社会公开，而法院的判决书一般会在最高人民法院的中国裁判文书网上公开。根据《仲裁法》第二条规定："平等主体的公民、法人和其他组织之间发生的合同纠纷和其他财产权益纠纷，可以仲裁。"第四条规定："当事人采用仲裁方式解决纠纷，应当双方自愿，达成仲裁协议。没有仲裁协议，一方申请仲裁的，仲裁委员会不予受理。"第五条规定："当事人达成仲裁协议，一方向人民法院起诉的，人民法院不予受理，但仲裁协议无效的除外。"北海仲裁委员会的示范条款："因本合同引起的或与本合同有关的任何争议，提请北海仲裁委员会/北海国际仲裁院按照其仲裁规则进行仲裁。仲裁裁决是终局的，对双方均有约束力。"①

合同无效、被撤销或者终止的，不影响合同中独立存在的有关解决争议方法的条款的效力。

第三节　合同履行纠纷

关于合同的履行，《民法典》有如下主要规定：

一、严格履行与诚信原则

当事人应当按照约定全面履行自己的义务。《民法典》第一百七十六条规定："民事主体依照法律规定或者按照当事人约定，履行民事义务，承担民事责任。"第五百零九条第一款规定："当事人应当按照约定全面履行自己的义务。"

当事人应当遵循诚实信用原则，根据合同的性质、目的和交易习惯，履行通知、协助、保密等义务。

二、合同约定不明的补救

根据《民法典》第五百一十条的规定，合同生效后，当事人就质量、价款或者报酬、履行地点等内容没有约定或者约定不明确的，可以协议补充；不能达成补充协议的，按照合同有关条款或者交易习惯确定。《最高人民法院关于适用〈中华人民共和国民法典〉合同编通则部分的解释》第三条规定："当事人对合同是否成立存在争议，人民法院能够确定当事人姓名或者名称、标的和数量的，一般应当认定合同成立。但是，法律另有规定或者当事人另有约定的除外。根据前款规定能够认定合同已经成立的，对合同欠缺的内容，人民法院应当依据民法典第五百一十条、第五百一十一条等规定予以确定。当事人主张合同无效或者请求撤销、解除合同等，人民法院认为合同不成立的，应当依据

---

① 北海仲裁委员会的示范条款，载北海仲裁委员会网，http://www.beihaizhongcai.com/Web/Show/13，2022年12月19日访问。

《最高人民法院关于民事诉讼证据的若干规定》第五十三条的规定将合同是否成立作为焦点问题进行审理，并可以根据案件的具体情况重新指定举证期限。"

三、合同约定不明时的履行

根据《民法典》第五百一十一条的规定，当事人就有关合同内容约定不明确，依据前条规定仍不能确定的，适用下列规定：

（1）质量要求不明确的，按照强制性国家标准履行；没有强制性国家标准的，按照推荐性国家标准履行；没有推荐性国家标准的，按照行业标准履行；没有国家标准、行业标准的，按照通常标准或者符合合同目的的特定标准履行。

（2）价款或者报酬不明确的，按照订立合同时履行地的市场价格履行；依法应当执行政府定价或者政府指导价的，依照规定履行。

（3）履行地点不明确，给付货币的，在接受货币一方所在地履行；交付不动产的，在不动产所在地履行；其他标的，在履行义务一方所在地履行。

（4）履行期限不明确的，债务人可以随时履行，债权人也可以随时请求履行，但是应当给对方必要的准备时间。

（5）履行方式不明确的，按照有利于实现合同目的的方式履行。

（6）履行费用的负担不明确的，由履行义务一方负担；因债权人原因增加的履行费用，由债权人负担。

四、交付期限与价格执行

根据《民法典》第五百一十二条的规定，通过互联网等信息网络订立的电子合同的标的为交付商品并采用快递物流方式交付的，收货人的签收时间为交付时间。电子合同的标的为提供服务的，生成的电子凭证或者实物凭证中载明的时间为提供服务时间；前述凭证没有载明时间或者载明时间与实际提供服务时间不一致的，以实际提供服务的时间为准。

电子合同的标的物为采用在线传输方式交付的，合同标的物进入对方当事人指定的特定系统且能够检索识别的时间为交付时间。

电子合同当事人对交付商品或者提供服务的方式、时间另有约定的，按照其约定。

根据《民法典》第五百一十三条的规定，执行政府定价或者政府指导价的，在合同约定的交付期限内政府价格调整时，按照交付时的价格计价。逾期交付标的物的，遇价格上涨时，按照原价格执行；价格下降时，按照新价格执行。逾期提取标的物或者逾期付款的，遇价格上涨时，按照新价格执行；价格下降时，按照原价格执行。

五、涉及第三人的履行

（一）向第三人履行合同

根据《民法典》第五百二十二条第一款的规定，当事人约定由债务人向第三人履行债务的，债务人未向第三人履行债务或者履行债务不符合约定的，应当向债权人承担违约责任。《最高人民法院关于适用〈中华人民共和国民法典〉合同编通则部分的解释》第二十九条规定："民法典第五百二十二条第二款规定的第三人请求债务人向自己履行债务的，人民法院应予支持；请求行使撤销权、解除权等民事权利的，人民法院不予支持，但是法律另有规定的除外。合同依法被撤销或者被解除，债务人请求债权人返还财产的，人民法院应予支持。债务人按照约定向第三人履行债务，第三人拒绝受领，债权人请求债务人向自己履行债务的，人民法院应予支持，但是债务人已经采取提存等方式消灭债务的除外。第三人拒绝受领或者受领迟延，债务人请求债权人赔偿因此造成的损失的，人民法院依法予以支持。"

（二）第三人不履行合同的责任承担

根据《民法典》第五百二十三条的规定，当事人约定由第三人向债权人履行债务，第三人不履行债务或者履行债务不符合约定的，债务人应当向债权人承担违约责任。

六、抗辩权

（一）同时履行抗辩权

根据《民法典》第五百二十五条的规定，当事人互负债务，没有先后履行顺序的，应当同时履行。一方在对方履行之前有权拒绝其履行要求。一方在对方履行债务不符合约定时，有权拒绝其相应的履行要求。

《最高人民法院关于适用〈中华人民共和国民法典〉合同编通则部分的解释》对同时履行抗辩作出了更详细的规定，第三十一条第一款规定："当事人互负债务，一方以对方没有履行非主要债务为由拒绝履行自己的主要债务的，人民法院不予支持。但是，对方不履行非主要债务致使不能实现合同目的或者当事人另有约定的除外。"第三十一条第二款规定："当事人一方起诉请求对方履行债务，被告依据民法典第五百二十五条的规定主张双方同时履行的抗辩且抗辩成立，被告未提起反诉的，人民法院应当判决被告在原告履行债务的同时履行自己的债务，并在判项中明确原告申请强制执行的，人民法院应当在原告履行自己的债务后对被告采取执行行为；被告提起反诉的，人民法院应当判决双方同时履行自己的债务，并在判项中明确任何一方申请强制执行的，人民法院应当在该当事人履行自己的债务后对对方采取执行行为。"

（二）先履行义务

根据《民法典》第五百二十六条的规定，当事人互负债务，有先后履行顺序，先履行一方未履行的，后履行一方有权拒绝其履行要求。先履行一方履行债务不符合约定的，后履行一方有权拒绝其相应的履行要求。

《最高人民法院关于适用〈中华人民共和国民法典〉合同编通则部分的解释》第三十一条第三款规定："当事人一方起诉请求对方履行债务，被告依据民法典第五百二十六条的规定主张原告应先履行的抗辩且抗辩成立的，人民法院应当驳回原告的诉讼请求，但是不影响原告履行债务后另行提起诉讼。"

（三）不安抗辩权

根据《民法典》第五百二十七条的规定，应当先履行债务的当事人，有确切证据证明对方有下列情形之一的，可以中止履行：

1. 经营状况严重恶化；
2. 转移财产、抽逃资金，以逃避债务；
3. 丧失商业信誉；
4. 有丧失或者可能丧失履行债务能力的其他情形。

当事人没有确切证据中止履行的，应当承担违约责任。

综上，当事人依据不安抗辩权的规定中止履行的，应当及时通知对方。对方提供适当担保时，应当恢复履行。中止履行后，对方在合理期限内未恢复履行能力并且未提供适当担保的，中止履行的一方可以解除合同。

七、特殊情况下的履行

（一）因债权人原因致债务履行困难的处理

根据《民法典》第五百二十九条的规定，债权人分立、合并或者变更住所没有通知债务人，致使履行债务发生困难的，债务人可以中止履行或者将标的物提存。

（二）债务的提前履行

根据《民法典》第五百三十条的规定，债权人可以拒绝债务人提前履行债务，但提前履行不损害债权人利益的除外。

债务人提前履行债务给债权人增加的费用，由债务人负担。

（三）债务的部分履行

根据《民法典》第五百三十一条的规定，债权人可以拒绝债务人部分履行债务，但部分履行不损害债权人利益的除外。

债务人部分履行债务给债权人增加的费用，由债务人负担。

八、债权人的代位权

根据《民法典》第五百三十五条第一款和第二款的规定，因债务人怠于行使其到期债权，对债权人造成损害的，债权人可以向人民法院请求以自己的名义代位行使债务人的债权，但该债权专属于债务人自身的除外。

代位权的行使范围以债权人的债权为限。债权人行使代位权的必要费用，由债务人负担。

关于代位权诉讼的管辖法院，《最高人民法院关于适用〈中华人民共和国民法典〉合同编通则部分的解释》第三十五条规定："债权人依据民法典第五百三十五条的规定对债务人的相对人提起代位权诉讼的，由被告住所地人民法院管辖，但是依法应当适用专属管辖规定的除外。债务人或者相对人以双方之间的债权债务关系订有管辖协议为由提出异议的，人民法院不予支持。"

九、撤销权

（一）债权人的撤销权

因债务人放弃其到期债权或者无偿转让财产，对债权人造成损害的，债权人可以请求人民法院撤销债务人的行为。债务人以明显不合理的低价转让财产，对债权人造成损害，并且受让人知道该情形的，债权人也可以请求人民法院撤销债务人的行为。

撤销权的行使范围以债权人的债权为限。债权人行使撤销权的必要费用，由债务人负担。

关于债权人撤销权诉讼中明显不合理低价或者高价的认定，《最高人民法院关于适用〈中华人民共和国民法典〉合同编通则部分的解释》第四十二条规定："对于民法典第五百三十九条规定的'明显不合理'的低价或者高价，人民法院应当按照交易当地一般经营者的判断，并参考交易时交易地的市场交易价或者物价部门指导价予以认定。转让价格未达到交易时交易地的市场交易价或者指导价百分之七十的，一般可以认定为'明显不合理的低价'；受让价格高于交易时交易地的市场交易价或者指导价百分之三十的，一般可以认定为'明显不合理的高价'。债务人与相对人存在亲属关系、关联关系的，不受前款规定的百分之七十、百分之三十的限制。"

（二）撤销权的期间

根据《民法典》第五百四十一条的规定，撤销权自债权人知道或者应当知道撤销事由之日起一年内行使。自债务人的行为发生之日起五年内没有行使撤销权的，该撤销权消灭。

（三）债权人撤销权诉讼的当事人、管辖和合并审理

《最高人民法院关于适用〈中华人民共和国民法典〉合同编通则部分的解

释》第四十四条规定："债权人依据民法典第五百三十八条、第五百三十九条的规定提起撤销权诉讼的，应当以债务人和债务人的相对人为共同被告，由债务人或者相对人的住所地人民法院管辖，但是依法应当适用专属管辖规定的除外。两个以上债权人就债务人的同一行为提起撤销权诉讼的，人民法院可以合并审理。"

（四）债权人撤销权的效力

《最高人民法院关于适用〈中华人民共和国民法典〉合同编通则部分的解释》第四十五条规定："在债权人撤销权诉讼中，被撤销行为的标的可分，当事人主张在受影响的债权范围内撤销债务人的行为的，人民法院应予支持；被撤销行为的标的不可分，债权人主张将债务人的行为全部撤销的，人民法院应予支持。债权人行使撤销权所支付的合理的律师代理费、差旅费等费用，可以认定为民法典第五百四十条规定的'必要费用'。"

《最高人民法院关于适用〈中华人民共和国民法典〉合同编通则部分的解释》第四十六条规定："债权人在撤销权诉讼中同时请求债务人的相对人向债务人承担返还财产、折价补偿、履行到期债务等法律后果的，人民法院依法予以支持。债权人请求受理撤销权诉讼的人民法院一并审理其与债务人之间的债权债务关系，属于该人民法院管辖的，可以合并审理。不属于该人民法院管辖的，应当告知其向有管辖权的人民法院另行起诉。债权人依据其与债务人的诉讼、撤销权诉讼产生的生效法律文书申请强制执行的，人民法院可以就债务人对相对人享有的权利采取强制执行措施以实现债权人的债权。债权人在撤销权诉讼中，申请对相对人的财产采取保全措施的，人民法院依法予以准许。"

第四节　合同变更与解除纠纷

合同的变更与解除应遵守下列规定：

一、合同变更条件

根据《民法典》第五百四十三条的规定，当事人协商一致，可以变更合同。

根据《民法典》第五百零二条第三款的规定，法律、行政法规规定变更合同应当办理批准、登记等手续的，依照其规定。

根据《民法典》第五百四十四条的规定，当事人对合同变更的内容约定不明确的，推定为未变更。

二、债权的转让

（一）债权转让的除外情形

根据《民法典》第五百四十五条第一款的规定，债权人可以将债权的全部或者部分转让给第三人，但有下列情形之一的除外：

1. 根据债权性质不得转让；
2. 按照当事人约定不得转让；
3. 依照法律规定不得转让。

（二）债权转让的通知义务

根据《民法典》第五百四十六条的规定，债权人转让权利的，应当通知债务人。未经通知，该转让对债务人不发生效力。

债权人转让权利的通知不得撤销，但经受让人同意的除外。

（三）从权利的转移

根据《民法典》第五百四十七条第一款的规定，债权人转让权利的，受让人取得与债权有关的从权利，但该从权利专属于债权人自身的除外。

（四）债务人的抗辩权

根据《民法典》第五百四十八条的规定，债务人接到债权转让通知后，债务人对让与人的抗辩，可以向受让人主张。

（五）债务人的抵销权

根据《民法典》第五百四十九条第一项的规定，债务人接到债权转让通知时，债务人对让与人享有债权，并且债务人的债权先于转让的债权到期或者同时到期的，债务人可以向受让人主张抵销。

三、债务的转移

根据《民法典》第五百五十一条第一款的规定，债务人将债务全部或者部分转移给第三人的，应当经债权人同意。

根据《民法典》第五百五十三条的规定，债务人转移债务的，新债务人可以主张原债务人对债权人的抗辩；原债务人对债权人享有债权的，新债务人不得向债权人主张抵销。

根据《民法典》第五百五十四条的规定，债务人转移债务的，新债务人应当承担与主债务有关的从债务，但该从债务专属于原债务人自身的除外。

四、合同转让形式要件

根据《民法典》第五百零二条的相关规定，法律、行政法规规定转让权利或者转移义务应当办理批准、登记等手续的，依照其规定。

五、概括转让

根据《民法典》第五百五十五条的规定，当事人一方经对方同意，可以将自己在合同中的权利和义务一并转让给第三人。

根据《民法典》第六十七条的规定，法人订立合同后合并的，由合并后的法人或者其他组织行使合同权利，履行合同义务。法人订立合同后分立的，除债权人和债务人另有约定的以外，由分立的法人或者其他组织对合同的权利和义务享有连带债权，承担连带债务。

第五章　争议解决

◎ **本章导读**

本章介绍常见的合同纠纷的处理程序：诉讼和仲裁。

合同纠纷对于合同管理来说，往往需要非常关注细节，尽量去避免风险，但是有时候由于合作伙伴或者经营环境出现了变化，导致合同无法正常履行，合同纠纷就无法避免了。

纠纷的处理方式是合同当中的一个重要条款，那么如何考虑纠纷处理方式的选择呢？

处理合同纠纷最常用的方式是诉讼和仲裁，诉讼产生的民事判决书、民事裁定书和民事调解书以及仲裁产生的仲裁裁决书都具有强制执行力。

第一节　诉　　讼

合同纠纷发生后，合同主体向法院提起民事诉讼，由法院依法审理，作出民事判决或者裁定，或者双方当事人在法院主持下达成和解，由法院制作民事调解书确认双方的权利义务关系的过程叫作诉讼。

我国民事诉讼制度实行两审终审制，主要包括一审、二审两个阶段。如果被告不能自觉履行生效的判决，当事人还可以申请法院强制执行已经生效的判决。

通过诉讼解决合同纠纷有三个要诀：证据、程序和关系。首先是证据，诉讼讲究"以事实为依据，以法律为准绳"，这里的"事实"是法律事实，不是客观事实，即能够被证据证明并且被法院认定的事实，所以证据是打赢官司的基础；程序是法定的，但是充分利用程序行使当事人的正当权利，却是法律顾问的专业技能，有些案件虽然实体上比较被动，但是却可以赢在程序，例如适时提出管辖异议等，对于一些关系到企业生死存亡的重大纠纷，一个好的法律顾问应该善于跳出案件本身，而站在企业发展全局的角度进行诉讼计划的规划设计，帮助企业取得战略和全局性的胜利。

一、起诉前的准备

在民事诉讼中，如果希望提出的主张得到法院支持，就需要提出相应的证据，这些证据还要在开庭审理中经过对方当事人质证，法官认证属实后才能作为裁判依据。因此，正确了解如何举证，对准备或进行诉讼十分重要。

（一）举证责任

《民事诉讼法》第六十七条第一款规定，当事人对自己提出的主张，有责任提供证据，即"谁主张，谁举证"。

当事人对自己提出的诉讼请求所依据的事实或者反驳对方诉讼请求所依据的事实有责任提供证据加以证明。没有证据或者证据不足以证明当事人的事实主张的，由负有举证责任的当事人承担不利后果。

当事人向人民法院提供证据，应当提供原件或者原物。如需自己保存证据原件、原物或者提供原件、原物确有困难的，可以提供经人民法院核对无异的复制件或者复制品。

如当事人向人民法院提交的证据系在中华人民共和国大陆（内地）（不含港澳台地区）外形成的，该证据应当经所在国公证机关予以证明，并经中华人民共和国驻该国使领馆予以认证，或者履行中华人民共和国与该所在国订立的有关条约中规定的证明手续。当事人向人民法院提供的证据是在中华人民共和国香港特别行政区、中华人民共和国澳门特别行政区以及中华人民共和国台湾地区形成的，应履行相关证明手续。

当事人提供外文书证或外文说明资料，应附中文译本。

当事人应当对其提交的证据材料逐一分类编号，对证据材料的来源、证明对象和内容作简要说明，签名盖章，注明提交日期，并依对方当事人人数提供副本。

（二）向人民法院申请调查取证

当事人因客观原因不能自行收集的证据，可申请人民法院调查收集。

当事人及其诉讼代理人申请人民法院调查收集证据，应当在举证期限届满前提交书面申请。申请书应当载明被调查人的姓名或者单位名称、住所地等基本情况、所要调查收集的证据名称或者内容、需要由人民法院调查收集证据的原因及其要证明的事实以及明确的线索。

人民法院调查收集的书证，可以是原件，也可以是经核对无误的副本或者复制件。是副本或者复制件的，应当在调查笔录中说明来源和取证情况。

人民法院调查收集的物证应当是原物。被调查人提供原物确有困难的，可以提供复制品或者影像资料。提供复制品或者影像资料的，应当在调查笔录中说明取证情况。

人民法院调查收集视听资料、电子数据，应当要求被调查人提供原始载体。提供原始载体确有困难的，可以提供复制件。提供复制件的，人民法院应当在调查笔录中说明其来源和制作经过。

人民法院对视听资料、电子数据采取证据保全措施的，适用前款规定。

（三）举证期限

举证期限可以由当事人协商，并经人民法院准许。

人民法院指定举证期限的，适用第一审普通程序审理的案件不得少于 15 日，当事人提供新的证据的第二审案件不得少于 10 日。适用简易程序审理的案件不得超过 15 日，小额诉讼案件的举证期限一般不得超过七日。

举证期限届满后，当事人提供反驳证据或者对已经提供的证据的来源、形式等方面的瑕疵进行补正的，人民法院可以酌情再次确定举证期限，该期限不受前款规定的期间限制。

当事人在举证期限内提供证据存在客观障碍，属于《民事诉讼法》第六十八条第二款规定的"当事人在该期限内提供证据确有困难"的情形。

前款情形，人民法院应当根据当事人的举证能力、不能在举证期限内提供证据的原因等因素综合判断。必要时，可以听取对方当事人的意见。

当事人申请延长举证期限的，应当在举证期限届满前向人民法院提出书面申请。

申请理由成立的，人民法院应当准许，适当延长举证期限，并通知其他当事人。延长的举证期限适用于其他当事人。

申请理由不成立的，人民法院不予准许，并通知申请人。

二、诉讼流程

诉讼流程如图 1 所示：

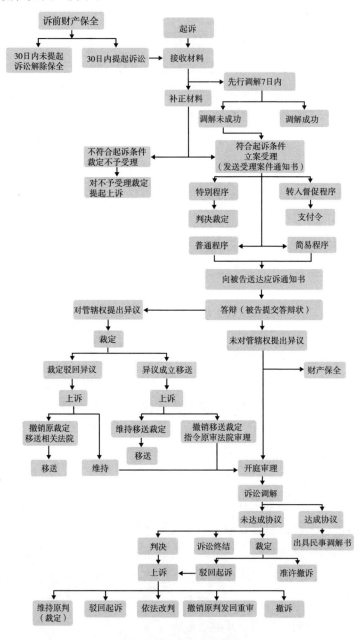

图 1：民事诉讼流程图

（一）保全和先予执行

1. 人民法院对于可能因当事人一方的行为或者其他原因，使判决难以执行或者造成当事人其他损害的案件，根据对方当事人的申请，可以裁定对其财产进行保全、责令其作出一定行为或者禁止其作出一定行为；当事人没有提出申请的，人民法院在必要时也可以裁定采取保全措施。

人民法院采取保全措施，可以责令申请人提供担保，申请人不提供担保的，裁定驳回申请。

人民法院接受申请后，对情况紧急的，必须在 48 小时内作出裁定；裁定采取保全措施的，应当立即开始执行。

2. 利害关系人因情况紧急，不立即申请保全将会使其合法权益受到难以弥补的损害的，可以在提起诉讼或者申请仲裁前向被保全财产所在地、被申请人住所地或者对案件有管辖权的人民法院申请采取保全措施。申请人应当提供担保，不提供担保的，裁定驳回申请。

人民法院接受申请后，必须在 48 小时内作出裁定；裁定采取保全措施的，应当立即开始执行。

申请人在人民法院采取保全措施后 30 日内不依法提起诉讼或者申请仲裁的，人民法院应当解除保全。

3. 保全仅限于请求的范围，或者与本案有关的财物。

4. 财产保全采取查封、扣押、冻结或者法律规定的其他方法。人民法院保全财产后，应当立即通知被保全财产的人。

财产已被查封、冻结的，不得重复查封、冻结。

5. 财产纠纷案件，被申请人提供担保的，人民法院应当裁定解除保全。

申请有错误的，申请人应当赔偿被申请人因保全所遭受的损失。

6. 人民法院对下列案件，根据当事人的申请，可以裁定先予执行：

（1）追索赡养费、扶养费、抚育费、抚恤金、医疗费用的；

（2）追索劳动报酬的；

（3）因情况紧急需要先予执行的。

7. 人民法院裁定先予执行的，应当符合下列条件：

（1）当事人之间权利义务关系明确，不先予执行将严重影响申请人的生活或者生产经营的；

（2）被申请人有履行能力。

人民法院可以责令申请人提供担保，申请人不提供担保的，驳回申请。申请人败诉的，应当赔偿被申请人因先予执行遭受的财产损失。

8. 当事人对保全或者先予执行的裁定不服的，可以申请复议一次。复议期间不停止裁定的执行。

（二）起诉

原告向法院起诉，应递交起诉状和有关的证据材料，并按照被告人数递交起诉状和证据副本。起诉状应当记明下列事项：

（1）当事人的姓名、性别、年龄、民族、职业、工作单位和住所，法人或者其他组织的名称、住所和法定代表人或者主要负责人的姓名、职务；

（2）诉讼请求和所根据的事实与理由；

（3）证据和证据来源，证人姓名和住所。

递交起诉状时，原告为公民（自然人）的应附交个人身份证明；为企业、机关、事业单位、社会团体法人的应提供工商登记材料、营业执照副本、法定代表人身份证明、委托代理人身份证明。

《民事诉讼法》第一百二十二条规定，起诉必须符合下列条件：

（1）原告是与本案有直接利害关系的公民、法人和其他组织；

（2）有明确的被告；

（3）有具体的诉讼请求和事实、理由；

（4）属于人民法院受理民事诉讼的范围和受诉人民法院管辖。

（三）立案

人民法院应当保障当事人依照法律规定享有的起诉权利。对符合《民事诉讼法》第一百二十二条规定的起诉案件，必须受理。符合起诉条件的，应当在7日内立案，并通知当事人；不符合起诉条件的，应当在7日内作出裁定书，不予受理；原告对裁定不服的，可以提起上诉。

对下列起诉，分情形，予以处理：

（1）依照《行政诉讼法》的规定，属于行政诉讼受案范围的，告知原告提起行政诉讼；

（2）依照法律规定，双方当事人达成书面仲裁协议申请仲裁，不得向人民法院起诉的，告知原告向仲裁机构申请仲裁；

（3）依照法律规定，应当由其他机关处理的争议，告知原告向有关机关申请解决；

（4）对不属于本院管辖的案件，告知原告向有管辖权的人民法院起诉；

（5）对判决、裁定、调解书已经发生法律效力的案件，当事人又起诉的，告知原告申请再审，但人民法院准许撤诉的裁定除外；

（6）依照法律规定，在一定期限内不得起诉的案件，在不得起诉的期限内起诉的，不予受理；

（7）判决不准离婚和调解和好的离婚案件，判决、调解维持收养关系的案件，没有新情况、新理由，原告在6个月内又起诉的，不予受理。

（四）审理前的准备

1. 人民法院应当在立案之日起5日内将起诉状副本发送被告，被告在收到之日起15日内提出答辩状。

被告提出答辩状的，人民法院应当在收到之日起5日内将答辩状副本发送原告。被告不提出答辩状的，不影响人民法院审理。

2. 人民法院对决定受理的案件，应当在受理案件通知书和应诉通知书中向当事人告知有关的诉讼权利义务，或者口头告知。

3. 人民法院受理案件后，当事人对管辖权有异议的，应当在提交答辩状期间提出。人民法院对当事人提出的异议，应当审查。异议成立的，裁定将案件移送有管辖权的人民法院；异议不成立的，裁定驳回。

当事人未提出管辖异议，并应诉答辩的，视为受诉人民法院有管辖权，但违反级别管辖和专属管辖规定的除外。

4. 审判人员确定后，应当在3日内告知当事人。

5. 审判人员必须认真审核诉讼材料，调查收集必要的证据。

6. 必须共同进行诉讼的当事人没有参加诉讼的，人民法院应当通知其参加诉讼。

7. 人民法院对受理的案件，分别情形，予以处理：

（1）当事人没有争议，符合督促程序规定条件的，可以转入督促程序；

（2）开庭前可以调解的，采取调解方式及时解决纠纷；

（3）根据案件情况，确定适用简易程序或者普通程序；

（4）需要开庭审理的，通过要求当事人交换证据等方式，明确争议焦点。

（五）第一审程序

1. 人民法院审理民事案件，除涉及国家秘密、个人隐私或者法律另有规定的以外，应当公开进行。

涉及商业秘密的案件，当事人申请不公开审理的，可以不公开审理。

2. 人民法院审理民事案件，根据需要进行巡回审理，就地办案。

3. 人民法院审理民事案件，应当在开庭 3 日前通知当事人和其他诉讼参与人。公开审理的，应当公告当事人姓名、案由和开庭的时间、地点。

4. 开庭审理前，书记员应当查明当事人和其他诉讼参与人是否到庭，宣布法庭纪律。

开庭审理时，由审判长或者独任审判员核对当事人，宣布案由，宣布审判人员、书记员名单，告知当事人有关的诉讼权利义务，询问当事人是否提出回避申请。

5. 法庭调查按照下列顺序进行：

（1）当事人陈述；

（2）告知证人的权利义务，证人作证，宣读未到庭的证人证言；

（3）出示书证、物证、视听资料和电子数据；

（4）宣读鉴定意见；

（5）宣读勘验笔录。

6. 当事人在法庭上可以提出新的证据。

当事人经法庭许可，可以向证人、鉴定人、勘验人发问。

当事人要求重新进行调查、鉴定或者勘验的，是否准许，由人民法院决定。

7. 原告增加诉讼请求，被告提出反诉，第三人提出与本案有关的诉讼请求，可以合并审理。

8. 法庭辩论按照下列顺序进行：

（1）原告及其诉讼代理人发言；

（2）被告及其诉讼代理人答辩；

（3）第三人及其诉讼代理人发言或者答辩；

（4）互相辩论。

法庭辩论终结，由审判长或者独任审判员按照原告、被告、第三人的先后顺序征询各方最后意见。

9. 法庭辩论终结，应当依法作出判决。判决前能够调解的，还可以进行调解，调解不成的，应当及时判决。

10. 原告经传票传唤，无正当理由拒不到庭的，或者未经法庭许可中途退庭的，可以按撤诉处理；被告反诉的，可以缺席判决。

11. 被告经传票传唤，无正当理由拒不到庭的，或者未经法庭许可中途退庭的，可以缺席判决。

12. 宣判前，原告申请撤诉的，是否准许，由人民法院裁定。

人民法院裁定不准许撤诉的，原告经传票传唤，无正当理由拒不到庭的，可以缺席判决。

13. 有下列情形之一的，可以延期开庭审理：

（1）必须到庭的当事人和其他诉讼参与人有正当理由没有到庭的；

（2）当事人临时提出回避申请的；

（3）需要通知新的证人到庭，调取新的证据，重新鉴定、勘验，或者需要补充调查的；

（4）其他应当延期的情形。

14. 书记员应当将法庭审理的全部活动记入笔录，由审判人员和书记员签名。

法庭笔录应当当庭宣读，也可以告知当事人和其他诉讼参与人当庭或者在5日内阅读。当事人和其他诉讼参与人认为对自己的陈述记录有遗漏或者差错的，有权申请补正。如果不予补正，应当将申请记录在案。

法庭笔录由当事人和其他诉讼参与人签名或者盖章。拒绝签名盖章的，记明情况附卷。

15. 人民法院对公开审理或者不公开审理的案件，一律公开宣告判决。

当庭宣判的，应当在10日内发送判决书；定期宣判的，宣判后立即发给判决书。

宣告判决时，必须告知当事人上诉权利、上诉期限和上诉的法院。

16. 人民法院适用普通程序审理的案件，应当在立案之日起 6 个月内审结。有特殊情况需要延长的，由本院院长批准，可以延长 6 个月；还需要延长的，报请上级人民法院批准。

（六）简易程序

1. 基层人民法院和它派出的法庭审理事实清楚、权利义务关系明确、争议不大的简单的民事案件，适用简易程序的规定。

基层人民法院和它派出的法庭审理前款规定以外的民事案件，当事人双方也可以约定适用简易程序。

2. 对简单的民事案件，原告可以口头起诉。

当事人双方可以同时到基层人民法院或者它派出的法庭，请求解决纠纷。基层人民法院或者它派出的法庭可以当即审理，也可以另定日期审理。

3. 基层人民法院和它派出的法庭审理简单的民事案件，可以用简便方式传唤当事人和证人、送达诉讼文书、审理案件，但应当保障当事人陈述意见的权利。

4. 简单的民事案件由审判员一人独任审理，并不受《民事诉讼法》第一百三十九条、第一百四十一条、第一百四十四条规定的限制。

5. 人民法院适用简易程序审理案件，应当在立案之日起 3 个月内审结。有特殊情况需要延长的，经本院院长批准，可以延长 1 个月。

6. 基层人民法院和它派出的法庭审理事实清楚、权利义务关系明确、争议不大的简单金钱给付民事案件，标的额为各省、自治区、直辖市上年度就业人员年平均工资 50% 以下的，实行一审终审。

基层人民法院和它派出的法庭审理前款规定的民事案件，标的额超过各省、自治区、直辖市上年度就业人员年平均工资 50% 但在 2 倍以下的，当事人双方也可以约定适用小额诉讼的程序。

7. 人民法院审理下列民事案件，不适用小额诉讼的程序：

（1）人身关系、财产确权案件；

（2）涉外案件；

（3）需要评估、鉴定或者对诉前评估、鉴定结果有异议的案件；

（4）一方当事人下落不明的案件；

（5）当事人提出反诉的案件；

（6）其他不宜适用小额诉讼的程序审理的案件。

8. 人民法院适用小额诉讼的程序审理案件，可以一次开庭审结并且当庭宣判。

9. 人民法院适用小额诉讼的程序审理案件，应当在立案之日起两个月内审结。有特殊情况需要延长的，经本院院长批准，可以延长一个月。

10. 人民法院在审理过程中，发现案件不宜适用小额诉讼程序的，应当适用简易程序的其他规定审理或者裁定转为普通程序。

当事人认为案件适用小额诉讼的程序审理违反法律规定的，可以向人民法院提出异议。人民法院对当事人提出的异议应当审查，异议成立的，应当适用简易程序的其他规定审理或者裁定转为普通程序；异议不成立的，裁定驳回。

11. 人民法院在审理过程中，发现案件不宜适用简易程序的，裁定转为普通程序。

（七）第二审程序

1. 当事人不服地方人民法院第一审判决的，有权在判决书送达之日起 15 日内向上一级人民法院提起上诉。

当事人不服地方人民法院第一审裁定的，有权在裁定书送达之日起 10 日内向上一级人民法院提起上诉。

2. 上诉应当递交上诉状。上诉状的内容，应当包括当事人的姓名，法人的名称及其法定代表人的姓名或者其他组织的名称及其主要负责人的姓名；原审人民法院名称、案件的编号和案由；上诉的请求和理由。

3. 上诉状应当通过原审人民法院提出，并按照对方当事人或者代表人的人数提出副本。

当事人直接向第二审人民法院上诉的，第二审人民法院应当在 5 日内将上诉状移交原审人民法院。

4. 原审人民法院收到上诉状，应当在 5 日内将上诉状副本送达对方当事人，对方当事人在收到之日起 15 日内提出答辩状。人民法院应当在收到答辩状之日起 5 日内将副本送达上诉人。对方当事人不提出答辩状的，不影响人民法院审理。

原审人民法院收到上诉状、答辩状，应当在 5 日内连同全部案卷和证据，报送第二审人民法院。

5. 第二审人民法院应当对上诉请求的有关事实和适用法律进行审查。

6. 第二审人民法院对上诉案件，应当组成合议庭，开庭审理。经过阅卷、调查和询问当事人，对没有提出新的事实、证据或者理由，合议庭认为不需要开庭审理的，可以不开庭审理。

第二审人民法院审理上诉案件，可以在本院进行，也可以到案件发生地或者原审人民法院所在地进行。

7. 第二审人民法院对上诉案件，经过审理，按照下列情形，分别处理：

（1）原判决、裁定认定事实清楚，适用法律正确的，以判决、裁定方式驳回上诉，维持原判决、裁定；

（2）原判决、裁定认定事实错误或者适用法律错误的，以判决、裁定方式依法改判、撤销或者变更；

（3）原判决认定基本事实不清的，裁定撤销原判决，发回原审人民法院重审，或者查清事实后改判；

（4）原判决遗漏当事人或者违法缺席判决等严重违反法定程序的，裁定撤销原判决，发回原审人民法院重审。

原审人民法院对发回重审的案件作出判决后，当事人提起上诉的，第二审人民法院不得再次发回重审。

8. 第二审人民法院对不服第一审人民法院裁定的上诉案件的处理，一律使用裁定。

9. 第二审人民法院审理上诉案件，可以进行调解。调解达成协议，应当制作调解书，由审判人员、书记员署名，加盖人民法院印章。调解书送达后，原审人民法院的判决即视为撤销。

10. 第二审人民法院判决宣告前，上诉人申请撤回上诉的，是否准许，由第二审人民法院裁定。

11. 第二审人民法院的判决、裁定，是终审的判决、裁定。

12. 人民法院审理对判决的上诉案件，应当在第二审立案之日起 3 个月内审结。有特殊情况需要延长的，由本院院长批准。

人民法院审理对裁定的上诉案件，应当在第二审立案之日起 30 日内作出终审裁定。

（八）审判监督程序

1. 各级人民法院院长对本院已经发生法律效力的判决、裁定、调解书，发现确有错误，认为需要再审的，应当提交审判委员会讨论决定。

最高人民法院对地方各级人民法院已经发生法律效力的判决、裁定、调解书，上级人民法院对下级人民法院已经发生法律效力的判决、裁定、调解书，发现确有错误的，有权提审或者指令下级人民法院再审。

2. 当事人对已经发生法律效力的判决、裁定，认为有错误的，可以向上一级人民法院申请再审；当事人一方人数众多或者当事人双方为公民的案件，也可以向原审人民法院申请再审。当事人申请再审的，不停止判决、裁定的执行。

3. 当事人的申请符合下列情形之一的，人民法院应当再审：

（1）有新的证据，足以推翻原判决、裁定的；

（2）原判决、裁定认定的基本事实缺乏证据证明的；

（3）原判决、裁定认定事实的主要证据是伪造的；

（4）原判决、裁定认定事实的主要证据未经质证的；

（5）对审理案件需要的主要证据，当事人因客观原因不能自行收集，书面申请人民法院调查收集，人民法院未调查收集的；

（6）原判决、裁定适用法律确有错误的；

（7）审判组织的组成不合法或者依法应当回避的审判人员没有回避的；

（8）无诉讼行为能力人未经法定代理人代为诉讼或者应当参加诉讼的当事人，因不能归责于本人或者其诉讼代理人的事由，未参加诉讼的；

（9）违反法律规定，剥夺当事人辩论权利的；

（10）未经传票传唤，缺席判决的；

（11）原判决、裁定遗漏或者超出诉讼请求的；

（12）据以作出原判决、裁定的法律文书被撤销或者变更的；

（13）审判人员审理该案件时有贪污受贿，徇私舞弊，枉法裁判行为的。

4. 当事人对已经发生法律效力的调解书，提出证据证明调解违反自愿原则或者调解协议的内容违反法律的，可以申请再审。经人民法院审查属实的，应当再审。

5. 当事人申请再审的，应当提交再审申请书等材料。人民法院应当自收到再审申请书之日起 5 日内将再审申请书副本发送对方当事人。对方当事人应当自收到再审申请书副本之日起 15 日内提交书面意见；不提交书面意见的，不影响人民法院审查。人民法院可以要求申请人和对方当事人补充有关材料，询问有关事项。

6. 人民法院应当自收到再审申请书之日起 3 个月内审查，符合本法规定的，裁定再审；不符合本法规定的，裁定驳回申请。有特殊情况需要延长的，由本院院长批准。

因当事人申请裁定再审的案件由中级人民法院以上的人民法院审理，但当事人依照《民事诉讼法》第二百一十条的规定选择向基层人民法院申请再审的除外。最高人民法院、高级人民法院裁定再审的案件，由本院再审或者交其他人民法院再审，也可以交原审人民法院再审。

7. 当事人申请再审，应当在判决、裁定发生法律效力后 6 个月内提出；有《民事诉讼法》第二百一十一条第一项、第三项、第十二项、第十三项规定情形的，自知道或者应当知道之日起 6 个月内提出。

8. 按照审判监督程序决定再审的案件，裁定中止原判决、裁定、调解书的执行，但追索赡养费、扶养费、抚育费、抚恤金、医疗费用、劳动报酬等案件，可以不中止执行。

9. 人民法院按照审判监督程序再审的案件，发生法律效力的判决、裁定是由第一审法院作出的，按照第一审程序审理，所作的判决、裁定，当事人可以上诉；发生法律效力的判决、裁定是由第二审法院作出的，按照第二审程序审理，所作的判决、裁定，是发生法律效力的判决、裁定；上级人民法院按照审判监督程序提审的，按照第二审程序审理，所作的判决、裁定是发生法律效力的判决、裁定。

人民法院审理再审案件，应当另行组成合议庭。

10. 最高人民检察院对各级人民法院已经发生法律效力的判决、裁定，上级人民检察院对下级人民法院已经发生法律效力的判决、裁定，发现有《民事诉讼法》第二百一十一条规定情形之一的，或者发现调解书损害国家利益、社会公共利益的，应当提出抗诉。

地方各级人民检察院对同级人民法院已经发生法律效力的判决、裁定，发现有《民事诉讼法》第二百一十一条规定情形之一的，或者发现调解书损害国家利益、社会公共利益的，可以向同级人民法院提出检察建议，并报上级人民检察院备案；也可以提请上级人民检察院向同级人民法院提出抗诉。

各级人民检察院对审判监督程序以外的其他审判程序中审判人员的违法行为，有权向同级人民法院提出检察建议。

11. 有下列情形之一的，当事人可以向人民检察院申请检察建议或者抗诉：

（1）人民法院驳回再审申请的；

（2）人民法院逾期未对再审申请作出裁定的；

（3）再审判决、裁定有明显错误的。

人民检察院对当事人的申请应当在3个月内进行审查，作出提出或者不予提出检察建议或者抗诉的决定。当事人不得再次向人民检察院申请检察建议或者抗诉。

12. 人民检察院因履行法律监督职责提出检察建议或者抗诉的需要，可以向当事人或者案外人调查核实有关情况。

13. 人民检察院提出抗诉的案件，接受抗诉的人民法院应当自收到抗诉书之日起30日内作出再审的裁定；有《民事诉讼法》第二百一十一条第一项至第五项规定情形之一的，可以交下一级人民法院再审，但经该下一级人民法院再审的除外。

14. 人民检察院决定对人民法院的判决、裁定、调解书提出抗诉的，应当制作抗诉书。

15. 人民检察院提出抗诉的案件，人民法院再审时，应当通知人民检察院派员出席法庭。

（九）执行程序

1. 发生法律效力的民事判决、裁定，以及刑事判决、裁定中的财产部分，由第一审人民法院或者与第一审人民法院同级的被执行的财产所在地人民法院执行。

法律规定由人民法院执行的其他法律文书，由被执行人住所地或者被执行的财产所在地人民法院执行。

2. 当事人、利害关系人认为执行行为违反法律规定的，可以向负责执行的人民法院提出书面异议。当事人、利害关系人提出书面异议的，人民法院应当自收到书面异议之日起 15 日内审查，理由成立的，裁定撤销或者改正；理由不成立的，裁定驳回。当事人、利害关系人对裁定不服的，可以自裁定送达之日起 10 日内向上一级人民法院申请复议。

3. 人民法院自收到申请执行书之日起超过 6 个月未执行的，申请执行人可以向上一级人民法院申请执行。上一级人民法院经审查，可以责令原人民法院在一定期限内执行，也可以决定由本院执行或者指令其他人民法院执行。

4. 执行过程中，案外人对执行标的提出书面异议的，人民法院应当自收到书面异议之日起 15 日内审查，理由成立的，裁定中止对该标的的执行；理由不成立的，裁定驳回。案外人、当事人对裁定不服，认为原判决、裁定错误的，依照审判监督程序办理；与原判决、裁定无关的，可以自裁定送达之日起 15 日内向人民法院提起诉讼。

5. 执行工作由执行员进行。

采取强制执行措施时，执行员应当出示证件。执行完毕后，应当将执行情况制作笔录，由在场的有关人员签名或者盖章。

6. 被执行人或者被执行的财产在外地的，可以委托当地人民法院代为执行。受委托人民法院收到委托函件后，必须在 15 日内开始执行，不得拒绝。执行完毕后，应当将执行结果及时函复委托人民法院；在 30 日内如果还未执行完毕，也应当将执行情况函告委托人民法院。

受委托人民法院自收到委托函件之日起 15 日内不执行的，委托人民法院可以请求受委托人民法院的上级人民法院指令受委托人民法院执行。

7. 在执行中，双方当事人自行和解达成协议的，执行员应当将协议内容记入笔录，由双方当事人签名或者盖章。

申请执行人因受欺诈、胁迫与被执行人达成和解协议，或者当事人不履行和解协议的，人民法院可以根据当事人的申请，恢复对原生效法律文书的执行。

8. 在执行中，被执行人向人民法院提供担保，并经申请执行人同意的，人民法院可以决定暂缓执行及暂缓执行的期限。被执行人逾期仍不履行的，人民法院有权执行被执行人的担保财产或者担保人的财产。

9. 作为被执行人的公民死亡的，以其遗产偿还债务。作为被执行人的法人或者其他组织终止的，由其权利义务承受人履行义务。

10. 执行完毕后，据以执行的判决、裁定和其他法律文书确有错误，被人民法院撤销的，对已被执行的财产，人民法院应当作出裁定，责令取得财产的人返还；拒不返还的，强制执行。

11. 发生法律效力的民事判决、裁定，当事人必须履行。一方拒绝履行的，对方当事人可以向人民法院申请执行，也可以由审判员移送执行员执行。

调解书和其他应当由人民法院执行的法律文书，当事人必须履行。一方拒绝履行的，对方当事人可以向人民法院申请执行。

12. 对依法设立的仲裁机构的裁决，一方当事人不履行的，对方当事人可以向有管辖权的人民法院申请执行。受申请的人民法院应当执行。

被申请人提出证据证明仲裁裁决有下列情形之一的，经人民法院组成合议庭审查核实，裁定不予执行：

（1）当事人在合同中没有订有仲裁条款或者事后没有达成书面仲裁协议的；

（2）裁决的事项不属于仲裁协议的范围或者仲裁机构无权仲裁的；

（3）仲裁庭的组成或者仲裁的程序违反法定程序的；

（4）裁决所根据的证据是伪造的；

（5）对方当事人向仲裁机构隐瞒了足以影响公正裁决的证据的；

（6）仲裁员在仲裁该案时有贪污受贿，徇私舞弊，枉法裁决行为的。

人民法院认定执行该裁决违背社会公共利益的，裁定不予执行。

裁定书应当送达双方当事人和仲裁机构。

仲裁裁决被人民法院裁定不予执行的，当事人可以根据双方达成的书面仲裁协议重新申请仲裁，也可以向人民法院起诉。

13. 对公证机关依法赋予强制执行效力的债权文书，一方当事人不履行的，对方当事人可以向有管辖权的人民法院申请执行，受申请的人民法院应当执行。

公证债权文书确有错误的，人民法院裁定不予执行，并将裁定书送达双方当事人和公证机关。

14. 申请执行的期间为二年。申请执行时效的中止、中断，适用法律有关诉讼时效中止、中断的规定。其间，从法律文书规定履行期间的最后一日起计算；法律文书规定分期履行的，从规定的每次履行期间的最后一日起计算；法律文书未规定履行期间的，从法律文书生效之日起计算。

15. 执行员接到申请执行书或者移交执行书，应当向被执行人发出执行通知，并可以立即采取强制执行措施。

16. 执行措施

（1）被执行人未按执行通知履行法律文书确定的义务，应当报告当前以及收到执行通知之日前一年的财产情况。被执行人拒绝报告或者虚假报告的，人民法院可以根据情节轻重对被执行人或者其法定代理人、有关单位的主要负责人或者直接责任人员予以罚款、拘留。

（2）被执行人未按执行通知履行法律文书确定的义务，人民法院有权向有关单位查询被执行人的存款、债券、股票、基金份额等财产情况。人民法院有权根据不同情形扣押、冻结、划拨、变价被执行人的财产。人民法院查询、扣押、冻结、划拨、变价的财产不得超出被执行人应当履行义务的范围。

人民法院决定扣押、冻结、划拨、变价财产，应当作出裁定，并发出协助执行通知书，有关单位必须办理。

（3）被执行人未按执行通知履行法律文书确定的义务，人民法院有权扣留、提取被执行人应当履行义务部分的收入。但应当保留被执行人及其所扶养家属的生活必需费用。

人民法院扣留、提取收入时，应当作出裁定，并发出协助执行通知书，被执行人所在单位、银行、信用合作社和其他有储蓄业务的单位必须办理。

（4）被执行人未按执行通知履行法律文书确定的义务，人民法院有权查封、扣押、冻结、拍卖、变卖被执行人应当履行义务部分的财产。但应当保留被执行人及其所扶养家属的生活必需品。

采取前款措施，人民法院应当作出裁定。

（5）人民法院查封、扣押财产时，被执行人是公民的，应当通知被执行人或者他的成年家属到场；被执行人是法人或者其他组织的，应当通知其法定代表人或者主要负责人到场。拒不到场的，不影响执行。被执行人是公民的，其工作单位或者财产所在地的基层组织应当派人参加。

对被查封、扣押的财产，执行员必须造具清单，由在场人签名或者盖章后，交被执行人一份。被执行人是公民的，也可以交他的成年家属一份。

（6）被查封的财产，执行员可以指定被执行人负责保管。因被执行人的过错造成的损失，由被执行人承担。

（7）财产被查封、扣押后，执行员应当责令被执行人在指定期间履行法律文书确定的义务。被执行人逾期不履行的，人民法院应当拍卖被查封、扣押的财产；不适于拍卖或者当事人双方同意不进行拍卖的，人民法院可以委托有关单位变卖或者自行变卖。国家禁止自由买卖的物品，交有关单位按照国家规定的价格收购。

（8）被执行人不履行法律文书确定的义务，并隐匿财产的，人民法院有权发出搜查令，对被执行人及其住所或者财产隐匿地进行搜查。

采取前款措施，由院长签发搜查令。

（9）法律文书指定交付的财物或者票证，由执行员传唤双方当事人当面交付，或者由执行员转交，并由被交付人签收。

有关单位持有该项财物或者票证的，应当根据人民法院的协助执行通知书转交，并由被交付人签收。

有关公民持有该项财物或者票证的，人民法院通知其交出。拒不交出的，强制执行。

（10）强制迁出房屋或者强制退出土地，由院长签发公告，责令被执行人在指定期间履行。被执行人逾期不履行的，由执行员强制执行。

强制执行时，被执行人是公民的，应当通知被执行人或者他的成年家属到场；被执行人是法人或者其他组织的，应当通知其法定代表人或者主要负责人到场。拒不到场的，不影响执行。被执行人是公民的，其工作单位或者房屋、土地所在地的基层组织应当派人参加。执行员应当将强制执行情况记入笔录，由在场人签名或者盖章。

强制迁出房屋被搬出的财物，由人民法院派人运至指定处所，交给被执行人。被执行人是公民的，也可以交给他的成年家属。因拒绝接收而造成的损失，由被执行人承担。

（11）在执行中，需要办理有关财产权证照转移手续的，人民法院可以向有关单位发出协助执行通知书，有关单位必须办理。

（12）对判决、裁定和其他法律文书指定的行为，被执行人未按执行通知履行的，人民法院可以强制执行或者委托有关单位或者其他人完成，费用由被执行人承担。

（13）被执行人未按判决、裁定和其他法律文书指定的期间履行给付金钱义务的，应当加倍支付迟延履行期间的债务利息。被执行人未按判决、裁定和其他法律文书指定的期间履行其他义务的，应当支付迟延履行金。

（14）人民法院采取《民事诉讼法》第二百五十三条、第二百五十四条、第二百五十五条规定的执行措施后，被执行人仍不能偿还债务的，应当继续履行义务。债权人发现被执行人有其他财产的，可以随时请求人民法院执行。

（15）被执行人不履行法律文书确定的义务的，人民法院可以对其采取或者通知有关单位协助采取限制出境，在征信系统记录、通过媒体公布不履行义务信息以及法律规定的其他措施。

三、诉讼策略和技巧

打官司不仅仅是双方当事人客观事实的较量、法律依据的对比、证据论证的对抗，而是一种需要权衡、分析、取舍、归纳、演绎、推理、虚虚实实、真真假假的高层次的综合智力劳动，所以，诉讼活动也是一种离不开智慧、策略的活动。

这样，打官司与战争之间存在许多类似、相通的现象，这就决定了《孙子兵法》所揭示的用兵作战的克敌制胜的谋略，可以借鉴为诉讼、谈判的谋略。

（一）"知彼知己"的胜算谋略

《孙子兵法》"计篇"曰："未战而庙算胜者，得算多也；未战而庙算不胜者，得算少也。多算胜少算，而况于无算乎！"[①]

战争是关系着国家安危存亡的大事，因此，孙武提出在战争前对战争的双方从"五事""七计"的角度，进行对比衡量，以此达到"知彼知己"，实现己方的"百战不殆"，可见"庙算"对战争的重要性。对企业法律顾问来说，在代理企业诉讼前，也应该按照"庙算"的谋略原理，对双方当事人、对手可能拥有的事实根据、可能掌握的证据、适用的法律依据，甚至各自的关系背

---

① 参见《孙子兵法》，陈曦译注，中华书局 2011 年版，第 16 页。

景，乃至各自的经济实力，各自的法律意识水平，进行对比衡量，甚至案件的承办法官的法律水平、人品层次、法律思维的能力，做到心中有数，"知彼知己"，并有针对性地弥补己方的缺陷、不足，对对方当事人、对手可能采取的应对策略，预先设置破解方案，以及应急预案，"出"对方"所不趋"，"趋"对方"所不意"，以实现"能自保而全胜"的完美结果。

《孙子兵法》"九变篇"曰："是故智者之虑，必杂于利害，杂于利，而务可信也，杂于害，而患可解也"①，应该是对"庙算"所作的补充阐释，也是对企业法律顾问诉讼工作之初进行"庙算"提出的具体要求，意思是企业法律顾问对自己负责的诉讼事务，应当预先从胜诉、败诉，有利、不利，成功、失败的"利""害"两个角度，进行分析、估量，力争实现"合于利而动，不合于利而止"，"非利不动，非得不用"。

（二）"以正合，以奇胜"的诉讼谋略

《孙子兵法》"势篇"曰："凡战者，以正合，以奇胜。"② 按照一般对兵法的解释，"以正合"指的是在战争中面对面的阵地战，是突出武力比拼、正面搏杀的正规作战方式，而阵地战之外的偷袭战、侧击战、包抄战、迂回战、分割战等，则属于"不按套路出牌"的奇袭战，并以此获得战争的胜利，属于"以奇胜"的谋略。

简而言之，把"以正合，以奇胜"的战争谋略，用于企业的诉讼工作，指的是企业在法庭上与对方当事人面对面的针锋相对、唇枪舌剑，乃至强词夺理、互相攻讦，以及谈判桌上的"寸土不让"，据理力争，属于企业诉讼工作的正规、正常工作方式，属于"以正合"的部分，而通过法庭外、谈判桌外的斡旋，以及利用不同的权威部门，乃至权威人物、关系人物、合作伙伴对对方当事人、对手的影响、渗透、制约，并最终获得己方当事人满意的诉讼结局或者谈判结果，则是属于"以奇胜"的谋略内容。可见，奇、正结合的谋略，是企业诉讼工作的必选谋略。

面对法律规定和存在的客观事实，有的官司一定要输，不过，在法庭之

---

① 参见《孙子兵法》，陈曦译注，中华书局 2011 年版，第 146 页。
② 参见《孙子兵法》，陈曦译注，中华书局 2011 年版，第 77 页。

外、仲裁庭之外，选择灵活、恰当的方式，采取"对症下药"的措施，化解对方当事人、对手的起诉或者答辩，正是《孙子兵法》告诉企业用于诉讼工作的"以正合，以奇胜"的胜算谋略。

（三）"避实而击虚"，重点突破的诉讼谋略

《孙子兵法》"虚实篇"曰："夫兵形象水，水之形，避高而趋下；兵之形，避实而击虚。"① 意思是说，用兵作战的方式像水的运动规律一样，水的流动是避开高处向低处奔流，用兵作战的方式是避开敌人兵力坚实的地方，而去攻击敌人兵力薄弱的地方。这里，孙子提出了用兵作战的一个重要谋略，就是"避实击虚"。"避实击虚"之所以成为克敌制胜的谋略，是因为敌人的虚弱之处总是容易被进攻、被击溃，这样，"虚"破则"实"损，敌人最终就由"实"变"虚"，走向失败。其实，在企业的诉讼工作中，"避实击虚"向来都是常用的一个诉讼谋略。

在诉讼中，作为"对阵"的双方当事人，用作己方"武器"攻击对方的不是"公说公有理""婆说婆有理"，而是己方手中掌握的用以证明己方诉求、主张、事实与理由正确、合法的证据和法律依据，而且，也只有己方的证据充足、法律依据正确，己方的诉求、主张才能够得到法院的支持。这样，作为相对方要想胜诉，或者打败对方，除准备好充分的证据，包括书证、物证、视听资料、证人证言、鉴定意见等，以及全面、准确、恰当、合适的法律依据，包括国家的法律、行政法规、部门法规、地方性法律法规、司法解释，以及国家政策等之外，更重要的工作就是寻找对方证据的缺漏，以及适用法律法规的不正确、不适当，以证明对方的诉求、主张证据不足，或者没有法律依据。这样，在企业诉讼工作中，寻找、攻击、论证对方证据缺漏，对方适用法律法规不正确、不适当，或者缺乏法律依据，就是在攻击对方的"虚弱"之处。

譬如，某汽车运输公司起诉司机宋某单方终止货车营运承包合同的案件，要求宋某支付一年的承包费 24 万元。面对宋某与运输公司签订的《承包合同》，面临败诉的宋某，向企业法律顾问诉说苦衷：自己承包的车辆车况很差，经常维修，因此，一年之中没有几个月可以营运，勉强挣的钱全部用于了维

---

① 参见《孙子兵法》，陈曦译注，中华书局 2011 年版，第 110 页。

修。于是，他多次向公司提出解除承包合同，但公司不答应，并且在合同到期之后，起诉他要求支付巨额承包费。

对案件来说，宋某与运输公司签订的《承包合同》，真实、合法，无法质疑，这是运输公司在官司中"坚实"的部分，宋某难以正面攻破，这样，如果仅仅从合同的形式上讲，宋某就难以摆脱支付承包费的败诉结局。

不过，企业法律顾问按照宋某对车辆的描述，发现了运输公司可能存在的"弱点"，就是车辆的车况。于是，企业法律顾问多次咨询有关部门、专家，便基本推定宋某承包的车辆应该属于已经报废的车辆。这样，企业法律顾问果断申请法院对宋某承包的车辆，在承包期内是否已经属于应该被强制报废进行鉴定。结果正如推测，运输公司和宋某签订《承包合同》时，车辆就应该报废。于是，按照这份鉴定结论，法院认定运输公司和宋某签订的《承包合同》属于无效合同，宋某无须向运输公司支付任何承包费。

从策略上说，不去正面攻击宋某和运输公司签订的《承包合同》这个属于运输公司掌握的"坚实"的证据，而是选择了攻击车辆属于报废车辆，运输公司没法改变、也没法得到法律支持的这个"弱点"，所以，运输公司无力招架，宋某便赢得了案件的胜诉。

《孙子兵法》"虚实篇"曰："进而不可御者，冲其虚也"[①]，进一步说明了"避实而击虚"这个克敌制胜的谋略在诉讼工作中的实用性、必要性。

（四）"胜兵先胜而后求战"，"不打无把握之仗"的诉讼谋略

不打无把握之仗，从《孙子兵法》"形篇"的话说，就是"胜兵先胜而后求战"[②]，意思是说胜利的军队总是首先具备了战胜敌人的条件，已经胜券在握、有把握战胜敌人了，才出兵战胜敌人。

对诉讼来说，这个用兵作战、避免失败的军事谋略，对避免发生不必要的败诉案件，极为重要。

现实中，一些个人、企业或者其他组织在己方的权益受到别人的侵犯或者发生纷争时，这些个人或者企业、其他组织的负责人，在经过谈判、调解等方

---

① 参见《孙子兵法》，陈曦译注，中华书局2011年版，第98页。
② 参见《孙子兵法》，陈曦译注，中华书局2011年版，第64页。

式没法了结纠纷时，往往意气用事，在客观事实没有完全查清、证据材料没有准备充足、法律依据没有查找完备、外部条件没有准备充分时，为了"灭敌人的威风，长自己的志气"，就把对方告上法庭，或者个别个人、企业或者其他组织，限于法律知识的缺陷，不了解己方拥有的证据资料是否完备，不知晓己方准备的法律资料是否充足、恰当，就贸然提起诉讼，结果在面对对方当事人有理有据、针锋相对的辩驳时，面临左支右绌的困难境地。在这些情况下，打官司的结果往往败诉多于侥幸的胜诉，正如"谋攻篇"所说"不知彼而知己，一胜一负；不知彼不知己，百战必殆"，以及"地形篇"所说"知吾卒之可以击，而不知敌之不可击，胜之半也；知敌之可击，而不知吾卒之不可以击，胜之半也；知敌之可击，知吾卒之可以击，而不知地形之不可以战，胜之半也"的胜负难料、胜负参半的结局。因此，企业应该懂得"胜兵先胜而后求战"这个用兵作战的道理。

现实中这样的事例很多，无数个原告败诉的案件，无不从另一个角度说明了"胜兵先胜而后求战""不打无把握之仗"这个谋略的正确性，而无数个原告胜诉的案件，更是从正面论证了"胜兵先胜而后求战""不打无把握之仗"这个谋略的真理性，因此，"胜兵先胜而后求战""不打无把握之仗"的克敌制胜的谋略是企业诉讼工作的一个重要的谋略。

（五）"不战而屈人之兵"，协调为上的诉讼谋略

在孙武眼中，解决国家之间的争端，有四种制胜的手段，分别是"伐谋""伐交""伐兵""攻城"，而"伐兵""攻城"则属于"钝兵挫锐、屈力殚货"的下策，所以，《孙子兵法》在"谋攻篇"[①] 中提到，"百战百胜，非善之善者也；不战而屈人之兵，善之善者也"，"故上兵伐谋，其次伐交，其次伐兵，其下攻城。攻城之法，为不得已"的全胜谋略观点。

对企业法律工作来说，"不战而屈人之兵"的全胜谋略也应该成为企业法律工作中"善之善者"的重要谋略。

"司法是维护社会正义的最后一道屏障"，用通俗的话解释，就是说打官司是人们寻求社会的公平、正义，实现自己的合法权利、排除不法侵犯的最后一

---

① 参见《孙子兵法》，陈曦译注，中华书局2011年版，第37页。

个途径。显然，人们之所以走上打官司乃至仲裁的法律途径解决自己面临的纠纷，实现自己认为"合情合理合法"的权利主张，是在经过协商、谈判、调解等"和平"的方式不能解决问题的情况下，别无选择，"逼上梁山"，正如《孙子兵法》所说的"攻城之法，为不得已"。正如许多原告、申请人的民事起诉书、仲裁申请书所说的类似一段话：对方如何违背法律规定、如何违背合同约定侵犯己方的合法权益，但对方总是拒绝承担责任，于是被逼无奈通过法院、仲裁机关起诉、仲裁以实现己方的权利。由此可见，通过诉讼打官司的途径解决纠纷，并不是当事人的首要选择。因此，企业在处理法律事务时，需要审慎选择争议解决方式，判断是否把打官司当作解决纠纷的首要选择的途径，而应该建议或坚持通过既可以节省时间、节省费用，还可以保守双方当事人有关秘密，可以维持双方当事人合作、和睦的友好关系，又不妨碍采取其他法律途径解决纠纷的协商方式以及调解方式处理企业面临的纠纷。

其实，无数案例已经证明，《孙子兵法》提出的"不战而屈人之兵""伐谋""伐交"的克敌制胜的全胜谋略，也是企业成功解决纠纷的最佳谋略。

（六）"无所不用间"的调查取证诉讼谋略

无数的案例说明，对方当事人或者对手掌握的一些资料，也就是对己方当事人十分重要的证据，己方往往难以掌握。于是，己方就难以证明对手或者对方当事人侵犯己方权益的事实，因而难以打赢官司，或者打赢官司后难以执行对方当事人的财产。在这种情况下，尽管可以利用"当事人及其诉讼代理人因客观原因不能自行收集的证据，或者人民法院认为审理案件需要的证据，人民法院应当调查收集"的规定，申请人民法院调查收集有关证据，但往往也是因为对方当事人，或者有关部门故意设置障碍而没法获取。

其实，在这种情况下，《孙子兵法》已经给予了我们获取对方当事人有关资料的措施，就是"用间篇"告诉我们利用"间谍"的方式，所以，为顺利解决错综复杂的法律事务纠纷，应该熟悉并熟练运用"用间篇"给予我们获取对方当事人资料的谋略，调查、获取证据，以最大限度地保护己方当事人的合法权益。

《孙子兵法》"用间篇"曰："故用间有五：有因间、有内间、有反间、有死间、有生间。五间俱起，莫知其道，是谓神纪，人君之宝也。因间者，因其乡人而用之；内间者，因其官人而用之；反间者，因其敌间而用之；死间者，为诳事于外，令吾闻知之而传于敌间也；生间者，反报也。"① 不过，企业根本不必要使用什么"死间"，而只要利用"因间""内间""反间""生间"，即利用对方当事人的"同乡"做己方当事人的"间谍"、利用对方当事人内部的"官吏"做己方当事人的"间谍"、利用对方当事人的"间谍"成为己方当事人的"间谍"、安排自己的工作人员去"侦察""调查"对方当事人的证据资料，然后把证据资料带回来。

譬如，在己方无法获取对方当事人真实账户、存款，即使打赢官司也可能难以顺利执行到对方款项，己方的权利难以落实的情况下，采取一定的方式，利用"内间者，因其官人而用之"的策略，利用对方当事人的财会人员掌握对方当事人的真实账户，账户上的存款，这样就可以申请法院采取诉讼保全的法律措施，进行查封、冻结，以保证案件判决之后顺利执行，最终实现维护己方当事人合法权益的目的。

任何人不能否认，《孙子兵法》告诉人们的"用间""无所不用间"的谋略，确实是企业屡试不爽的调查取证诉讼谋略之一。

作为企业合同管理人员，要始终牢记：事先的预防强于事后的补救。

第二节 仲 裁

合同纠纷发生后，合同主体依据合同中的仲裁条款或者事后达成的仲裁合同向仲裁委员会申请仲裁，由仲裁委员会依法审理作出仲裁裁决的过程叫作仲裁。

仲裁作为一种解决民事纠纷的重要方式，在世界范围内被广泛采用。《仲裁法》第二条规定："平等主体的公民、法人和其他组织之间发生的合同纠纷和其他财产权益纠纷，可以仲裁。"

这里以 2015 年 1 月 1 日生效的《中国国际经济贸易仲裁委员会仲裁规则》（以下简称《贸仲仲裁规则》）为例，介绍一下主要的仲裁程序。

---

① 参见《孙子兵法》，陈曦译注，中华书局 2011 年版，第 235 页。

一、申请仲裁

根据《贸仲仲裁规则》第十二条的规定，当事人依据《贸仲仲裁规则》申请仲裁时应：

（一）提交由申请人或申请人授权的代理人签名及/或盖章的仲裁申请书。仲裁申请书应写明：

1. 申请人和被申请人的名称和住所，包括邮政编码、电话、传真、电子邮箱或其他电子通信方式；

2. 申请仲裁所依据的仲裁协议；

3. 案情和争议要点；

4. 申请人的仲裁请求；

5. 仲裁请求所依据的事实和理由。

（二）在提交仲裁申请书时，附具申请人请求所依据的证据材料以及其他证明文件。

（三）按照仲裁委员会制定的仲裁费用表的规定预缴仲裁费。

二、案件受理

根据《贸仲仲裁规则》第十三条的规定，案件的受理程序如下：

（一）仲裁委员会根据当事人在争议发生之前或在争议发生之后达成的将争议提交仲裁委员会仲裁的仲裁协议和一方当事人的书面申请，受理案件。

（二）仲裁委员会仲裁院收到申请人的仲裁申请书及其附件后，经审查，认为申请仲裁的手续完备的，应将仲裁通知、仲裁委员会仲裁规则和仲裁员名册各一份发送给双方当事人；申请人的仲裁申请书及其附件也应同时发送给被申请人。

（三）仲裁委员会仲裁院经审查认为申请仲裁的手续不完备的，可以要求申请人在一定的期限内予以完备。申请人未能在规定期限内完备申请仲裁手续的，视同申请人未提出仲裁申请；申请人的仲裁申请书及其附件，仲裁委员会仲裁院不予留存。

（四）仲裁委员会受理案件后，仲裁委员会仲裁院应指定一名案件秘书协助仲裁案件的程序管理。

三、答辩

根据《贸仲仲裁规则》第十五条的规定，答辩流程如下：

（一）被申请人应自收到仲裁通知后 45 天内提交答辩书。被申请人确有正当理由请求延长提交答辩期限的，由仲裁庭决定是否延长答辩期限；仲裁庭尚未组成的，由仲裁委员会仲裁院作出决定。

（二）答辩书由被申请人或被申请人授权的代理人签名及/或盖章，并应包括下列内容及附件：

1. 被申请人的名称和住所，包括邮政编码、电话、传真、电子邮箱或其他电子通信方式；

2. 对仲裁申请书的答辩及所依据的事实和理由；

3. 答辩所依据的证据材料以及其他证明文件。

（三）仲裁庭有权决定是否接受逾期提交的答辩书。

（四）被申请人未提交答辩书，不影响仲裁程序的进行。

四、反请求

根据《贸仲仲裁规则》第十六条的规定，提出反请求的程序如下：

（一）被申请人如有反请求，应自收到仲裁通知后 45 天内以书面形式提交。被申请人确有正当理由请求延长提交反请求期限的，由仲裁庭决定是否延长反请求期限；仲裁庭尚未组成的，由仲裁委员会仲裁院作出决定。

（二）被申请人提出反请求时，应在其反请求申请书中写明具体的反请求事项及其所依据的事实和理由，并附具有关的证据材料以及其他证明文件。

（三）被申请人提出反请求，应按照仲裁委员会制定的仲裁费用表在规定的时间内预缴仲裁费。被申请人未按期缴纳反请求仲裁费的，视同未提出反请求申请。

（四）仲裁委员会仲裁院认为被申请人提出反请求的手续已完备的，应向双方当事人发出反请求受理通知。申请人应在收到反请求受理通知后 30 天内针对被申请人的反请求提交答辩。申请人确有正当理由请求延长提交答辩期限的，由仲裁庭决定是否延长答辩期限；仲裁庭尚未组成的，由仲裁委员会仲裁院作出决定。

（五）仲裁庭有权决定是否接受逾期提交的反请求和反请求答辩书。

（六）申请人对被申请人的反请求未提出书面答辩的，不影响仲裁程序的进行。

五、组庭

根据《贸仲仲裁规则》第二十五条至第三十四条的规定，组庭有关要求如下。

（一）仲裁庭的人数

1. 仲裁庭由一名或三名仲裁员组成。

2. 除非当事人另有约定或《贸仲仲裁规则》另有规定，仲裁庭由三名仲裁员组成。

（二）仲裁员的选定或指定

1. 仲裁委员会制定统一适用于仲裁委员会及其分会/仲裁中心的仲裁员名册；当事人从仲裁委员会制定的仲裁员名册中选定仲裁员。

2. 当事人约定在仲裁委员会仲裁员名册之外选定仲裁员的，当事人选定的或根据当事人约定指定的人士经仲裁委员会主任确认后可以担任仲裁员。

（三）三人仲裁庭的组成

1. 申请人和被申请人应各自在收到仲裁通知后15天内选定或委托仲裁委员会主任指定一名仲裁员。当事人未在上述期限内选定或委托仲裁委员会主任指定的，由仲裁委员会主任指定。

2. 第三名仲裁员由双方当事人在被申请人收到仲裁通知后15天内共同选定或共同委托仲裁委员会主任指定。第三名仲裁员为仲裁庭的首席仲裁员。

3. 双方当事人可以各自推荐一至五名候选人作为首席仲裁员人选，并按照上述第二款规定的期限提交推荐名单。双方当事人的推荐名单中有一名人选相同的，该人选为双方当事人共同选定的首席仲裁员；有一名以上人选相同的，由仲裁委员会主任根据案件的具体情况在相同人选中确定一名首席仲裁员，该名首席仲裁员仍为双方共同选定的首席仲裁员；推荐名单中没有相同人选时，由仲裁委员会主任指定首席仲裁员。

4. 双方当事人未能按照上述规定共同选定首席仲裁员的，由仲裁委员会主任指定首席仲裁员。

（四）独任仲裁庭的组成

仲裁庭由一名仲裁员组成的，按照《贸仲仲裁规则》第二十七条第（二）、（三）、（四）款规定的程序，选定或指定独任仲裁员。

（五）多方当事人仲裁庭的组成

1. 仲裁案件有两个或两个以上申请人及/或被申请人时，申请人方及/或被申请人方应各自协商，各方共同选定或共同委托仲裁委员会主任指定一名仲裁员。

2. 首席仲裁员或独任仲裁员应按照《贸仲仲裁规则》第二十七条第二、三、四款规定的程序选定或指定。申请人方及/或被申请人方按照《贸仲仲裁规则》第二十七条第三款的规定选定首席仲裁员或独任仲裁员时，应各方共同协商，提交各方共同选定的候选人名单。

3. 如果申请人方及/或被申请人方未能在收到仲裁通知后 15 天内各方共同选定或各方共同委托仲裁委员会主任指定一名仲裁员，则由仲裁委员会主任指定仲裁庭三名仲裁员，并从中确定一人担任首席仲裁员。

（六）指定仲裁员的考虑因素

仲裁委员会主任根据《贸仲仲裁规则》的规定指定仲裁员时，应考虑争议的适用法律、仲裁地、仲裁语言、当事人国籍，以及仲裁委员会主任认为应考虑的其他因素。

（七）披露

1. 被选定或被指定的仲裁员应签署声明书，披露可能引起对其公正性和独立性产生合理怀疑的任何事实或情况。

2. 在仲裁程序中出现应披露情形的，仲裁员应立即书面披露。

3. 仲裁员的声明书及/或披露的信息应提交仲裁委员会仲裁院并转交各方当事人。

（八）仲裁员的回避

1. 当事人收到仲裁员的声明书及/或书面披露后，如果以披露的事实或情况为理由要求该仲裁员回避，则应于收到仲裁员的书面披露后 10 天内书面提出。逾期没有申请回避的，不得以仲裁员曾经披露的事项为由申请该仲裁员回避。

2. 当事人对被选定或被指定的仲裁员的公正性和独立性产生具有正当理由的怀疑时，可以书面提出要求该仲裁员回避的请求，但应说明提出回避请求所依据的具体事实和理由，并举证。

3. 对仲裁员的回避请求应在收到组庭通知后 15 天内以书面形式提出；在此之后得知要求回避事由的，可以在得知回避事由后 15 天内提出，但不应晚于最后一次开庭终结。

4. 当事人的回避请求应当立即转交另一方当事人、被请求回避的仲裁员及仲裁庭其他成员。

5. 如果一方当事人请求仲裁员回避，另一方当事人同意回避请求，或被请求回避的仲裁员主动提出不再担任该仲裁案件的仲裁员，则该仲裁员不再担任仲裁员审理本案。上述情形并不表示当事人提出回避的理由成立。

6. 除上述第五款规定的情形外，仲裁员是否回避，由仲裁委员会主任作出终局决定并可以不说明理由。

7. 在仲裁委员会主任就仲裁员是否回避作出决定前，被请求回避的仲裁员应继续履行职责。

（九）仲裁员的更换

1. 仲裁员在法律上或事实上不能履行职责，或没有按照《贸仲仲裁规则》的要求或在《贸仲仲裁规则》规定的期限内履行应尽职责时，仲裁委员会主任有权决定将其更换；该仲裁员也可以主动申请不再担任仲裁员。

2. 是否更换仲裁员，由仲裁委员会主任作出终局决定并可以不说明理由。

3. 在仲裁员因回避或更换不能履行职责时，应按照原选定或指定仲裁员的方式在仲裁委员会仲裁院规定的期限内选定或指定替代的仲裁员。当事人未选定或指定替代仲裁员的，由仲裁委员会主任指定替代的仲裁员。

4. 重新选定或指定仲裁员后，由仲裁庭决定是否重新审理及重新审理的范围。

（十）多数仲裁员继续仲裁程序

最后一次开庭终结后，如果三人仲裁庭中的一名仲裁员因死亡或被除名等情形而不能参加合议及/或作出裁决，另外两名仲裁员可以请求仲裁委员会主任按照第三十三条的规定更换该仲裁员；在征求双方当事人意见并经仲裁委员会主任同意后，该两名仲裁员也可以继续进行仲裁程序，作出决定或裁决。仲裁委员会仲裁院应将上述情况通知双方当事人。

六、审理

根据《贸仲仲裁规则》第三十五条至第四十七条的规定，审理有关要求如下。

（一）审理方式

1. 除非当事人另有约定，仲裁庭可以按照其认为适当的方式审理案件。在任何情形下，仲裁庭均应公平和公正地行事，给予双方当事人陈述与辩论的合理机会。

2. 仲裁庭应开庭审理案件，但双方当事人约定并经仲裁庭同意或仲裁庭认为不必开庭审理并征得双方当事人同意的，可以只依据书面文件进行审理。

3. 除非当事人另有约定，仲裁庭可以根据案件的具体情况采用询问式或辩论式的庭审方式审理案件。

4. 仲裁庭可以在其认为适当的地点以其认为适当的方式进行合议。

5. 除非当事人另有约定，仲裁庭认为必要时可以就所审理的案件发布程序令、发出问题单、制作审理范围书、举行庭前会议等。经仲裁庭其他成员授权，首席仲裁员可以单独就仲裁案件的程序安排作出决定。

（二）开庭地

1. 当事人约定了开庭地点的，仲裁案件的开庭审理应当在约定的地点进行，但出现《贸仲仲裁规则》第八十二条第三款规定的情形的除外。

2. 除非当事人另有约定，由仲裁委员会仲裁院或其分会/仲裁中心仲裁院管理的案件应分别在北京或分会/仲裁中心所在地开庭审理；如仲裁庭认为必要，经仲裁委员会仲裁院院长同意，也可以在其他地点开庭审理。

（三）开庭通知

1. 开庭审理的案件，仲裁庭确定第一次开庭日期后，应不晚于开庭前 20 天将开庭日期通知双方当事人。当事人有正当理由的，可以请求延期开庭，但应于收到开庭通知后 5 天内提出书面延期申请；是否延期，由仲裁庭决定。

2. 当事人有正当理由未能按上述第一款规定提出延期开庭申请的，是否接受其延期申请，由仲裁庭决定。

3. 再次开庭审理的日期及延期后开庭审理日期的通知及其延期申请，不受上述第一款期限的限制。

（四）保密

1. 仲裁庭审理案件不公开进行。双方当事人要求公开审理的，由仲裁庭决定是否公开审理。

2. 不公开审理的案件，双方当事人及其仲裁代理人、仲裁员、证人、翻译、仲裁庭咨询的专家和指定的鉴定人，以及其他有关人员，均不得对外界透露案件实体和程序的有关情况。

（五）当事人缺席

1. 申请人无正当理由开庭时不到庭的，或在开庭审理时未经仲裁庭许可中途退庭的，可以视为撤回仲裁申请；被申请人提出反请求的，不影响仲裁庭就反请求进行审理，并作出裁决。

2. 被申请人无正当理由开庭时不到庭的，或在开庭审理时未经仲裁庭许可中途退庭的，仲裁庭可以进行缺席审理并作出裁决；被申请人提出反请求的，可以视为撤回反请求。

（六）庭审笔录

1. 开庭审理时，仲裁庭可以制作庭审笔录及/或影音记录。仲裁庭认为必要时，可以制作庭审要点，并要求当事人及/或其代理人、证人及/或其他有关人员在庭审笔录或庭审要点上签字或盖章。

2. 庭审笔录、庭审要点和影音记录供仲裁庭查用。

3. 应一方当事人申请，仲裁委员会仲裁员视案件具体情况可以决定聘请速录人员速录庭审笔录，当事人应当预交由此产生的费用。

（七）举证

1. 当事人应对其申请、答辩和反请求所依据的事实提供证据加以证明，对其主张、辩论及抗辩要点提供依据。

2. 仲裁庭可以规定当事人提交证据的期限。当事人应在规定的期限内提交证据。逾期提交的，仲裁庭可以不予接受。当事人在举证期限内提交证据材料确有困难的，可以在期限届满前申请延长举证期限。是否延长，由仲裁庭决定。

3. 当事人未能在规定的期限内提交证据，或虽提交证据但不足以证明其主张的，负有举证责任的当事人承担因此产生的后果。

（八）质证

1. 开庭审理的案件，证据应在开庭时出示，当事人可以质证。

2. 对于书面审理的案件的证据材料，或对于开庭后提交的证据材料且当事人同意书面质证的，可以进行书面质证。书面质证时，当事人应在仲裁庭规定的期限内提交书面质证意见。

（九）仲裁庭调查取证

1. 仲裁庭认为必要时，可以调查事实，收集证据。

2. 仲裁庭调查事实、收集证据时，可以通知当事人到场。经通知，一方或双方当事人不到场的，不影响仲裁庭调查事实和收集证据。

3. 仲裁庭调查收集的证据，应转交当事人，给予当事人提出意见的机会。

（十）专家报告及鉴定报告

1. 仲裁庭可以就案件中的专门问题向专家咨询或指定鉴定人进行鉴定。专家和鉴定人可以是中国或外国的机构或自然人。

2. 仲裁庭有权要求当事人、当事人也有义务向专家或鉴定人提供或出示任何有关资料、文件或财产、实物，以供专家或鉴定人审阅、检验或鉴定。

3. 专家报告和鉴定报告的副本应转交当事人，给予当事人提出意见的机会。一方当事人要求专家或鉴定人参加开庭的，经仲裁庭同意，专家或鉴定人应参加开庭，并在仲裁庭认为必要时就所作出的报告进行解释。

（十一）程序中止

1. 双方当事人共同或分别请求中止仲裁程序，或出现其他需要中止仲裁程序的情形的，仲裁程序可以中止。

2. 中止程序的原因消失或中止程序期满后，仲裁程序恢复进行。

3. 仲裁程序的中止及恢复，由仲裁庭决定；仲裁庭尚未组成的，由仲裁委员会仲裁院院长决定。

（十二）撤回申请和撤销案件

1. 当事人可以撤回全部仲裁请求或全部仲裁反请求。申请人撤回全部仲裁请求的，不影响仲裁庭就被申请人的仲裁反请求进行审理和裁决。被申请人撤回全部仲裁反请求的，不影响仲裁庭就申请人的仲裁请求进行审理和裁决。

2. 因当事人自身原因致使仲裁程序不能进行的，可以视为其撤回仲裁请求。

3. 仲裁请求和反请求全部撤回的，案件可以撤销。在仲裁庭组成前撤销案件的，由仲裁委员会仲裁院院长作出撤案决定；仲裁庭组成后撤销案件的，由仲裁庭作出撤案决定。

4. 上述第三款及《贸仲仲裁规则》第六条第七款所述撤案决定应加盖"中国国际经济贸易仲裁委员会"印章。

（十三）仲裁与调解相结合

1. 双方当事人有调解愿望的，或一方当事人有调解愿望并经仲裁庭征得另一方当事人同意的，仲裁庭可以在仲裁程序中对案件进行调解。双方当事人也可以自行和解。

2. 仲裁庭在征得双方当事人同意后可以按照其认为适当的方式进行调解。

3. 调解过程中，任何一方当事人提出终止调解或仲裁庭认为已无调解成功的可能时，仲裁庭应终止调解。

4. 双方当事人经仲裁庭调解达成和解或自行和解的，应签订和解协议。

5. 当事人经调解达成或自行达成和解协议的，可以撤回仲裁请求或反请求，也可以请求仲裁庭根据当事人和解协议的内容作出裁决书或制作调解书。

6. 当事人请求制作调解书的，调解书应当写明仲裁请求和当事人书面和解协议的内容，由仲裁员署名，并加盖"中国国际经济贸易仲裁委员会"印章，送达双方当事人。

7. 调解不成功的，仲裁庭应当继续进行仲裁程序并作出裁决。

8. 当事人有调解愿望但不愿在仲裁庭主持下进行调解的，经双方当事人同意，仲裁委员会可以协助当事人以适当的方式和程序进行调解。

9. 如果调解不成功，任何一方当事人均不得在其后的仲裁程序、司法程序和其他任何程序中援引对方当事人或仲裁庭在调解过程中曾发表的意见、提出的观点、作出的陈述、表示认同或否定的建议或主张作为其请求、答辩或反请求的依据。

10. 当事人在仲裁程序开始之前自行达成或经调解达成和解协议的，可以依据由仲裁委员会仲裁的仲裁协议及其和解协议，请求仲裁委员会组成仲裁庭，按照和解协议的内容作出仲裁裁决。除非当事人另有约定，仲裁委员会主任指定一名独任仲裁员成立仲裁庭，由仲裁庭按照其认为适当的程序进行审理并作出裁决。具体程序和期限，不受《贸仲仲裁规则》其他条款关于程序和期限的限制。

七、裁决

根据《贸仲仲裁规则》第四十八条至第五十五条的规定，裁决有关要求如下。

（一）作出裁决的期限

1. 仲裁庭应在组庭后 6 个月内作出裁决书。

2. 经仲裁庭请求，仲裁委员会仲裁院院长认为确有正当理由和必要的，可以延长该期限。

3. 程序中止的期间不计入上述第一款规定的裁决期限。

（二）裁决的作出

1. 仲裁庭应当根据事实和合同约定，依照法律规定，参考国际惯例，公平合理、独立公正地作出裁决。

2. 当事人对于案件实体适用法有约定的，从其约定。当事人没有约定或其约定与法律强制性规定相抵触的，由仲裁庭决定案件实体的法律适用。

3. 仲裁庭在裁决书中应写明仲裁请求、争议事实、裁决理由、裁决结果、仲裁费用的承担、裁决的日期和地点。当事人协议不写明争议事实和裁决理由的，以及按照双方当事人和解协议的内容作出裁决书的，可以不写明争议事实和裁决理由。仲裁庭有权在裁决书中确定当事人履行裁决的具体期限及逾期履行所应承担的责任。

4. 裁决书应加盖"中国国际经济贸易仲裁委员会"印章。

5. 由三名仲裁员组成的仲裁庭审理的案件，裁决依全体仲裁员或多数仲裁员的意见作出。少数仲裁员的书面意见应附卷，并可以附在裁决书后，该书面意见不构成裁决书的组成部分。

6. 仲裁庭不能形成多数意见的，裁决依首席仲裁员的意见作出。其他仲裁员的书面意见应附卷，并可以附在裁决书后，该书面意见不构成裁决书的组成部分。

7. 除非裁决依首席仲裁员意见或独任仲裁员意见作出并由其署名，裁决书应由多数仲裁员署名。持有不同意见的仲裁员可以在裁决书上署名，也可以不署名。

8. 作出裁决书的日期，即为裁决发生法律效力的日期。

9. 裁决是终局的，对双方当事人均有约束力。任何一方当事人均不得向法院起诉，也不得向其他任何机构提出变更仲裁裁决的请求。

（三）部分裁决

1. 仲裁庭认为必要或当事人提出请求并经仲裁庭同意的，仲裁庭可以在作出最终裁决之前，就当事人的某些请求事项先行作出部分裁决。部分裁决是终局的，对双方当事人均有约束力。

2. 一方当事人不履行部分裁决，不影响仲裁程序的继续进行，也不影响仲裁庭作出最终裁决。

（四）裁决书草案的核阅

仲裁庭应在签署裁决书之前将裁决书草案提交仲裁委员会核阅。在不影响仲裁庭独立裁决的情况下，仲裁委员会可以就裁决书的有关问题提请仲裁庭注意。

（五）费用承担

1. 仲裁庭有权在裁决书中裁定当事人最终应向仲裁委员会支付的仲裁费和其他费用。

2. 仲裁庭有权根据案件的具体情况在裁决书中裁定败诉方应补偿胜诉方因办理案件而支出的合理费用。仲裁庭裁定败诉方补偿胜诉方因办理案件而支出的费用是否合理时，应具体考虑案件的裁决结果、复杂程度、胜诉方当事人及/或代理人的实际工作量以及案件的争议金额等因素。

（六）裁决书的更正

1. 仲裁庭可以在发出裁决书后的合理时间内自行以书面形式对裁决书中的书写、打印、计算上的错误或其他类似性质的错误作出更正。

2. 任何一方当事人均可以在收到裁决书后 30 天内就裁决书中的书写、打印、计算上的错误或其他类似性质的错误，书面申请仲裁庭作出更正；如确有错误，仲裁庭应在收到书面申请后 30 天内作出书面更正。

3. 上述书面更正构成裁决书的组成部分，应适用《贸仲仲裁规则》第四十九条第四款至第九款的规定。

（七）补充裁决

1. 如果裁决书中有遗漏事项，仲裁庭可以在发出裁决书后的合理时间内自行作出补充裁决。

2. 任何一方当事人可以在收到裁决书后 30 天内以书面形式请求仲裁庭就裁决书中遗漏的事项作出补充裁决；如确有漏裁事项，仲裁庭应在收到上述书面申请后 30 天内作出补充裁决。

3. 该补充裁决构成裁决书的一部分，应适用《贸仲仲裁规则》第四十九条第四款至第九款的规定。

（八）裁决的履行

1. 当事人应依照裁决书写明的期限履行仲裁裁决；裁决书未写明履行期限的，应立即履行。

2. 一方当事人不履行裁决的，另一方当事人可以依法向有管辖权的法院申请执行。

仲裁是在国际商务合作中常用的合同纠纷争议解决程序，为了避免当事人一方所在国家的法院在审理中带有倾向性，国际合作的双方往往选择在第三国进行仲裁，例如欧洲常常选择在瑞士的国际商会（The International Chamber of Commerce）仲裁委员会进行仲裁，亚洲的国际合作项目常常选择新加坡国际仲裁中心（The Singapore International Arbitration Center）进行仲裁。

国内合同纠纷在仲裁时一般也会把仲裁地点选在当事人双方都没有明显优势的第三地，以确保仲裁的公正性。

案例 19：日中合资某公司合同争议仲裁案①

〔提要〕

两申请人和被申请人签订《合资合同》，后因合资公司运作后即出现亏损，两申请人与被申请人又签订了《股东承包经营合同书》，约定由被申请人承包经营合资公司。但之后两年承包经营中合资公司并未出现扭亏为盈，被申请人亦未向合资公司交纳合同约定的承包经营指标款项。现相关主管部门已受理合资公司歇业清算手续，申请人遂要求被申请人支付项目垫付款等款项 12897748 日元并承担延期付款的法律责任。被申请人则认为，合资公司的解散登记至今没有完成，合资公司仍然存续，且申请人主张的款项系合资公司与被申请人的经常往来款，应由合资公司提出主张。仲裁庭认为，申请人并未提交充分的证据证明本案合资公司是已非存在的公司，且申请人所请求被申请人支付的款项确系发生于合资公司与被申请人之间，故驳回申请人要求被申请人返还本案仲裁请求所涉项目垫付款等款项及承担延期付款的法律责任的请求。

---

① 本案例根据作者所在律所代理的仲裁案件材料整理改写。

中国国际经济贸易仲裁委员会（以下简称仲裁委员会）上海分会根据申请人横滨××株式会社、××通商株式会社与被申请人上海××进出口公司于1990年5月25日签订的《合资合同》中的仲裁条款以及申请人于2005年2月28日提交的书面仲裁申请，受理了上述协议书项争议的仲裁案。

仲裁委员会上海分会根据《仲裁规则》规定成立以××为首席仲裁员，××和××为仲裁员的仲裁庭，审理本案。

仲裁庭分别于2005年9月28日、2006年8月17日在上海开庭审理本案。申请人与被申请人均委派仲裁代理人参加了庭审。庭审中，双方均就本案事实和法律问题作了口头陈述和辩论，就所提交的所有证据材料进行了质证，回答了仲裁庭的庭审调查提问，并进行了最终陈述。

庭审后，双方均提交了补充书面意见，仲裁委员会上海分会进行了转交。

仲裁庭于2006年10月18日作出裁决。

现将本案案情、仲裁庭意见以及裁决内容分述如下：

〔本案案情〕

1990年5月25日，两申请人作为甲方与作为乙方的被申请人共同签订了《合资合同》，并在日本注册成立合资公司。公司注册资金为2000万日元，甲、乙双方股权各持50%。

1992年3月28日，两申请人作为甲方与被申请人作为乙方共同签订了《股东承包经营合同书》（以下简称承包合同）。合同约定了承包期自1992年12月1日起至1994年11月30日止，同时对承包指标和利润分配均作了明确的约定。

此后，双方因项目垫付款等事项发生争议，申请人方遂依据合资合同中仲裁条款的规定向仲裁委员会上海分会提起仲裁，请求仲裁庭裁决：

（1）责令被申请人返还项目垫付款等款项12897748日元及承担延期付款的法律责任。

（2）本案仲裁费由被申请人承担。

申请人提出的主要事实与理由如下：

两申请人与被申请人经协商签订了合资合同，共同组建合资公司，并经合法手续在日本注册成立。根据合资公司章程和合资合同的规定，该公司属日中合资公司。

公司运作一年后，由于公司内部管理和外部市场的原因，于 1992 年 3 月出现赤字。此时，两申请人提出解除合同、歇业清算的建议。经双方协商，1992 年 3 月 28 日两申请人与被申请人签订了《股东承包经营合同书》。该承包合同为 2 年，规定被申请人第一年承包经营指标为 1000 万日元（作为补亏赤字 1000 万日元）。第二年承包经营指标为 1500 万日元（其中 300 万日元作为补亏赤字）。承包合同第三部分对承包指标和利润分配作出明确规定。但是，被申请人在两年承包经营中并未扭亏增盈，亦未向公司交纳该两年的承包经营指标款项。

承包合同结束后，合资公司恢复经营，从 1996 年 1 月至 1997 年 3 月，合资公司亏损已增加到 2100 万日元。鉴于公司面临经济困难的局面，申请人与被申请人双方对经营和财务状况进行了分析，认为：如果公司继续维持目前的经营，势必会扩大亏损，而给股东各方造成更大的损失。1997 年 6 月 17 日公司董事会作出解除合同、歇业清算的决议。1997 年 8 月合资公司正式向主管部门提出办理歇业清算手续，该申请已被受理。1998 年 4 月，合资公司在上海召开歇业清算会议，并确定被申请人应向申请人支付项目垫付款和业务佣金以及承包经营亏损金额总计约 1300 万日元。被申请人表示将会议审定报告案外人即被申请人的上级单位上海××局，一个月内通知付款日期。1998 年 5 月，案外人上海××局确认了付款报告，但被申请人以外汇管理局不予承认为由，迟迟不支付上述款项，致使合资公司至今未能结束清算，注销公司登记，以至于公司的法定费用仍在不断地发生。

根据合资公司章程规定的精神和承包合同第 11 条之规定，以及会议纪要约定和民法典律制度的规定，被申请人应向申请人支付 12897748 日元，并承担相应的延期付款违约责任。

申请人对于上述要求被申请人支付的垫付款提交了证据以支持其主张，即"应收应付款及其相抵结果汇总表"。该证据中列明了"合资公司对被申请人的未收入金，未支出金的内容"，具体如下：

1. 对被申请人的未收入金（内详）   21746154 日元

西装中介手续费   1906154 日元

港务艇"太空"诸多费用余额   8640000 日元

承包经营损失补贴金   8200000 日元（第一年）

    3000000 日元（第二年）

2. 对被申请人的未支付金（内详）   8848406 日元

佛像进口金   113720 日元

减肥茶进口金   1582500 日元

船舶早出费   7152186 日元

合资公司的债权额（未收入金）

①-②21746154-8848406＝12897748 日元

被申请人辩称：

1. 合资公司的主体资格仍然存续

涉案的合资公司依据日本法设立，具有独立的法人人格。

《日本商法典》第 404 条第 2 款规定，公司解散须经股东全会决议。而 1997 年 6 月 18 日，合资公司系以第六次董事会决议对合资公司进行清算，1997 年 6 月 19 日《关于清算的决议》亦由合资公司董事会作出。上述决定均不符合日本法律的有关规定。

同时，《日本商法典》第 427 条规定，清算事务完结时，清算人制作的决算报告书应提交股东全会承认。但合资公司的清算报告书亦未经合资公司股东全会通过。1998 年 4 月 30 日在上海举行的有关会议未有申请人方参加，不符合股东全会的成立要件，因此合资公司的清算报告并不能视为成立。再进一步而言，1998 年 4 月 30 日《会议纪要》第 1 条，中方仅表示有关清算的处理意见尚需报中方上级作答复，会议纪要并未构成中方对清算的最后意思表示。

另外，依据《日本商法典》第 96 条之规定，公司解散须在 2 周内进行解散登记，而合资公司的解散登记至今没有完成。

根据日本法律的相关规定及本案上述情形，合资公司并未根据日本法完成公司清算与解散登记，因此合资公司的法人人格并未消失，合资公司依法仍然存续。

2. 申请人无权向被申请人主张本案下的债权

申请人在仲裁申请书中亦承认，合资公司"至今未能结束清算，注销公司登记"。但其仲裁请求却为主张应由合资公司主张的债权，令人难以理解。

构成被申请人支付义务的主要项目为向合资公司支付的两个年度的承包补偿金。该等承包补偿金的产生依据主要是双方签订的承包合同。究其承包关系的实质，如果产生承包补偿金的给付，正如合资公司决算报告书中的记载，亦应发生于合资公司与被申请人之间。因此申请人无权就该款项向被申请人提出主张，另外承包合同第 13 条的规定亦可以印证这一观点。事实上申请人在仲裁申请书也承认被申请人"亦未向公司交纳该两年的承包经营指标款项"。

构成申请人主张的其他部分则更明显系合资公司与被申请人之间的日常经营往来款。亦应由合资公司提出主张。

至于申请人在仲裁请求中声称其为合资公司日常经营活动进行了垫付款，该等主张非但未见申请人提供的任何证据加以支持，且于情于法皆不能成立。合资公司成立后，已将注册资本增加至 4000 万日元，不存在资不抵债的情形。再一次引证 1997 年的合资公司决算报告书（第 8 期）的记载，直至报告出具当时，合资公司仍然有现金及预付金合计 5404496 日元，因此申请人为合资公司垫付款既无可能，也无必要。

申请人关于股东代表诉权一说也纯属无稽之谈，通观《日本商法典》关于股份公司的规定下，仅仅在第 247 条至第 252 条下有类似于我国《公司法》的撤销或宣告股东会决议无效的规定，并无股东代表诉讼的条文可以直接引用。况且，股东代表诉讼究其自身特性而言为国家公力救济，应通过向法院提起诉讼而行使，在仲裁程序中直接加以引入为各国法例闻所未闻。

综上所述，既然合资公司的法人资格并未消灭，那么申请人无权就其仲裁请求向被申请人提出主张。

3. 合资公司主张的往来款亦不为仲裁所管辖，申请人目前提出的仲裁请求，系发生于合资公司与其股东间关于承包经营及日常往来的纠纷，该等法律关系应当依据适当的法律，通过适当的争议解决途径解决，而非申请人与被申请人之间关于合资合同而产生的争议，不受合资公司补充合同仲裁条款的约束，同时申请人与被申请人之间亦未就该争议事项达成新的仲裁协议。同时，本案涉及的承包合同未对争议解决方式作出任何约定，换而言之，该合同中并未创设仲裁管辖权。因此，合资公司与被申请人之间的债权往来，并不受仲裁之管辖。

4. 合资公司针对被申请人的主张超过了日本民法下的消灭时效

合资公司或其清算人即使现在就本案下的款项支付针对被申请人提出主张，亦超过了日本法律的消灭时效。

合资公司决算报告书（第 8 期）制作于 1997 年 6 月 30 日。姑且以该日期作为合资公司债权成立之日，则关于承包补偿金给付属于以金钱给付为标的的债权，根据《日本民法典》第一百六十九条的规定，因 5 年间不行使而消灭。关于其他往来可归属于"生产人、批发商人及零售商人出卖产品或商品的代价"，根据《日本民法典》第一百七十三条之规定，因两年间不行使而消灭。

被申请人在庭后提交的代理意见中补充：

1. 本案中出现了与合资公司有关的两份章程，即申请人与被申请人于 1990 年 5 月 25 日签署的《日中××综合有限公司章程》（以下简称章程一），以及 1990 年 12 月 5 日在横滨地方法务局登记的《定款》（也即章程二）。章程二由横滨地方法务局所属公证人××作出认证。

根据《日本商法典》第 167 条之规定，章程未经公证人认证者，为无效。因此，被申请人认为适用于合资公司的章程只能为章程二，而非章程一。申请人所有依据章程一提出的仲裁请求及理由均应归于无效。

2. 无论如何，发生于合资公司与被申请人之间的债务往来，不应被视为申请人与被申请人在合资合同下因执行合资合同所发生的一切争议，这是由于该债务关系的主体和内容所决定的。

申请人目前提出的仲裁请求，系发生于合资公司与其股东间关于承包经营及日常往来的纠纷，该等法律关系应当通过适当的争议解决途径解决。

申请人就被申请人的答辩进一步补充：

1. 关于合资公司的性质及其设立和运营的依据问题

申请人与被申请人共同出资在日本国设立的是日中合资的营利社团法人，在日本国登记设立。根据合资公司投资者（股东）签署的合资合同第一章总则和《章程一》第一章总则的约定：合资双方"遵照日本国政府的法律、政策的规定和中华人民共和国政府有关对外投资的法律、政策……在日本国神奈川县横滨市建立日中合资公司"。可见，该合资公司不仅要适用日本国有关国内法人和公司的一般规定，还要适用日本国有关外国与本国合资企业的特别规定；以及设立时还要遵循中国的有关对外投资的法律规范。合资双方有关该合资企业的合同、章程和其他约定，只要是与日本国禁止性法律规范不冲突，也是投资者应当遵循的具有约束力的行为规范。本案合资公司有《定款》，也有《合资合同》和《章程一》，都是经过双方签署的正式法律文件。尤其是《合资合同》和《章程一》是投资各方的约定的真实意思表示。被申请人要否认其效力，在日本国法律中找不到法律依据。鉴于上述情况，本案就不能僵硬地套用日本公司法中有关公司的解散和清算要经"股东全会"决定的一般规定，应根据约定，确认"董事会"决定的效力。

2.《定款》的认定

《定款》只是日本成立公司时备案的一份文件，这份文件与事实矛盾，不可采信。而本案《合资合同》《章程一》《补充合同》和《董事会决议》等作为本案判别曲直的依据，符合实际，合法、合情、合理。

3. 关于合资公司目前的状况与地位问题

（1）合资公司解散、清算符合法律规定和约定。

《日本民法典》第68条第1款第2项、第2款第1项规定；《合资合同》第16条第2款第2项约定；合资公司《章程一》第16条、第17条第3项和第60条的约定；合资公司《补充合同（二）》第16条第2项的约定等，构成了合资公司董事会关于合资公司解散和清算的决定合法有效的法定和约定依据。

（2）1997年6月18日的《第六次董事会决议》明确了合资公司解散的原因并作出了成立清算组自主解散和清算的决定。

（3）1997年6月19日合资公司董事会通过《关于清算的决议》决定了清算时间（从1997年7月1日起）、清算人员和清算原则。

（4）1997年8月5日，合资公司进行解散登记并"官报登载""公告"，横滨地方法务局登记官××对该节事实予以证明。

（5）因合资公司已清算结束并登记公告，依照有关法律规定和约定现已为非存续公司，不具有诉讼主体地位。其理由为：

其一，《合资合同》第39条规定，合同期限为10年，自1990年起算，迄今为止，早已过了期限。

其二，1997年6月18日《第六次董事会决议》决定，合资公司提前至1997年6月底前歇业清盘。

其三，1997年6月18日《关于清算的决议》第4条约定，清算小组形成清算报告，清算即告结束。

其四，履历事项全部证明书证明，合资公司已经解散登记和公告。

其五，根据《日本商法典》第406条的规定，公司在决议解散的情形下，如果要认为其存续，只有在符合《日本商法典》第343条规定的情形时，才有法律上可能，而本案情况不适用该条规定，所以不能认为合资公司还存续。

4. 关于 1998 年 4 月 30 日《会议纪要》的地位问题

（1）根据公司法基本原理，公司董事作为公司机关的地位及其职权行使，至公司清算成立时终止。

（2）根据《日本商法典》第 417 条规定，公司解散后，如清算人已选他人，原董事既不是公司机关董事，也不是清算人。

（3）1998 年 4 月 30 日的会议的主体是合资公司的股东中方和日方。因此，该会议是中、日双方股东委派的代表举行的会议，其会议的性质是股东全会。

（4）依据《日本民法典》第 63 条和第 65 条的规定，以及《日本商法典》第 235 条和第 236 条的规定，该《会议纪要》具有法律效力。

5. 关于申请人请求事项及其依据问题

（1）申请人的仲裁请求是要求被申请人支付 12897748 日元及承担延期付款的法律责任。可参见《决算报告书》及其汇总。

1998 年 4 月 30 日，以《会议纪要》形式形成的股东全会决议第一条确认了被申请人的支付义务数额即 21746154 日元减去 8848406 日元之差。这也是本仲裁案申请人仲裁请求 12897748 日元的来源。

1997 年 6 月 19 日合资公司董事会《关于清算的决议》（证据十一）第 3 条第 4 款也明确约定，"两者之差即为被申请人所享受的权益或承担的义务，经清算后一并结清"。也这是佐证《会议纪要》合法有效的有力证据之一。

（2）关于清算费用及其垫付款问题，被申请人经仲裁，向合资公司支付经清算并经其承诺的款项后，首先用于支付清算费用。如有剩余，才另行处理。其理由如下：

其一，合资公司《章程》第 62 条之规定："清算费用和清算委员会成员的酬劳应从合资公司积存财产中优先支付。"

其二，1997 年 6 月 19 日《关于清算的决议》第 5 条决定："清算费用报经董事会确认后，由合资公司承担。"

其三，1998 年 4 月 30 日《会议纪要》第 2 条决定："双方同意将合资公司第 8 期'决算报告书'中公司所剩所有者权益 3575409 日元，全部用作合资公司清算期间的费用。"

其四，代表清算人××先生有关清算费用的说明以及××先生致××局长函表明，合资公司实际发生的清算费用为 6259727 日元，该费用为日方及清算代表人垫付。

6. 关于本仲裁案申请人的主体问题

（1）根据《合资合同》第十三章和《章程》第九章的规定，合资公司从设立到"合资公司解散后的财务处理""清算""终止"等事宜，皆属于第 5 条中所约定的"合营各方凡因执行本合同所发生的一切争议"，属于约定由仲裁解决的范围。

（2）清算委员会及其代表清算人××先生不能直接向被申请人申请仲裁或起诉。理由是：

其一，清算委员会及其代表清算人的被授权时间、范围，只是到清算结束，并没有起诉权。而清算结束的标志，根据 1997 年 6 月 19 日的《关于清算的决议》的规定是，清算小组形成清算报告后，清算结束。××先生在向股东提交"决算报告书"和清算费用，以及在日本进行了解散登记之后就已完成了其被授权范围内的职责与使命。

其二，根据《日本商法典》第 427 条之规定，清算已完成，清算人责任已被解除。

其三，自 1998 年 4 月 30 日起，××先生在完成其清算任务后，已成为日方授权代表。

其四，根据合资公司章程第 61 条的规定，"清算期间，清算委员会代表合资公司起诉或应诉"。如果向日中双方股东以外的第三人提出请求，清算委员会和××先生是可以起诉的。但是，现在清算已结束；欠债又是仅有的两方股东之一；欠债人又不在日本；××先生又未被授权提出仲裁请求；合资公司的清算费用自己已垫付许多；等等。在这种情况下，再让××先生个人作为仲裁请求人或原告不仅没有依据，也不符合情理和操作可能。

其五，鉴于上述情况，根据《日本民法典》第 57 条、第 103 条和第 108 条之规定，清算小组及其代表人不能充任本案的申请人。

7. 关于时效问题

被申请人应付款项既不属于"一年或短于一年的期间"的债权。也非不发生时效中断效力的请求。因为其一，没有任何证据证明本案争议涉及款项属于"一年或短于一年期间"债权；其二，根据《日本民法典》第 167 条债权因 10

年不行使才消灭，本案未届满 10 年；其三，清算委员会及日本股东从未停止过对中方被申请人主张权利，且中方也承认这笔债权；其四，即使是裁判上请求，依据《日本民法典》第 157 条也可中断和重新开始计算时效。

〔仲裁庭意见〕

（一）关于法律适用问题

本案所涉合资公司系申请人和被申请人依据日本法律在日本合资设立。虽合同中没有明确约定解决本案争议应适用的法律，但根据最密切联系原则，特别是双方在庭审及提交的材料中均以日本的有关法律为依据，因此，仲裁庭认为，本案应适用日本有关法律规定。但双方签订的《承包合同》第 1 条"承包后合资公司的一切活动必须遵守日本国和中华人民共和国的有关法律、法令和法规"等的约定亦应得到遵守。

（二）本案有关主要事实认定

仲裁庭经审理查明：

（1）1990 年 5 月 25 日，两申请人与被申请人签署了《合资合同》，同意在日本国神奈川县横滨市合资设立合资公司。根据合同约定，合资公司注册资本为 2000 万日元，两申请人和被申请人各出资 50%。合资公司的首期合营年限为十年。1990 年 12 月 17 日，合资公司在日本横滨地方法务局登记成立。

（2）1992 年 3 月 27 日及 28 日，合资公司召开董事会特别会议，通过了"决定采取承包经营的形式，并通过了承包经营的基本原则和合同条款，会议一致同意由乙方（即被申请人）经营承包"。承包期为两年，"以经营利润为承包指标，利润的缺额部分由承包方补齐，利润的超额部分归承包方所有，按承包会计年度结算，一年一分配"。"关于承包前因亏损而造成合资公司资本金的缺额部分，由承包方用承包利润分两年补足。"

（3）1992 年 3 月 28 日，本案申请人和被申请人签订《承包合同》，由被申请人承包经营合资公司。相关条款约定如下：

第 11 条　承包指标

纯利润：第一年为 1000 万日元（即补亏 1000 万日元）

　　　　第二年为 1500 万日元（即补亏 300 万日元~500 万日元，盈利1200 万日元~1000 万日元）

利润的缺额部分由承包方补齐，利润的超额部分归承包方所有，一年一清。

第 13 条 承包期间，每半年向各股东报送财务报表，一年一核审，第二年合资公司 1000 万日元~1200 万日元的盈利按股东各方投资比例分配。

第 17 条 本承包合同期限为两年，自 1992 年 12 月 1 日起至 1994 年 11 月 30 日止。

（4）1997 年 6 月 17、18 日，合资公司第六次董事会在上海召开，并形成决议："合资公司如继续维持目前的经营，势必继续亏损而给股东各方造成更大的损失，故决议提前至 1997 年 6 月底之前中止合资合同，合资公司清盘、歇业"；"董事会要求合资公司提供 1997 年 6 月底之前的财务报告，合资公司所有业务往来和经费开支截至 1997 年 6 月 30 日。6 月底以后发生的业务款项，合资股东概不认可"；"董事会依法成立清算小组，并遵循有关规定，完成清算程序。"1997 年 6 月 19 日，经董事会商议，作出《关于清算的决议》，就清算时间、清算人员组成及清算原则作出规定，并决定"清算结束，清算小组应形成清算报告，由董事长择日在中国上海召开第七次董事会，具体商议清算报告和处理意见及企业注销等事宜"。

（三）双方有关争议认定

仲裁庭注意到，申请人的仲裁请求是要求仲裁庭裁决被申请人返还项目垫付款等款项 12897748 日元及承担延期付款的法律责任（自 1998 年 6 月 1 日起至裁决作出日止的参照银行同期贷款利率的逾期付款的损失）。申请人的仲裁请求 12897748 日元款项构成的主要依据是申请人的证据关于"合资公司对被申请人的未收入金和未支出金"的内容。

针对申请人此仲裁请求，被申请人认为申请人无权向被申请人主张本案下的债权。其主要理由包括：（1）申请人请求中构成被申请人支付义务的主要项目为被申请人应向合资公司支付的两个年度的承包补偿金，如果产生承包补偿金的给付，应发生于合资公司与被申请人之间，申请人无权就该款项向被申请人主张；（2）构成申请人主张的其他部分，如西装中介手续费、港务艇处理费、减肥茶费用等，系合资公司与被申请人之间的日常经营往来款，亦应由合资公司提出主张；（3）合资公司依法仍然存续，其法人人格并未消灭，申请人无权就其目前的仲裁请求向被申请人主张。

根据现有证据材料，仲裁庭认为，根据双方提供的证据材料显示，申请人所请求的被申请人的债务款项，系合资公司与被申请人之间存在的债权债务，并不属于本案双方当事人合资争议的范畴。

仲裁庭注意到，申请人称合资公司已清算结束并登记公告，依照有关法律规定和约定现已为非存续公司，不具有仲裁主体资格；根据公司章程规定的精神和《承包合同》第 11 条的规定以及会议纪要等的约定和民法典律制度的规定，被申请人应向申请人支付仲裁请求款项。被申请人反驳称，合资公司并未根据日本法律完成公司清算与解散登记，因此合资公司的法人资格并未消灭，合资公司依法仍然存续，申请人无权主张合资公司的权利。仲裁庭注意到，双方均举证证明，日本法律关于公司解散具有明确的规定，即《日本商法典》第 404 条第 2 款规定，公司解散须经股东大会决议。但本案关于合资公司解散的决议（1997 年 6 月 18 日合资公司第六次董事会决议）和 1997 年 6 月 19 日《关于清算的决议》均由合资公司董事会作出。申请人虽主张"本案不能僵硬地套用日本公司法中有关公司的解散和清算要经'股东全会'决定的一般规定，应根据约定，确认'董事会'决定的效力"，但并未提供充分的法律依据和事实依据支持自己的此主张。至于合资公司是否还存续的问题，申请人主张合资公司"已为非存续公司"，为此提交的主要证据是合资公司《履历事项全部证明书》。仲裁庭注意到该《履历事项全部证明书》"解散"栏目中注明"1997 年 6 月 30 日股东大会决议后解散，同年 8 月 5 日登记"。但申请人并未明确此"1997 年 6 月 30 日股东大会决议后解散"是指在"1997 年 6 月 30 日"召开了股东大会并形成解散合资公司的决议（如是，但申请人并未能提供该次股东大会会议记录证明），还是指 1997 年 6 月 18 日合资公司第六次董事会决议"1997 年 6 月底之前中止合资合同"。而且该"解散"栏目关于"股东大会决议"的注明从另一方面表明，合资公司解散须经股东大会决议通过。而且，仲裁庭注意到，1997 年董事会通过的《关于清算的决议》明确写明"清算结束，清算小组应形成清算报告，由董事长择日在中国上海召开第七次董事会，具体商议清算报告和处理意见及企业注销等事宜"。1998 年 4 月 30 日的《会议纪要》第 4 项亦写明"承诺抓紧办理歇业手续并尽快将注销合资公司的有关文件（正本）提交给中方"，表明合资公司在 1998 年 4 月 30 日还存在。而且，申请人在 2004 年 4 月 13 日的仲裁申请书中亦声称"迟迟不支付上述款项，致使合营公司至今未能结束清算、注销公司登记"。因此，仲裁庭认为，申请人并未能充分证明《履历事项全部证明书》"解散"栏目中所注明的"1997年6月30日股东大会决议后解散"是指合资公司的注销。申请人提交的现有证据并不能证明合资公司是"已为非存续公司"。而且大量的证据表明此时合资公司的清算事务并未完成，如申请人提供的合资公司代表清算人××先生给被申请人的"特别清算费用请求事件"的信函表明直至2000年9月25日清算并未结束。因此，申请人关于合资公司"已为非存续公司"的主张，因理由不充分，证据不足，且相互矛盾，仲裁庭难以采信，故不予支持。

仲裁庭注意到，申请人认为1998年4月30日用"会议纪要"形式形成的股东全会决议确认了被申请人的本案款项支付义务，但仲裁庭认为，该"会议纪要"由×××和××先生签字，申请人并未提交充分的证据证明，该两签字人具有股东授权。同时，该"会议纪要"写明"合资公司应收被申请人21746154日元，应付被申请人8848406日元"，如果该纪要成立，其形成的也是合资公司与被申请人之间的债权债务关系。申请人并未提交充分有效的证据证明此"会议纪要"对本案当事人双方具有约束力。

（四）关于申请人的仲裁请求

综上所述，仲裁庭认为，申请人并未提交充分有效的证据证明本案合资公司是已非存在的公司，且申请人所请求被申请人支付的款项，系发生于合资公司与被申请人之间，申请人要求被申请人返还本案仲裁请求所涉项目垫付款等款项12897748日元及承担延期付款的法律责任的请求，因理由不充分，证据不足，仲裁庭不予支持。

〔裁　决〕

仲裁庭裁决如下：

（1）驳回申请人的全部仲裁请求；

（2）本案仲裁费全部由申请人承担。

本裁决为终局裁决，自裁决作出之日起生效。

第三节 调 解

调解是纠纷解决方式之一，在我国具有悠久的历史与传统，也具有独特的优势和魅力。

一、调解的历史

在中华民族五千年的历史文化中，调解被糅合到我国政治、哲学、宗教、伦理、道德、社会风俗民情以及民族心理素质中，成为中华民族的精神财富、处事习惯以及和解纠纷、息事宁人、和睦相处的美德。当双方发生矛盾纠纷不能解决时，就求助于长辈、亲朋以及处事公道的人予以调解，以消除纠纷和保持和睦，维护了社会的稳定。经几千年的发展演变，民间调解形式有"乡治调解""宗族调解"和"邻里亲朋调解"三种方式。这些民间调解方式都有利于生产力的发展和种族延续，作为司法制度的补充几千年来长盛不衰，成为中华民族的优良传统之一。

在中国近代历史上，人民调解制度是中国共产党领导人民在革命根据地创建的依靠群众解决民间纠纷的，实行群众自治的一种自治制度。它是人民司法工作的必要补充、得力助手。现在该制度是指在人民调解委员会主持下，以国家的法律、法规、规章、政策和社会公德为依据，对民间纠纷当事人进行说服教育、规劝疏导，促使纠纷各方当事人互谅互让，平等协商，自愿达成协议，消除纷争的一种群众自治活动。

我国现行的人民调解制度，在维护社会稳定、实现群众自治、加强社会主义民主法治建设中作出了突出贡献。

二、调解的法律地位

人民调解制度和民事诉讼制度、仲裁制度一样，是我国民事程序法律制度系统中的重要组成部分，在社会生活中特别是在司法活动中，发挥着重要的作用。我国的《宪法》《民法典》《民事诉讼法》《村民委员会组织法》《城市居民委员会组织法》《人民调解法》等法律法规对人民调解均有明确规定。

《宪法》第一百一十一条第二款规定："居民委员会、村民委员会设人民调解、治安保卫、公共卫生等委员会，办理本居住地区的公共事务和公益事业，调解民间纠纷，协助维护社会治安，并且向人民政府反映群众的意见、要求和提出建议。"这就从宪法上确立了人民调解的法律地位。

《民事诉讼法》第九条规定："人民法院审理民事案件，应当根据自愿和合法的原则进行调解；调解不成的，应当及时判决。"

《人民调解法》第二条规定："本法所称人民调解，是指人民调解委员会通过说服、疏导等方法，促使当事人在平等协商基础上自愿达成调解协议，解决民间纠纷的活动。"第三条规定："人民调解委员会调解民间纠纷，应当遵循下列原则：（一）在当事人自愿、平等的基础上进行调解；（二）不违背法律、法规和国家政策；（三）尊重当事人的权利，不得因调解而阻止当事人依法通过仲裁、行政、司法等途径维护自己的权利。"

三、诉讼、仲裁中的调解

由于调解具有的定分止争的独特优势，在《民事诉讼法》和《仲裁法》及各仲裁委员会的仲裁规则中都规定了调解程序。

《民事诉讼法》第九条规定："人民法院审理民事案件，应当根据自愿和合法的原则进行调解；调解不成的，应当及时判决。"第一百二十五条规定："当事人起诉到人民法院的民事纠纷，适宜调解的，先行调解，但当事人拒绝调解的除外。"第一百三十六条规定："人民法院对受理的案件，分别情形，予以处理……（二）开庭前可以调解的，采取调解方式及时解决纠纷……"第一百四十五条规定："法庭辩论终结，应当依法作出判决。判决前能够调解的，还可以进行调解，调解不成的，应当及时判决。"第一百七十九条规定："第二审人民法院审理上诉案件，可以进行调解。调解达成协议，应当制作调解书，由审判人员、书记员署名，加盖人民法院印章。调解书送达后，原审人民法院的判决即视为撤销。"

《民事诉讼法》第八章专门规定了"调解"。该章第九十六条规定："人民法院审理民事案件，根据当事人自愿的原则，在事实清楚的基础上，分清是非，进行调解。"第一百条规定："调解达成协议，人民法院应当制作调解书。调解书应当写明诉讼请求、案件的事实和调解结果。调解书由审判人员、书记员署名，加盖人民法院印章，送达双方当事人。调解书经双方当事人签收后，即具有法律效力。"

《仲裁法》第五十一条规定："仲裁庭在作出裁决前，可以先行调解。当事人自愿调解的，仲裁庭应当调解。调解不成的，应当及时作出裁决。调解达成协议的，仲裁庭应当制作调解书或者根据协议的结果制作裁决书。调解书与裁决书具有同等法律效力。"第五十二条规定："调解书应当写明仲裁请求和当事人协议的结果。调解书由仲裁员签名，加盖仲裁委员会印章，送达双方当事人。调解书经双方当事人签收后，即发生法律效力。在调解书签收前当事人反悔的，仲裁庭应当及时作出裁决。"

《中国国际经济贸易仲裁委员会仲裁规则》（2015版）第四十七条"仲裁与调解相结合"规定：

（一）双方当事人有调解愿望的，或一方当事人有调解愿望并经仲裁庭征得另一方当事人同意的，仲裁庭可以在仲裁程序中对案件进行调解。双方当事人也可以自行和解。（二）仲裁庭在征得双方当事人同意后可以按照其认为适当的方式进行调解。（三）调解过程中，任何一方当事人提出终止调解或仲裁庭认为已无调解成功的可能时，仲裁庭应终止调解。（四）双方当事人经仲裁庭调解达成和解或自行和解的，应签订和解协议。（五）当事人经调解达成或自行达成和解协议的，可以撤回仲裁请求或反请求，也可以请求仲裁庭根据当事人和解协议的内容作出裁决书或制作调解书。（六）当事人请求制作调解书的，调解书应当写明仲裁请求和当事人书面和解协议的内容，由仲裁员署名，并加盖'中国国际经济贸易仲裁委员会'印章，送达双方当事人。（七）调解不成功的，仲裁庭应当继续进行仲裁程序并作出裁决。（八）当事人有调解愿望但不愿在仲裁庭主持下进行调解的，经双方当事人同意，仲裁委员会可以协助当事人以适当的方式和程序进行调解。（九）如果调解不成功，任何一方当事人均不得在其后的仲裁程序、司法程序和其他任何程序中援引对方当事人或仲裁庭在调解过程中曾发表的意见、提出的观点、作出的陈述、表示认同或否定的建议或主张作为其请求、答辩或反请求的依据。（十）当事人在仲裁程序开始之前自行达成或经调解达成和解协议的，可以依据由仲裁委员会仲裁的仲裁协议及其和解协议，请求仲裁委员会组成仲裁庭，按照和解协议的内容作出仲裁裁决。除非当事人另有约定，仲裁委员会主任指定一名独任仲裁员成立仲裁庭，由仲裁庭按照其认为适当的程序进行审理并作出裁决。具体程序和期限，不受本规则其他条款关于程序和期限的限制。"

案例 20：货运合同引争议，跨省调解除纠纷

〔基本案例〕

2008 年 5 月 17 日下午，G 人民调解委员会成功调解一起跨省货物运输合同纠纷。

2008 年 5 月 8 日下午，C 县 G 镇个体运输户陈某带三部车从陕西咸阳运送粮油机械生产加工设备至安徽省 W 县 E 镇一家一合资企业。双方签订了货物运输合同，货重 93 吨，总计运费为 4.9 万元，起运时付运费 2 万元，余款在货物抵达目的地后验收付清。但货物上车后，配载中心未付分文运费，并要求驾驶员尽快将货物运送到 W 县 E 镇。三车驾驶员无奈，只得将货物拉出陕西咸阳市配载中心。在运输途中，三车因超载被罚款及过路费增多，致使严重亏本。驾驶员心中有气，将货物扣留在 C 县 G 镇境内，要求配货方出面追加运费，同时驾驶员还在 2008 年 5 月 11 日向当地公安机关报案。

陕西咸阳配载中心听闻此事后，立即派人出面协调，双方自行协调未果后，即来到 G 人民调解委员会请求给予调解。经多次调查了解和询问当事人，调委会展开了调解。三车主要求陕西咸阳配载中心一次性支付 4.9 万元运费后，三车货物运送至 W 县 E 镇目的地，但咸阳配载中心以本趟货物本身无利润为由，只同意支付 2.9 万元运费。双方因分歧较大，第一次调解未果。咸阳配货部回到咸阳，将此事汇报给了托运方粮油机械厂。由于沟通不够，咸阳粮油机械厂对调委会的调解产生了误解。调委会考虑到在调解此案中，只和咸阳配载中心的人有接触，与真正的托运方——粮油机械厂一直没有接触，有可能在这当中出现偏差，造成调解不能顺利进行。于是调解员拨通了粮油机械厂负责人王某的电话。在电话中，调解员向王厂长通报了此事原委，希望王厂长能和调解委员会一起共同协商调解此事。在了解事情的前因后果之后，王厂长立即安排分公司厂长杜某前来协调。在杜厂长赶到之前，调解员对车主进行说服教育，通过多次的劝说，车主思想有所松动，为下一步的调解奠定了基础。5 月 17 日下午，杜厂长从西安乘飞机赶到调委会，双方当事人在调解室协商。

经过一上午的努力，双方终于达成调解协议：将该批货物的运费由原合同的4.9万元降至4万元整，由厂方一次性支付。但该款在货物运送到目的地后，再兑现给车主。协议签订后，粮油机械厂即将4万元运费款交到第三方保管，一起跨省货物运输合同纠纷得到圆满解决。

〔借鉴意义〕

本案是因为双方经济利益不协调而引发的货物运输合同纠纷。由于纠纷牵涉两省厂家，调处结果必须使当事各方心悦诚服，否则会被误解为地方保护主义，影响当地人民调解工作形象。

调解委员会严格依照有关规定调解，不怕麻烦、不畏困难，在调解过程中善于根据纠纷事态的发展变化情况，及时调整调解策略，通过耐心细致地教育、劝导，把调解工作逐步引向成功。

第四节 合同纠纷解决方式之比较

作为企业合同管理人员，需要了解调解、仲裁与诉讼这三种常见的合同纠纷解决方式的特点，以便在企业出现合同纠纷时，选择最合适的方式解决纠纷，也便于在草拟合同时，将适合的纠纷解决方式约定在合同中。

诉讼是大家熟知的解决纠纷的方式，而很多人对于仲裁和调解了解得很少，本节列举了三种纠纷解决方式，并比较了三种方式的特点，作为比较、选择的参考。

一、诉讼

民事诉讼具有如下特点：

1. 民事诉讼具有公权性

民事诉讼是以司法方式解决平等主体之间的纠纷，是由法院代表国家行使审判权解决民事争议。它既不同于群众自治组织性质的人民调解委员会以调解方式解决纠纷，也不同于由民间性质的仲裁委员会以仲裁方式解决纠纷。

2. 民事诉讼具有强制性

强制性是公权力的重要属性。民事诉讼的强制性既表现在案件的受理上，又反映在裁判的执行上。调解、仲裁均建立在当事人自愿的基础上，只要有一方不愿意选择上述方式解决争议，调解、仲裁就无从进行，民事诉讼则不同，只要原告起诉符合民事诉讼法规定的条件，无论被告是否愿意，诉讼均会发生。诉讼外调解协议的履行依赖于当事人的自觉，不具有强制力，法院裁判则不同，当事人不自动履行生效裁判所确定的义务，法院就可以依法强制执行。

3. 民事诉讼具有严格的程序性

民事诉讼是依照法定程序进行的诉讼活动，无论是法院还是当事人和其他诉讼参与人，都需要按照《民事诉讼法》设定的程序实施诉讼行为，违反诉讼程序常常会引起一定的法律后果，如法院的裁判被上级法院撤销，当事人失去作出某种诉讼行为的权利等。诉讼外解决民事纠纷的方式程序性较弱，人民调解没有严格的程序规则，仲裁虽然也需要按预先设定的程序进行，但其程序相当灵活，当事人对程序的选择权也较大。

二、仲裁

（一）仲裁较之诉讼的特点

1. 仲裁是协议管辖。双方当事人出现了纠纷，愿意把纠纷提交给谁来仲裁，双方当事人有选择权。同时，需要在合同纠纷解决的方式中明确约定，或在事后达成的补充仲裁合同中约定，这种合同中的仲裁条款和事后达成的仲裁合同，体现了双方当事人的意愿和选择权。此外，仲裁无级别、地域、专属的限制，当事人有充分的选择权。

2. 当事人有权选择仲裁员和仲裁庭。审理仲裁案件的仲裁员和仲裁庭的产生，首先由双方当事人各自或共同选定或共同委托的仲裁委员会主任指定。当一方当事人弃权或不能共同选定首席仲裁员的，才能由仲裁委员会主任指定。在仲裁员和仲裁庭的产生和组成上，仍然强调的是尊重当事人的意思自治。

3. 双方当事人有权决定审理方式。仲裁不公开审理，不允许旁听和新闻媒体采访，为当事人保守商业秘密。当事人同意公开的，可以公开进行。诉讼一般应当公开审理。这既体现了仲裁的优势和特点，也体现了尊重当事人意思自治的原则。

4. 仲裁程序灵活、简便、快捷，当事人可以自主决定。仲裁案件，无论案件的当事人多少、标的大小，当事人都可以约定三名或一名仲裁员组成仲裁庭，是采用简易程序还是采用一般程序，是书面审理或开庭审理，仲裁规则的选择，答辩期的放弃，延期开庭等问题，双方当事人都可以以合同的方式确定和选择。

5. 裁决书的内容当事人可以取舍。当事人协议不愿写明争议事实和裁决理由的，可以不写。

6. 仲裁的保密性。仲裁一般以不公开的方式进行，这样有利于保守当事人的商业秘密，也有利于维护当事人的商业信誉，而通过诉讼则难以做到这一点。

7. 仲裁的效率。仲裁一裁终局，是一种快速解决争议的方式，一般来说费用也较低，而以诉讼解决则比较慢，且费用往往偏高。

从以上各点可以看出仲裁充分尊重当事人意思自治和自主性原则，从仲裁的程序到实体都得到了充分体现，这是仲裁与诉讼相比最突出的特点和最大的优势，也是近年来仲裁吸引越来越多当事人的根本原因。

（二）仲裁与诉讼的区别

1. 性质不同。诉讼审判是国家审判权的体现；仲裁则是带有民间性质的居中裁决，是私权处分权的授予。

2. 受案范围不同。诉讼对一切因私权发生的纠纷均可受理；仲裁只能受理当事人有处分权的私权的争议。

3. 受案的方式不同。诉讼只要一方当事人起诉合法就受理；仲裁必须有双方当事人事前或事后达成的仲裁合同才能受理。

4. 案件的管辖不同。诉讼有地域、级别和专属的强制性管辖；仲裁无级别和地域、专属的限制，实施协议管辖。

5. 审级制度不同。诉讼实行四级二审终审、一般两审终审，还可以申请再审；仲裁实行一裁终局。

6. 仲裁员和法官来源、形成不同。诉讼实行法官专职化，由人大任命，实行任命制；仲裁员实行兼职，由各仲裁机构根据仲裁法规定的条件从有关方面进行聘任，聘任条件较高，专业性较强，体现了专家办案。

7. 审判庭组成不同。诉讼由法院指定审判庭组成人员，审判权由法院行使，有的案件还要提交审判委员会讨论；仲裁由当事人选定仲裁庭人员，其中也有因当事人意见不一致而由仲裁委员会主任指定的情形，还有的是当事人不选时才指定，裁决权由仲裁庭行使，个别疑难案件由仲裁委专家委员会进行讨论，形成一致意见供仲裁庭采纳。

8. 审理的方式不同。诉讼案件一般应当公开审理，允许旁听、采访。只有涉及隐私、商业秘密、国家机密的案件和离婚案件中当事人申请不公开审理的除外；仲裁不公开审理，不允许旁听，只有经双方当事人同意公开的除外。

9. 强制力不同。诉讼可以传唤证人，追加当事人，可直接保全证据和财产，法院可强制执行生效的裁判文书；仲裁案件中的证据和财产保全要通过法院进行。一方当事人不履行裁决，另一方当事人依法向仲裁委员会所在地的中级人民法院申请强制执行。

10. 监督的方式不同。法院内部有审判委员会、上级法院监督，外部有人大、检察机关、社会大众、新闻舆论的监督；仲裁内部由中国仲裁协会监督，外部则由仲裁委所在地的中级人民法院监督。

了解诉讼和仲裁的区别是为了帮助我们更好地根据合同具体情况在争议解决方式上作出正确的选择，以最大限度地为合同纠纷的解决提供适当的途径。

三、调解

与诉讼、仲裁相比，调解具有较大的特殊性：

1. 提起方式

人民调解和仲裁必须双方合意，即双方都自愿才能提起；民事诉讼只需单方提起即可。

2. 程序进行方式

人民调解也有一定的程序，但其程序性不强，较随意；民事诉讼的每一步都要严格依据《民事诉讼法》进行；在仲裁程序中，《仲裁法》赋予了当事人一定的程序选择权。

3. 程序终结方式

人民调解以双方当事人达成调解协议（调解成功）或不达成调解协议（调

解失败）而结束；仲裁以仲裁庭作出仲裁裁决书（一裁终裁）；民事诉讼以法院作出判决书（两审终审）或促成当事人达成调解协议而结束。

4. 效力

生效的人民调解协议不具有强制执行力，即只能依靠当事人自动履行，当事人就同一争议，可以向人民法院起诉，因此人民调解对于纠纷的解决不具有终局性，但该协议具有合同性质；生效的仲裁裁决书和法院判决书以及法院调解书都具有强制执行力，义务方不履行，权利方可以据此向人民法院的执行部门申请强制执行，因此仲裁与民事诉讼都是对于民事纠纷的最终解决。

5. 调解的特点

（1）自愿性。根据《人民调解法》第三条第一项的规定，人民调解委员会调解民间纠纷，应当在当事人自愿、平等的基础上进行调解。（2）无偿性。《人民调解法》第四条规定："人民调解委员会调解民间纠纷，不收取任何费用。"

调解协议未经司法确认不具有强制执行力，但是调解协议经过司法确认可以转化为具有强制执行力的法律文件。《民事诉讼法》第二百零五条规定："经依法设立的调解组织调解达成调解协议，申请司法确认的，由双方当事人自调解协议生效之日起三十日内，共同向下列人民法院提出：（一）人民法院邀请调解组织开展先行调解的，向作出邀请的人民法院提出；（二）调解组织自行开展调解的，向当事人住所地、标的物所在地、调解组织所在地的基层人民法院提出；调解协议所涉纠纷应当由中级人民法院管辖的，向相应的中级人民法院提出。"

《民事诉讼法》第二百零六条规定："人民法院受理申请后，经审查，符合法律规定的，裁定调解协议有效，一方当事人拒绝履行或者未全部履行的，对方当事人可以向人民法院申请执行；不符合法律规定的，裁定驳回申请，当事人可以通过调解方式变更原调解协议或者达成新的调解协议，也可以向人民法院提起诉讼。"

综上所述，诉讼、仲裁、调解三者都是属于民事纠纷的第三方介入解决方式，处理其关系的原则是：司法最终解决。

第六章　涉外合同管理

◎ **本章导读**

　　企业涉外合同的宏观背景是世界各国和地区不同的法律体系，微观则体现在具体的合同条款上。因此，本章首先从涉外合同的宏观背景出发，阐述了不同的国际法律基础，以及国际社会因各国和地区国际法律基础不同进而产生了国际公约和国际惯例，然后具体分析微观的主要合同条款，在分析合同条款的过程中，进一步展开与合同条款相关的国际公约和国际惯例等，如价格条款与国际贸易术语解释通则、付款条款与跟单信用证统一惯例、交货条款、仲裁条款与国际仲裁组织等。

一、合同的国际法律基础、国际公约和国际惯例

（一）合同的国际法律基础

　　在企业涉外合同签订前，首先需要了解世界上的主要法律体系。目前，世界上主要有两大法系：英美法系和大陆法系。

　　1. 英美法系

　　英美法系也叫判例法系，其显著特点是依赖早期案例中法官建立的判例，即法院通过遵循早期判决中形成的规则或从老规则中推测出用于新产生的实际情况的新规则，主要国家有英国、美国等。

　　2. 大陆法系

　　国家首先发展出本国的法典，然后有了法院制度，司法判决以法典中规定的法律准则为基础，主要国家有法国、德国等。

（二）国际公约和国际惯例

考虑到贸易双方所在国法律体系不同，在订立国际商务合同时会面临各种困难，国际社会开始在国际贸易中采用国际公约和国际惯例。我国加入的国际公约和国际惯例主要有：《联合国国际货物销售合同公约》《国际贸易术语解释通则》《跟单信用证统一惯例》《联合国海上货物运输公约》《承认及执行外国仲裁裁决公约》等。

1.《联合国国际货物销售合同公约》

《联合国国际货物销售合同公约》是由联合国国际贸易法委员会主持制定的，1980年在维也纳举行的外交会议上获得通过。公约于1988年1月1日正式生效。

公约的基本原则是：建立国际经济新秩序、平等互利与兼顾不同社会、经济和法律制度。这些基本原则是执行、解释和修订公约的依据，也是处理国际货物买卖关系和发展国际贸易关系的准绳。

公约只适用于国际货物买卖合同，即营业地在不同国家的双方当事人之间所订立的货物买卖合同，但对某些货物的国际买卖不能适用该公约作了明确规定。

在合同的订立上，公约包括合同的形式和发盘（要约）与接受（承诺）的法律效力。公约规定了买方和卖方的权利义务。卖方责任主要表现为三项义务：交付货物；移交一切与货物有关的单据；移转货物的所有权。买方的责任主要表现为两项义务：支付货物价款；收取货物。

2. 国际贸易术语解释通则

不同国家对贸易术语的多种解释引起的误解阻碍着国际贸易的发展，基于便利商人们使用，在进行涉外买卖合同所共同使用的贸易术语的不同国家和地区，有一个准确的贸易术语解释出版物是很有必要的。鉴于此，国际商会于1921年在伦敦举行的第一次大会时就授权收集各国所理解的贸易术语的摘要。准备摘要的工作是在一个叫作贸易术语委员会的主持下进行的，并且得到各国家委员会的积极协助，同时广泛征求了出口商、进口商、代理人、船东、保险公司和银行等各行各业的意见，以便对主要的贸易术语作出合理的解释，使各方能够共同适用。摘要的第一版于1923年出版，内容包括几个国家对下列几种术语的定义：FOB，FAS，FOT 或 FOR，Free Delivered，CIF 以及 C&F。摘要的第二版于 1929 年出版，内容有了充实，摘录了 35 个国家对上述 6 种术语的解释，并予以整理。

最新的通则是《国际贸易术语解释通则 2020》，是国际商会根据国际货物贸易的发展对《国际贸易术语解释通则 2010》的修订版本。

3.《跟单信用证统一惯例》

《跟单信用证统一惯例》是国际商会制订的、旨在统一各国对跟单信用证条款的解释而供银行界自愿采用的条例。1930 年 5 月 15 日公布，随着国际贸易变化国际商会分别在 1951 年、1962 年、1974 年、1978 年、1983 年、1993 年进行了多次修订，称为《跟单信用证统一惯例》（Uniform Customs and Practice for Documentary Credits），被各国银行和贸易界所广泛采用，已成为信用证业务的国际惯例。

《跟单信用证统一惯例》其本身不是一个国际性的法律规章，现行的是 2007 年版本，从 2007 年 7 月起，《跟单信用证统一惯例（2007 年修订本）》第 600 号出版物开始执行，简称为《UCP600》。

4.《承认及执行外国仲裁裁决公约》

1958 年 6 月 10 日在纽约召开的联合国国际商业仲裁会议上签署的《承认及执行外国仲裁裁决公约》（the New York Convention on the Recognition and Enforcement of Foreign Arbitral Awards）。该公约处理的是外国仲裁裁决的承认和仲裁条款的执行问题，其成员国已有 80 多个，我国已正式加入该公约并于 1987 年 4 月 22 日对我国生效。

该公约的主要内容包括如下几个方面：（1）明确规定了公约的适用范围，首先，一个缔约国应该承认和执行在另一缔约国作出的仲裁裁决；其次，对于在非缔约国作出的仲裁裁决亦应给予承认和执行，但允许缔约国作出"互惠保留"和"商事保留"。（2）明确规定了在承认及执行外国仲裁裁决时，不得比承认及执行本国仲裁裁决附加更为苛刻的条件或收取更多的费用。（3）详细规定了拒绝承认及执行外国仲裁裁决的条件。

二、国际贸易实务中的主要合同条款

合同是买卖双方博弈的结果，尤其体现在价格、付款和交货的条款，以下是关于价格、付款和交货的条款的案例分析，从中你会发现涉外合同条款不仅制定非常严谨，而且也涉及价格术语、国际贸易付款方式、索赔、仲裁等国际贸易实务相关的知识。

案例的基本情况：合同标的物为芝麻油精炼生产线设备，合同的总价值为475000美元FOB青岛/新港价格。买方预付20%即95000美元后，卖方开始安排生产，这是因为成套设备往往属于非标产品，卖方为了保护自己，往往需要20%左右的预付款以便安排非标材料的采购；在生产进度达到一定程度时，卖方为了保护自己尽可能不占用自己的资金，要求再预付20%即95000美元以便生产完毕；货物备妥后安排船运，采用银行托收方式收取30%的货款，这样货物权证交付给买方时，卖方已收取了总计70%的合同款；技术和安装环节发生前再收取20%的合同款，这样合同款已达到90%；直到最后交货收取10%的尾款。成套设备的利润率往往在30%左右，可以看出卖方对于风险的把控基本上是依靠付款方式来规避的。关于产品检验条款，买方可以在卖方制造设备之时，派遣代表或者指定检测员对设备质量进行检验；从设备在目的地卸载之日起30日内，买方应该安排其商检局或者当地商会完成对设备的检验；如非保险公司或者船运公司责任，如买方发现设备的质量、规格或者数量与合同不符，买方有权凭借商检局或者商会出具的检验证书、照片和英文索赔报告提出索赔。具体的价格、付款和交货条款详见如下。

（一）价格条款

案例价格条款在第二款，分为两条如下：
ARTICLE 2. PRICE

2.1 The total amount of the Contract is USD475,000.00（say U.S. Dollars Four Hundred and Seventy-five Thousand only）.

译文：合同的总价值为475000美金（大写：肆拾柒万伍仟美金整）。

2.2 The above-stated prices of the Contract shall be FOB Qingdao / Xingang port, China, in accordance with the valid INCOTERMS-2000.

译文：上述合同的总价值依照有效INCOTERM-2000（《国际商会国际贸易术语解释通则2000》）为FOB青岛/新港价格。

可以看出，合同明确了INCOTERM-2000（《国际商会国际贸易术语解释通则 2000》）为 FOB，即为 2000 通则贸易术语。

《国际商会国际贸易术语解释通则 2000》共包括 4 组，即 E 组，F 组，C 组和 D 组，13 个术语如下：

（1）E 组指卖方仅在自己的地点为买方备妥货物（发货）。

EXW（EX works）工厂交货（指定地点）。是指卖方将货物从工厂（或仓库）交付给买方，除非另有规定，卖方不负责将货物装上买方安排的车或船上，也不办理出口报关手续。买方负担自卖方工厂交付后至最终目的地的一切费用和风险。

（2）F 组（FCA、FAS 和 FOB），指卖方需将货物交至买方指定的承运人（主要运费未付）。

FCA（Free Carrier）货交承运人（指定地点）。此术语是指卖方必须在合同规定的交货期内在指定地点将货物交给买方指定的承运人监管，并负担货物交由承运人监管前的一切费用和货物灭失或损坏的风险。此外，卖方还应办理出口所需的一切海关手续。

FAS（Free Alongside Ship）船边交货（指定装运港），是指卖方将货物运至指定装运港的船边或驳船内交货，并在需要办理海关手续时，办理货物出口所需的一切海关手续，买方承担自装运港船边（或驳船）起的一切费用和风险。

FOB（Free On Board）船上交货（指定装运港），该术语规定卖方必须在合同规定的装运期内在指定的装运港将货物交至买方指定的船上，并负担货物越过船舷以前为止的一切费用和货物灭失或损坏的风险。

（3）C 组（CFR、CIF、CPT 和 CIP），指卖方须订立运输合同，但对货物灭失或损坏的风险以及装船和启运后发生意外所产生的额外费用，卖方不承担责任（主要运费已付）。

CFR（Cost and Freight）成本加运费（指定目的港），是指卖方必须在合同规定的装运期内，在装运港将货物交至运往指定目的港的船上，负担货物越过船舷以前为止的一切费用和货物灭失或损坏的风险，并负责租船订舱，支付至目的港的正常运费。

CIF（Cost、Insurance and Freight）：成本、保险费加运费（指定目的港），是指卖方必须在合同规定的装运期内在装运港将货物交至运往指定目的港的船上。负担货物越过船舷以前为止的一切费用和货物灭失或损坏的风险并办理货运保险，支付保险费，以及负责租船订舱，支付从装运港到目的港的正常运费。

CPT（Carriage Paid to）：运费付至（指定目的地），是指卖方支付货物运至指定目的地的运费，在货物被交由承运人保管时，货物灭失或损坏的风险，以及由于在货物交给承运人后发生的事件而引起的额外费用，即从卖方转移至买方。

CIP（Carriage and Insurance Paid to）：运费和保险费付至（指定目的地），是指卖方支付货物运至目的地的运费，并对货物在运输途中灭失或损坏的买方风险取得货物保险，订立保险合同，支付保险费用。在货物被交由承运人保管时，货物灭失或损坏的风险，以及由于在货物交给承运人后发生的事件而引起的额外费用，即从卖方转移至买方。

（4）D组（DAF、DES、DEQ、DDU和DDP），指卖方须承担把货物交至目的地国所需的全部费用和风险（货到）。

DAF（Delivered at Frontier）：边境交货（指定地点），是指卖方将货物运至买方指定的边境地点，将仍处于交货的运输工具上尚未卸下的货物交付买方，并办妥货物出口清关手续，承担将货物运抵边境上的指定地点所需的一切费用和风险。此地点为毗邻边境的海关前，包括出口国在内的任何国家边境（含过境国）。进口清关手续则由买方办理。

DES（Delivered EX Ship）：目的港船上交货（指定目的港），是指卖方将货物运至买方指定目的港的船上，并交给买方，但不办理进口清关手续，卖方负担将货物运抵指定卸货港为止的一切费用和风险，买方负担货物从船上开始至卸货期的一切费用和风险。

DEQ（Delivered EX Quay）：目的港码头交货（指定目的港），是指将货物交付给买方，但不办理货物进口清关手续，卖方负担将货物运抵卸货港并卸至码头为止的一切费用与风险。买方则负担随后的一切费用和风险。

DDU（Delivered Duty Unpaid）：未完税交货（指定目的地），是指卖方将货物运至进口国指定的目的地交付给买方，不办理进口手续，也不从交货的运输工具上将货物卸下，即完成交货。卖方应该承担货物运至指定目的地为止的一切费用与风险，不包括在需要办理海关手续时在目的地进口应缴纳的任何

"税费"（包括办理海关手续的责任和风险，以及交纳手续费、关税、税款和其他费用）。

DDP（Delivered Duty Paid）：进口国完税后交货（指定目的地），是指卖方将货物运至进口国指定地点，将在交货运输工具上尚未卸下的货物交付给买方，卖方负责办理进口报关手续，交付在需要办理海关手续时在目的地应缴纳的任何进口"税费"。卖方负担将货物交付给买方前的一切费用和风险。如卖方无法直接或间接的取得进口许可证时不宜采用该术语。DDP 是卖方责任最大的贸易术语。

不同的术语不仅明确不同的买卖双方的权利和义务，也区分了不同的核算成本，相同的产品在不同的术语下形成了不同的价格。一般来说，FOB、CFR和 CIF 是三个主要的国际贸易术语，例如，CIF 相比 FOB，成本上多出了保险费和运费。

（二）付款条款

1. 国际贸易付款方式

国际贸易付款方式主要有：信用证、托收和银行汇付。

信用证，是指银行根据进口人（买方）的请求，开给出口人（卖方）的一种保证承担支付货款责任的书面凭证。在信用证内，银行授权出口人在符合信用证所规定的条件下，以该行或其指定的银行为付款人，开具不得超过规定金额的汇票，并按规定随附装运单据，按期在指定地点收取货物。《跟单信用证统一惯例》是国际商会制定，旨在统一各国对跟单信用证条款的解释以确保在世界范围内将信用证作为可靠支付工具的一套惯例。

《托收统一规则》（URC522）关于托收的定义为：托收是指接到托收指示的银行根据所收到的指示处理金融单据和／或商业单据以便取得付款／承诺，或者凭付款／承诺交出商业单据，或凭其他条款或条件交出单据。

银行汇付即银行汇款，主要分为电汇、信汇和票汇。

2. 案例：合同的付款条款

案例中的合同付款条款在第三款，分为 5 条，即第一次 20%发货前汇付，第二次 20%发货前汇付，30%银行托收，20%安装前汇付，10%安装完成汇付，具体如下：

ARTICLE 3. TERMS OF PAYMENT

The Buyer transfers the payment (in US dollars) for the Equipment and Technical Service into the Seller's account by the following steps:

译文:买方依照下述步骤将设备款和技术服务费转到卖方账号:

3.1 The sum equal to 20% of the total amount of the Contract, that is US $ 95000

(Say U. S. Dollars Ninety-five Thousand only), as first payment, must be transferred by the Buyer to the Seller's account directly within thirty (30) calendar days from the date when the Contract has been both signed by the Parties.

译文:从双方签订合同之日起 30 日(阳历计日法)内,买方必须将合同总价值的 20%,即 95000 美金(玖万伍仟美金整),作为首付直接转到卖方账号。

3.2 The sum equal to 20% of the total amount of the Contract, that is US $ 95000

(Say U. S. Dollars Ninety-five Thousand only), must be transferred by the Buyer to the Seller's account directly within five (5) working days after the Seller fax to the Buyer informing that the Equipment is ready for packing, and at least thirty (30) calendar days before the shipment date.

译文:在卖方以传真通知买方设备正在准备包装后的 5 个工作日,装船期之前至少 30 日(阳历计日法)内,买方必须将合同总价值的 20%,即 95000 美金(玖万伍仟美金整)直接转到卖方账号。

3.3 The sum equal to 30% of the total amount of the Contract that is US $ 142500

(Say U. S. Dollars One Hundred Forty-two Thousand and Five Hundred only) _, will be paid by the Buyer to the Seller through their banks by presenting to the buyers Bank the Original Shipping Documents against Payment at sight.

译文:卖方通过银行托收方式提交银行全套的正本海运单据,买方须将合同总价值的 30%,即 142500 美金(拾肆万贰仟伍佰美金整)通过买方银行支付给卖方。

3.4 The sum equal to 20% of the total amount of the Contract that is US $ 95000

(Say U. S. Dollars Ninety-five Thousand only), will be transferred by the Buyer to the Seller's account directly after the Buyer receives the equipment and fifteen (15) calendar days before the Seller's technicians departure from China to the Buyer's working site in Mexico.

译文：在卖方技术人员离开中国前往墨西哥买方工作地之前15日（阳历计日法），买方收到设备之后，买方必须将合同总价值的20%，即95000美金（玖万伍仟美金整），直接转到卖方账号。

3.5 The sum equal to 10% of the total amount of the Contract that is US＄47500 (Say U. S. Dollars Forty‐seven Thousand and Five Hundred only), must be transferred by the Buyer to the Seller's account within five (5) banking days from the date of the Trial Running Report has been both signed by the representatives of the Parties certifying that the Equipment is running at or better than the technical index stipulated in Appendix 2 attached hereto the Contract.

译文：从双方代表签订试运行报告，证明设备正在以或者超过随附合同附录2中规定的技术指标运行之日起，银行的5个工作日之内，买方必须将合同总价值的10%，即47500美金（肆万柒仟伍佰美金整）转到卖方账号。

案例的付款方式是汇付与托收相结合，即40%发货前汇付、30%银行托收，20%安装前汇付和10%安装完成汇付，可以看出在前期买方承担的风险较大，而在中期双方承担了大致一样的风险，在合同后期卖方则承担的风险较大。

3. 不同付款方式的组合

随着国际贸易业务的发展，国际贸易的支付方式日益多样化，每种支付方式有其不同的优缺点。国际贸易支付方式的选择关系到出口人是否可以顺利地、及时地全额回款。在选择时，应该站在贸易双方共同的利益上，还应该适应当前国际贸易结算的主流，更重要的是，要本着风险分摊的原则，选用综合的结算方式，只有这样，才能促成进出口商的双赢。结算方式按支付方式的安全系数分为以下等级，风险从低到高排列如下：

（1）100%的预付货款（Payment in Advance）

俗称"前T/T"，是指进口商在出口装运前，便将货款通过银行汇给出口商，出口商收到款项后，根据双方签订的合同，在约定时间内将货物运交进口商的结算方式，即出口商先收款后交货，收汇风险为零。这是当前国际商品买方市场条件下比较少见的最安全的收汇形式，采用这种支付方式的一般是这几种情况：买卖双方首次的、小额的贸易；买卖双方多次合作，关系密切，相互信任，同时出口货物紧俏，出口方只接受预付款方式并根据来款先后发货的；出口货物价格趋于坚挺或上涨时，进口商可能会不惜预付货款以抢得商机。其中，T/T（Telegraphic Transfer）电汇，是指汇出行应汇款人申请，拍发加押电报\电传或 SWIFT 给在另一国家的分行或代理行（即汇入行）指示解付一定金额给收款人的一种汇款方式。

（2）T/T 30% Before Shipment And 70% At Sight The Copy of B/L

即 30% 的前 T/T，凭提单传真件 70% 后 T/T，指出口商在出口货物生产前就必须收到买方的 30% 的货款，以保证生产出来的出口商品有市场需求，因为这 30% 的前 T/T 款就是进口商的收货和付款的保证金，一旦由于进口国市场变化等原因进口商不想要货，进口商就会因首先违约而损失定金。当然，前 T/T 的"30%"不是绝对的，以够出口货物的来回运费和目的港海关费，码头费为准，并要考虑出口货值的大小。卖方出运后有保证收到全部货款，因此对卖方来说风险较小。对买方来说虽有一定风险，但只要先支付部分定金，资金压力和风险压力不会太大，并由于是见到提单复印件才付清全部货款，提单上的信息可以登录船公司网站进行比对，一般收货不会落空。这种方式比 100% 预付对买卖双方更加公平，因此采用这种支付方式越来越普遍，其中 B/L（Bill of Lading）即提单，是由船长或承运人或承运人代理人签发，证明收到特定货物，允许将货物运至特定目的地并交付于收货人的凭证。

（3）30% 的前 T/T，加 70% 的即期的、保兑的不可撤销的信用证

同样是 30% 的前 T/T，余款采用信用证支付比凭提单传真件 T/T 支付风险大得多。这是因为凭提单传真件 T/T 余款，出口商只要凭一张证明，证明货已交运，就可在较短的时间内取得余款，落袋为安，此后再交出"物权凭证"——提单或办理电放。而余款采用信用证支付，则要经过发运、交单，才能办理议付，其间出口商单据如有不符点，就存在迟付、拒付的风险，一旦商品价格大落超过损失定金或进口国政策发生重大变化，客户就可能拒收货物，出口商就可能收不到余款。

（4）100% 即期的、保兑的不可撤销的信用证加 CIF 条款

信用证本质上是银行购买出口商货物的书面承诺，是银行信用，高于商业

信用。标题"100%即期的、保兑的不可撤销的信用证加 CIF 条款"这几个定语是信用证收汇的 4 项保障。加了 CIF 条款，出口方就掌握了承运人，能够有效控制货物，避免钱货两空。如果是客户指定货代安排运输，即使是信用证条款，出口方可能遇到的风险是贻误船期造成信用证不符点导致银行拒付，或可能出现进口商勾结不法船代骗取货物的风险。如果外商坚持 FOB 条款并指定船公司和货代安排运输，出口商应指定境外货代的提单必须委托经原外经贸部批准的货运代理企业签发，并掌握货物的控制权，同时由代理签发提单的货代企业出具保函，承诺货到目的港后须凭信用证项下银行流转的正本提单提货。

（5）D/P（Documents against Payment）付款交单

如进口商不付款就不能取得单据提货和清关，这只能保证出口货物是安全的。它的主要风险存在于：由于进口商方面的原因，如进口国市场发生变化，如进口商资金短缺等造成进口商不赎单，出口货物就要退运，另找新买家，这样出口商不但赚不到钱，还要倒贴运杂费、码头费、货物改装费等，另外退运货物的清关、返（还退）税手续繁杂，这是出口商最不愿意碰到的事情。在当前经济低迷时期，也有一些进口商以不赎单来要求出口商降价或给折扣，使 D/P 付款的风险越来越大。

（6）80%托收，20%后 T/T

这是一种托收和 T/T 结合的方式，T/T 是指电汇，可以是发货前电汇，也可以是发货后电汇，甚至是收货后电汇，风险更高，这个业务要求对客户信用极好。

（7）30%的预付货款，60%D/P，10%后 T/T

这种方式适合于成套机械设备，签订合同不管用，只有收到钱才敢开始安排生产，因为设备往往是非标的，是专门定制的，因此成套设备一般要求的30%的预付货款，然后每次发货，按照托收收取货款。但客户担心设备安装好，最好生产效果达不到标准，所以客户一般要求在试生产过后即交钥匙时点支付 10%的尾款。

（8）CAD

CAD（Cash against documents），通常情况下，发货人将单据寄给收货人，收货人收到单据后付款。CAD 是近年来才逐渐出现的一种做法，是出口商发货后将单据交予进口商后进口商付款的一种结算方式，是否是 T/T 付款的另一种说法不是很清楚，从其操作流程看有些相似，只是出口商常常将单据交予银行由银行通过其中介行转进口商，许多银行也接受。使用这种结算方式风险较大，首先是进口商收单后方付款，是否履约付款取决于进口商的信誉；其次，虽然银行有时接受（建议银行不要接受）这种方式，但做法不尽相同，有的银行以 D/P 方式处理单据，有的直接以 CAD 方式办理，深究其实这种结算方式毕竟不是托收，如何处理 CAD 业务，目前尚无国际惯例可资依循，一旦出现纠纷、诉诸法庭，对各方都有不可测的风险，所以在实际业务中应尽量避免采取这种方式。

（9）100%放账

这种风险很大，大多用于多年合作的老客户。

（三）交货条款

1. 合同条款

合同的交货条款不仅与付款条款交织在一起，而且也与索赔条款紧密相关，案例的交货条款为合同第四款，分为九条：

ARTICLE 4. PROCEDURE AND TERMS OF DELIVERY

4. 1 The Seller shall finish fabricating, and be ready for packing loading the E-quipment

on board within one hundred and twenty (120) days after the date of receiving first payment paid by the Buyer as per Clause 3. 1 of the Contract, and thirty (30) days after the date of receiving secondary payment paid by the Buyer as per Clause 3. 2 of the Contract.

译文：在卖方收到买方按照合同条款 3.1 所规定的首批付款之后的 120 天之内，且收到买方按照合同条款 3.2 所规定的第二批款之后的 30 天之内，买方将完成设备的制造，并准备包装、装船。

4. 2 The Buyer will be in charge of booking shipping space, and inform the Seller details, such as: name of the vessel, voyage, and estimated arrival date at loading port by sending fax at least thirty (30) days before the date of shipment. Meanwhile, the Buyer should transfer the secondary payment to the Seller as per Clause 3. 2 of the

Contract.

译文：在装船前的至少30日，卖方要负责租船订舱，并以传真通知买方诸如船名、航次和预订到港日此类的信息。同时，买方应该按照合同条款3.2的规定将第二批款转到卖方账号。

4.3 The Buyer may send his representative or appoint a surveyor to check the equipment while it is being manufactured to check the quality and recommend changes if required.

译文：买方可以在卖方制造设备之时，派遣代表或者指定检测员对设备质量进行检验。如果必要，可以要求对设备进行改动。

4.4 Within three (3) days after the date of the Equipment has been loaded on board; the Seller shall send the Buyer with shipping advice by fax advising the details of shipments.

译文：在设备装船之后3日内，卖方应该以传真通知买方具体的装船信息。

4.5 Within fifteen (15) days after the date of the Equipment is loaded on board, the Seller shall present the bank for negotiation with the following original documents:

(1) Commercial Invoice;

(2) Packing List;

(3) Full set of ocean Bill of Lading;

(4) Certificate of Origin;

(5) Certificate of conformance.

译文：在设备装船之后15日内，卖方应该将下列正本单据提交银行：

(1) 商业发票；

(2) 箱单；

(3) 全套海运提单；

(4) 产地证；

(5) 合格证。

4.6 Within thirty (30) days from the date of the Equipment is unloaded at destination, the Buyer accompanied by official of inspection bureau or local chamber of commerce, should have finished inspection of the Equipment.

译文：从设备在目的地卸载之日起 30 日内，买方应该安排其商检局或者当地商会完成对设备的检验。

4.7 Within thirty (30) days after the arrival of the Equipment at the destination port, should the quality, specification, or quantity be found not in conformity with the packing list, except those claims for which the insurance company or the owners of the vessel are liable, the Buyer shall, on the strength of the certificate issued by the Inspection Bureau or chamber of commerce and photograph as well as claim report (in English) with numbers of B/L, containers, packing cases as well as missing or broken parts, have the right to claim for compensation.

译文：在设备到达目的港之后的 30 日内，如非保险公司或者船运公司责任，如买方发现设备的质量、规格或者数量与合同不符，买方有权凭借商检局或者商会出具的检验证书、照片和英文索赔报告提出索赔。报告应指明海运提单号、集装箱号、包装箱的丢失或者破损等细节。

4.8 The Seller shall, at his own cost, supply all the missing or broken equipment or parts to the Buyer as soon as possible but no later than fifty (50) days from date of the claim received.

译文：从收到索赔报告之日起 50 日之内，卖方应该免费向买方提供所有丢失或者破损的设备或者部件。

4.9 The Buyer should take proper measures for the Equipment to keep away from rainstorm, hurricane, dust and wet as well as prevention against stealing. All losses or damages caused by improper storage will be borne by the Buyer.

译文：买方应该采取适当的措施确保所收到的设备远离暴风雨、飓风、灰尘、潮湿，以及避免偷盗。由买方不当引起的一切遗失和破损由买方承担责任。

2. 出口单据

合同第五条涉及合同单据，本案例是托收项下的单据制作与提交。出口单据尤其是信用证项下出口单据的制作，是一项十分严谨的工作，往往由出口单据部门负责。出口单据主要有：汇票、商业发票、运输单据、保险单、原产地证明、检验证书、包装单据等。

（1）汇票

在国际贸易中，主要使用的是跟单汇票，作为出口方要求付款的凭证。制作汇票时应注意下列问题。

出票条款。信用证名下的汇票，应填写出票条款。包括：开证行名称，信用证号码和开证日期。

汇票金额。托收项下汇票金额应与发票一致。若采用部分托收、部分信用证方式结算，则两张汇票金额各按规定填写，两者之和等于发票金额。信用证项下的汇票，若信用证没有规定，则应与发票金额一致。若信用证规定汇票金额为发票的百分之几，则按规定填写。这一做法，通常用于以含佣价向中间商报价，发票按含佣价制作，开证行在付款时代扣佣金的情况。

付款人名称。托收方式的汇票，付款人为买方。在信用证方式下，以信用证开证行或其指定的付款行为付款人。若信用证未加说明，则以开证行为付款人。

收款人名称。汇票的收款人应是银行。信用证方式下，收款人通常为议付行；托收方式下，收款人可以是托收行，均作成指示式抬头。托收中也可将出口方写成收款人（已收汇票），然后由收款人作委托收款背书给托收行。

（2）商业发票

商业发票（Commercial Invoice）是出口商开立的发货价目清单，是装运货物的总说明。发票全面反映了合同内容。发票的主要作用是供进口商凭以收货、支付货款和进出口商记账、报关纳税的凭据。在不用汇票的情况下（如付款信用证、即期付款交单），发票代替汇票作为付款的依据。

发票没有统一的格式，其内容应符合合同规定，在以信用证方式结算时，还应与信用证的规定严格相符。发票是全套货运单据的中心，其他单据均参照发票内容缮制，因而制作不仅要求正确无误，还应排列规范，整洁美观。

制作内容及注意事项如下：

出口商名称。发票顶端必须有出口商名称、地址、电传、传真和电话号码，其中出口商名称和地址应与信用证一致。

发票名称。在出口商名称下，应注明"发票"（Cormercial Invoice 或 Invoice）字样。

发票抬头人。通常为国外进口商。在信用证方式时，除非另有规定，应为开证申请人。

发票号码、合同号码、信用证号码及开票日期。发票号码由出口商自行按顺序编制。合同号码和信用证号码应与信用证所列的一致，如信用证无此要求，亦应列明。开票日期不应与运单日期相距太远，但必须在信用证交单期和有效期之内。

装运地和目的地。应与信用证所列一致，目的地应明确具体，若有重名，应写明国别。

运输标志（唛头）。凡来证有指定唛头的，按来证制作。如无规定，由托运人自行制定。以集装箱方式装运，可以集装箱号和封印号码取代。运输单据和保险单上的唛头，应与发票一致。

货物名称、规格、包装、数量和件数。关于货物的描述应符合合同要求，还必须和信用证所用文字完全一致。如用列明重量，应列明总的毛重和净重。

单价和总值。单价和总值必须准确计算，与数量之间不可有矛盾，应列明价格条件（贸易术语），总值不可超过信用证金额的超值发票，银行可以接受，也有权拒收。

附加证明。大致有以下几种：①加注费用清单：运费、保险费和 FOB 价；②注明特定号码，如进口许可证号、布鲁塞尔税则号；③注明原料来源地的证明文句。

出单人名称。发票由出口商出具，在信用证方式下，必须是受益人。

（3）运输单据

运输单据因不同的贸易方式而异。有海运提单、海运单、航空运单、铁路运单、货物承运收据及多式联运单据等。我国外贸运输方式以海运为主。这里着重介绍海运提单 Bill of Lading 的缮制及注意事项。

托运人（Shipper）。一般即为出口商，也即信用证的受益人，如果开证申请人为了贸易上的需要，在信用证内规定作成第三者提单也可照办，例如请货运代理做托运人。

收货人（Consignee）。该栏又称提单抬头。应严格按信用证规定制作。如以托收方式结算。则一般做成指示式抬头。即写成"To order"或"To the order of ×××"字样。不可做成以买方为抬头的记名提单或以买方为指示人的提单以免过早转移物权。

通知人（Notify Party）。这是货物到达目的港时船方发送到货通知的对象，通常为进口方或其代理人。但无论如何，应按信用证规定填写。如果信用证没有规定，则正本提单以不填为宜，但副本提单中仍应将进口方名称地址填明，以便承运人通知。

提单号码（B/L No.）。提单上必须注明编号，以便核查，该号码与装货单（又称大副收据）或（集装箱）场站收据的号码是一致的。没有编号的提单无效。

船名及航次（Name of Vessel；Voy No）。填列所装船舶及航次。如中途转船，只填写第一程船名航次。

装运港（Port of Loading）和卸货港（Port of Destiration）。应填写具体港口名称。卸货港如不同国家有重名，则应加注国名。卸货港如采取选择港方式，应全部列明。如伦敦/鹿特丹/汉堡选卸，则在卸货港栏中填上"Option London/Rotterdam/Hamburg"，收货人必须在船舶到达第一卸货港前在船公司规定时间内通知船方卸货港，否则船方可在其中任意一港卸货。选择港最多不得超过三个，且应在同一航线上，运费按最高者计收？如中途转船，卸货港即填写转船港名称，而目的港应填入"最终目的地"（Final Destination）栏内。也可在卸货港内填上目的港，同时注明在 XX 港转船"（W/Tat XX）。

嗟头。与发票所列一致。

包装件数和种类（Number and Kind of Packages）与货物描述（Description of Goods）。按实际情况列明。一张提单有几种不同包装应分别列明，托盘和集装箱也可作为包装填列。裸装有捆、件，散装货应注明"In bulk"。货物名称允许使用货物统称。但不得与信用证中货物的描述有抵触。危险品应写清化学名称，注明国际海上危险品运输规则号码（IMCO CODE PAGE），联合国危规号码（UN CODE NO），危险品等级（CLASS NO）。冷藏货物注明所要求的温度。

毛重和尺码（Gross Weight&Measurement）。除信用证另有规定外，重量以千克或公吨为单位，体积以立方米为计算单位。

运费和费用（Freight&Charges）。本栏只填运费支付情况，CFR 和 CIF 条件成交，应填写运费预付（Freight Prepaid），FOB 条件成交，一般填写运费到付（Freight Collect），除非买方委托发货人代付运费。程租船一般只写明"AS AR-

RANGED"（按照约定）。如信用证另有规定，按信用证规定填写。

正本提单份数（Number of original Bs/L）。按信用证规定签发，并分别用大小写数字填写。

提单日期和签发地点。除备运提单外，提单日期均为装货完毕日期，不能迟于信用证规定的装运期。提单签发地点按装运地填列。如果船期晚于规定装运期，要求船方同意以担保函换取较早日期提单，这就是"倒签提单"（Antidated B/L）；货未装上船就要求船方出具已装船提单，这就是"预借提单"（Advanced B/L），这种做法系国际航运界陋习，一旦暴露，可能造成对方索赔以致拒收而导致巨大损失。

（4）保险单

保险单（Insurance Policy/Certification）是保险人与被保险人之间订立的保险合同的凭证。是被保险人索赔、保险人理赔的依据，在 CIF 或 CIP 合同中，出口商在向银行或进口商收款时，提交符合销售合同及/或信用证规定的保险单据是出口商必不可少的义务。

保险单主要内容如下：

保险人及保险公司。

保险单编号。

被保险人，即投保人。在 CIF 或 CIP 条件下，出口货物由出口商申请投保，在信用证没有特别规定的前提下，信用证受益人为被保险人。并加空白背书，以转让保险权益。

标记。指运输标志应和提单、发票及其他单据上的标记一致。通常在标记栏内注明"按 XX 号发票"。

包装及数量。应与发票内容相一致。

保险货物名称。可参照商业发票中描述的商品名称填制。也可填货物的统称。信用证有时要求所有单据都要显示出信用证号码，则可在本栏空白处表示。

保险金额。按信用证规定金额投保，若信用证未规定，则按 CIF 或 CIP 价格的 110%投保。

保费及费率。保费及费率一般没有必要在保险单上表示。该栏仅填"AS ARRANGED"。但来证如果要求标明保费及费率时，则应打上具体数字及费率。

装载运输工具。海运货物应填写船名和航次。如果需在中途转船，如投保时已确定二程船名，则把二程船名也填上。如二程船名未能预知，则在第一程船名后加注"and/or steamers"。

开航日期、起运地和目的地。开航日期缮打"as per B/L"（见提单），地点参照提单填写。

承保险别。本栏是保险单的核心内容。它主要规定了保险公司对该批货物承保的责任范围，也是被保险人在货物遭到损失后，确定是否属保险公司责任的根据。本栏应按投保资料缮制，并要严格符合信用证条款的要求。

赔付地点和赔付代理人。一般为保险公司在目的地或就近地区的代理人。

保险单签发日期和地点。保险单的出单日期不迟于提单或其他货运单据签发日期，以表示货物在装运前已办理保险。

保险公司签章。

（5）原产地证明

原产地证明（Certificate of Orgin）是用以证明货物原产地或制造地，是进口国海关计征税率的依据。我国出口商品所使用的产地证主要有以下几种：

普通产地证。用以证明货物的生产国别，进口国海关凭以核定应征收的税率。在我国，普通产地证可由出口商自行签发，或由进出口商品检验局签发，或由中国国际贸易促进委员会签发。在实际业务中，应根据买卖合同或信用证的规定，提交相应的产地证。在缮制产地证时，应按《中华人民共和国出口货物原产地规则》及其他规定办理。

普惠制产地证（GSP Certfficate of Origin）。目前给予我国普惠制待遇的有新西兰、日本、挪威、瑞士、俄罗斯及欧盟等 15 个国家和地区。凡是向给惠国出口受惠商品，一般均须提供普惠制产地证，才能享受关税减免的优惠，所以不管来证是否要求提供这种产地证，我国出口商均应主动提交。普惠制产地证的书面格式名称为格式 A（Form A），但有些国家除外。在我国，普惠制产地证由进出口商品检验局签发。

（6）检验证书

国际贸易中检验证书（Inspection Certification）种类很多，分别用以证明货物的品质、数量、重量和卫生条件等方面的情况。检验证书一般由国家指定的检验机构出具，也可根据不同情况，由出口企业或生产企业自行出具。应注意出证机构检验货物名称和检验项目必须符合信用证的规定。还须注意检验证书的有效期。一般货物为 60 天，新鲜果蔬类为 2—3 个星期，出口货物务必在有效期内出运，如超过期限，应重新报验。

（7）包装单据

包装单据（Packing Document）是指一切记载或描述商品包装种类和规格情况的单据，是商业发票的补充说明。主要有装箱单（Packing List）、重量单（Weight List）、尺码单（Measurement List）。

（8）其他单证

其他单证按不同交易情况，由合同或信用证规定，常见的有：寄单证明（Beneficiary's Certificate for Despatch of Documents）、寄样证明（Beneficiary's Certificate for Despatch of Shipment Sample）、邮局收据（Post Receipt）、快速收据（Courier Receipt）、装运通知（Shipping Advice）以及有关运输和费用方面的证明。

（四）仲裁条款

案例合同的仲裁条款在第十二款，共五条如下：

12. 1. All disputes and disagreements arising out of the Contract or in connection with it shall be settled through amicable negotiations between the Parties.

译文：由合同引起的或者与合同相关的所有争议和不和，应该通过合同双方的友好协商进行解决。

12. 2. If the Parties fail to reach any agreement, the dispute shall be referred to the International Commercial Court of Arbitration under the Chamber of Commerce and Industry in Stockholm, Sweden, whose awards shall be final and binding for both Parties.

译文：如果合同双方难以达成一致意见，争议应该由瑞典斯德哥尔摩工商协会的国际商事仲裁庭进行仲裁，此仲裁将是终极的、对合同双方都具有约束力。

12. 3. It is agreed that in the arbitration procedure there shall be applied the Regulations of the International Commercial Court of Arbitration of the Chamber of Commerce and Industry in Stockholm, Sweden. In the resolution of disputes, the Par-

ties shall apply the financial law of Swiss. The Parties shall apply to the International Commercial Court of Arbitration under the Chamber of Commerce and Industry in Stockholm, Sweden, should any dispute arise in relation to a short delivery and the quality of the products, payments for the Equipment, exaction of any losses and penalties, or failure to execute, or inadequate execution of, obligations hereunder.

译文：在仲裁程序中，合同双方要同意由瑞典斯德哥尔摩工商协会的国际商事仲裁庭进行仲裁。在争议决议中，合同双方将使用瑞士的金融法。任何与交付缺额、产品质量、货款交付，任何过错和罚款的过分苛求，或者下文义务的不恰当履行和不能履行有关的争议，将由瑞典斯德哥尔摩工商协会的国际商事仲裁庭进行仲裁。

12.4. It is agreed that disputes shall be settled and awards shall be issued by one and the same arbitrator. If the Parties fail to appoint the arbitrator within 40 days, such arbitrator shall be appointed by the Chairman. All arbitration costs and expenses shall be covered and borne by the party to the arbitration.

译文：双方一致同意，争议应由同一名仲裁员解决并作出裁决。如果合同双方在40天内不能指定仲裁员，仲裁员由斯德哥尔摩工商协会主席任命。所有的仲裁开支和花费均由接受仲裁的一方承担。

12.5. The language in which all disputes shall be considered shall be English.

译文：解决所有争议所使用的语言应该是英语。

仲裁机构为瑞典斯德哥尔摩工商协会，这里做简单介绍。斯德哥尔摩商会仲裁院英文全称为：THE ARBITRATION INSTITUTE OF THE STOCKHOLM CHAMBER OF COMMERCE。英文简称：SCC。斯德哥尔摩商会成立于1917年，其仲裁机构组织设立于1949年。设立的目的在于解决工业、贸易和运输领域的争议。SCC的总部设在瑞典的斯德哥尔摩，包括秘书局和三名成员组成的委员会。三名委员任期三年，由商会任命。三名委员中，一名须具有解决工商争议的经验，一名须为有实践经验的律师，一名须具备与商业组织沟通的能力。SCC解决国际争议的优势在于其国家的中立地位，特别以解决涉及远东或中国的争议而著称。

仲裁条款是合同中的必要条款。

三、涉外合同管理制度

企业一旦签订了涉外合同，往往涉及很多部门如采购、生产、销售、财务、人力资源等实现共享数据，相互协调。为了有效协调企业各部门的业务活动，就需要有效的合同管理。从二十世纪七十年代初开始，随着工程项目管理理论研究和实际经验的积累，人们越来越重视对合同管理的研究。在发达国家，二十世纪八十年代前人们较多地从法律方面研究合同；二十世纪在八十年代，人们较多地研究合同事务管理；从二十世纪八十年代中期以后，人们开始更多地从项目管理的角度研究合同管理问题。近十几年来，合同管理已成为工程项目管理的一个重要的分支领域和研究的热点。

涉外合同管理是企业涉外活动管理的重要组成部分，也是内部控制的重要方面，有效的合同管理有助于企业实现内部控制目标和降低其在经济活动中的风险。

合同管理过程从洽谈、草拟、签订、生效开始，直至合同失效为止。涉外合同管理不仅要重视签订前的管理，更要重视签订后的管理。合同管理具有系统性和动态性的特点，系统性就是凡涉及合同条款内容的各部门都要一起来管理，动态性就是注重履约全过程的情况变化，特别要掌握对自己不利的变化，及时对合同进行修改、变更、补充或中止和终止。随着合同管理工作对信息技术依赖性的不断增强，合同管理信息化已成为现代企业经营发展的必然选择，而合同信息化管理也成为合同管理的主要发展趋势。

改革开放以来，企业涉外业务的迅速增长，能够提供给涉外企业相关软件、云服务的企业应运而生，从开始的软件提供到现在的云平台，产品也由合同管理扩大到能够提供邮件管理、客户管理、产品管理、业务管理、单证管理、财务管理等功能，例如，外贸 ERP 系统为国际贸易和跨境电商企业提供智能营销获客、外贸 CRM、外贸 ERP、单证管理以及供应链管理的专业的数字化解决方案。可以看出，各种管理职能分工越来越细，但无论如何合同管理作为一个重要的管理职能，具有其本身的特点需要深入研究并在实践中加以应用，本章从以下几个方面来论述合同管理。

（一）合同的归口管理

1. 合同文件归口管理

明确企业合同文件的归口管理机构，规范合同从草拟、审批到执行以及后续的财务管理、绩效考核等具体流程，并开展定期检查整改合同管理薄弱环节，是十分重要的。这样的机构在前期侧重于销售部门，在后期侧重于采购、生产、财务管理等部门。如在签订前的阶段主要是销售部（国际贸易部）负责，而签订后转到管理部门负责。前端的销售与后端的采购、生产和财务一直是动态合作的，要始终围绕合同进行动态管理。

2. 业务分类与合同分类

涉外企业应将自己的业务进行分类，例如货物出口/货物进口、项目，或者按经营品种不同如食品类、服装类等分类。因为不同类别的业务，其合同条款有很大的区别，尤其体现在付款方式上。例如食品类合同大多是老客户，一般100%D/P即可签订，而项目合同往往都是新客户，需要一定的保证金。

（二）合同签订与合同变更

1. 客户、供应商分类

涉外企业的客户、供应商很多，但不一定每一个都是重要的。帕累托原则是一个很好的尺度：80%的产出源自20%的投入，在众多客户和供应商中，只有20%的客户和供应商是最重要的。这类客户或供应商要么合同金额大，要么有关键技术，要么竞争对手少，他们是签订合同的重点对象，与这些客户、供应商的合同是十分重要的。

2. 合同起草与审查

涉外合同最好要有公司自己标准的合同文本。同时根据具体情况，合同要有个浮动范围，规定哪些条款变动可以接受，哪些可以谈判，哪些则绝对不能变动。例如，价格上是可以浮动的，但在付款方式上，公司要有一个底线。行业标准合同文本是涉外企业在合同起草过程中需优先参考的文本，起草重大合同及特殊合同时公司法务或相关法律机构应参与其中。

3. 合同风险

类似于巴塞尔协议对商业银行风险的定义，企业合同风险也可以分为市场风险、信用风险和操作风险等。市场风险如一般贸易项下的合同，合同的履约期往往与海运航程有关，如果是即期交货，价格是基于现有存货的成本，那么出口商面临的市场风险就几乎为零。但如果是在一年内分批交货的合同，价格一旦确定，买卖双方就都面临着市场行情波动的风险，主要包括出口商国内市场原材料价格波动的风险、海运费波动的风险和进口商进口商品市场价格波动的风险。信用风险体现在买卖双方的信用，这是最为重要的，但也是最难观测的，即使征信机构能够提供征信报告，合同中的付款方式和仲裁条款仍然是保护自己的最为有力的武器。而操作风险这里可以认为是信用证项下的单证制作或合同执行过程中的履约。

4. 合同谈判、审查、签订与变更

涉外合同的谈判大多用 Email 来完成，因此整个过程具有文字记录。合同谈判包括报盘、还盘、接受等环节，要求谈判人员非常专业。一般来说，一个好的报盘包括：价格、数量、规格、质量、付款方式、交货期等信息，基本上把合同的主要条款都涵盖进去了，不仅如此，还给报盘注明了有效期。当然，还盘与接受也是如此，直到合同签订。合同签订一般以双方手签即为有效，以前通过传真，现在大多通过 Email 传输。

这里面要注意合同变更，合同变更与新签合同一样严肃，因为原来的合同已经生效，变更方需要向对方提出申请变更合同，否则变更无效。

（三）合同执行

1. 合同（项目）责任制

在内部管理中，每一个合同在整个执行期间都应有具体的负责人，公司应该根据合同的重要性，或者合同与哪个部门最为密切，来确定合同的领导人、直接负责人、具体操作人等，来协调公司内外部关系。

2. 协调机制

一般贸易项下的合同相对比较简单，但如果是金额比较大、履约时间长、环节比较多的大项目，公司需要针对该合同，要求合同的领导人建立协调机制，定期通过协调会议协调解决履约中遇到的实际问题。

（四）财务管理与绩效考核

1. 财务管理

在合同签订前，公司财务就要参与，为合同签订提供筹资、营运资本的解决方案。在合同签订后，财务部门应该根据拟定的方法为该合同或项目提供财务解决方案。如信用证打包贷款、信用证押汇、托收押汇都是贸易项下可以从银行取得短期融资的方案。

2. 绩效考核

每一笔合同与项目的执行，都是与前端的销售与后端的采购、生产、技术、财务合作完成的。公司合理的绩效考核，尤其是对前端销售的激励，是进一步扩大销售的一个有效方式。

（五）国际贸易公司合同管理办法示例

以上几个方面如合同的归口管理、合同签订与合同变更、合同执行和财务管理与绩效考核是涉外企业传统的合同管理，企业要制定相应的制度，如以下为某国际贸易公司制定的合同管理办法：

XX 国际贸易公司合同管理办法

第一条　为规范集团合同管理，增强员工的责任意识，维护集团有序的经营管理秩序，为集团董事会提供及时准确的战略数据，特制定本办法。

第二条　本办法适用于集团所有内外销合同的管理。

第三条　本办法遵循的原则是：明确责任；服务客户；降低内耗，优化管理。

第四条　集团财务管理中心是集团合同的总管部门。

第五条　集团合同管理的具体运作流程如下：

（一）外销员、采购员、单证员角色

外销员代表集团与客户（买方）签订外销合同；采购员代表集团与供应商（卖方）签订采购合同；外销员向集团内部单证员询价，确定运费；外销员、采购员、单证员互相配合，按时、按质、按合同条款操作合同。

（二）外销、采购合同时间差异期限的要求

外销员、采购员代表集团作为中间商，与客户（买方）签订外销合同，与供应商（卖方）签订采购合同。为规避风险，两个合同的时间差异期限原则要求，小型机械为 3 天，成套机械为 7 天，食品电子为 2 天，达到要求为"正常合同"；否则集团将认定为"关注合同"，外销员、采购员应及时向地区经理汇报。

（三）外销合同：

1. "外销合同生效"的认定

集团认定合同生效的规则是：机械、电子类为首次预收款到账日或合格信用证收到日；食品为外销合同签订日（老客户）或首次预收款到账日或合格信用证收到日（新客户）。

2. 外销合同质量要求

外销员须向集团提交正确的外销合同，合同总金额、价格术语、付款方式与安排、装运期限务必完全正确，合同号在整个业务流程中完全保持一致。

3. 提交外销合同时间要求

财务核算人员须在预收款到账日或信用证通知日当天在 OA 发布通知，外销员认定后须于认定当日提交外销合同，手签后提交；食品老客户于合同成交当日提交外销合同，手签后提交。

4. 外销合同更改

外销合同的任何更改，外销员须于当日提供合同更改（客户的 ADDEN-DUM 或往来邮件），经地区经理签字提交集团。

（四）采购合同

1. 提交采购合同质量要求：

采购员须提交真实的有供应商签章的采购合同，合同总金额、交货地点、付款方式与安排、发票（是否含税，税率）规定、发票最迟寄出日务必完全正确，采购人员手签后提交。

2. 提交采购合同时间要求：

以外销合同提交日往后，小型机械为 3 天，成套机械为 7 天，食品电子为 2 天。

3. 采购合同的任何更改

采购员须提供真实的经供应商签章的合同更改，经地区经理签字，于合同更改当日提交。

（五）收款管理

集团财务中心核算部严格依据外销合同进行收款管理，如在收款管理中发现错误而外销员解释为合同更改，并且不提供合同更改，将按事故进行认定，外销员提成将推迟一月发放。

外销员对客户催款工作负有全部责任，若船到港仍未收到全款，外销员必须向地区经理和集团副总汇报。

集团财务部有直接向客户催收的权利，外销员须向集团财务部提供客户的财务部联系人的电子邮件。

（六）付款管理

集团财务中心核算部严格依据采购合同进行付款管理，对于没有收到合同更改，而采购员要求付款金额超出合同金额并解释为合同更改，将按事故进行认定，采购员提成将推迟一月发放。

采购员有义务在签订合同前提出供应商放账要求，否则对于大额付款（50万元以上）须提前10日通知财务"付款计划"。

集团财务部有直接向供应商催收发票和拒收不按合同开具发票的权利。

（七）物流服务与管理

集团财务中心单证部将严格依据以上两个合同进行物流安排，如合同在执行中有其他要求（如配合客户更改报关内容），请务必及时通知合同管理部并严格填写外销员/采购员/单证员交接单，责任认定划分以此为准。

（八）"非利益相关者"与"利益相关者"说明

集团财务中心核算部与合同管理部在业务执行中为"非利益相关者"，合同管理部负责合同管理和退税管理。下设"单证部"为"利益相关者"，提供集团内海运费报价、物流操作和海运费差异单的费用处理；下设"退税部"为"非利益相关者"，办理集团退税。

（九）产品说明

应集团董事会要求，外销员、采购员和地区经理负有向财务部通知其合同产品类型的说明。

（十）提成流程图

应集团董事会要求，规范发放提成流程，企业管理中心特制订"业务员提成发放流程图"，具体细则与解释归集团企业管理中心。

第六条　凡涉及本办法管理流程的业务，如有违反流程操作，视具体情况由财务管理中心提出处理意见。

第七条　本办法由集团财务管理中心负责解释与修订。

第八条　本办法由集团总经理批准，自20【　　】年7月30日起开始施行。

（六）邮件管理

涉外企业的一个显著的特点是大多使用电子邮件，因此邮件管理十分重要，因为邮件是前置于合同事项的。无论在合同签订前，还是在合同履约过程中，与合同相关的客户、销售、采购、生产、财务、法务、单证建立合理安全的邮件往来和抄送，是进行动态管理与后期溯源的最为重要的信息。

（七）信息化建设

前置于合同管理的邮件管理，而前置于邮件管理的是营销管理、客户管理等。这也是很多软件公司、云服务平台为涉外企业提供的服务产品。

如前所述，信息科技公司向涉外企业提供了全方位的信息管理软件和服务，例如为涉外企业提供：外贸SaaS云平台、外贸管理软件、跨境电商ERP、跨境外贸人才培训、外贸ERP业务管理系统、外贸CRM客户资源管理软件、EDM外贸邮件系统、外贸客户开发、外贸网站建设、智能营销独立站打造、跨境商城建设等服务和产品，为外贸企业解决订单（合同）和管理两大关键需求。

在获取订单（合同）后，围绕订单会产生一系列的工作，合同管理只是其中一个模块。一套优质的外贸ERP全局架构，是一套能实现邮件管理、客户关系管理、商品管理、报价管理、合同管理、单证管理、财务管理等多维数据衔接的外贸管理系统。

如今，越来越多的涉外企业为了提高其竞争力加大了信息化建设的力度，并且在进行信息化建设的过程中，涉外企业也会越来越重视自身的内部管理，进而加强外部市场的开拓力度，为客户提供迅捷优质的服务，信息化建设已经成为提高涉外公司管理的一个重点。

四、涉外仲裁

涉外合同最常选择的争议解决方式是国际仲裁，这样有利于规避一国法律对外国企业的不平等对待，取得相对的公平。

常见的仲裁机构有以下几个：

1. 中国国际经济贸易仲裁委员会

中国国际经济贸易仲裁委员会以仲裁的方式，独立、公正地解决契约性或非契约性的商事等争议。仲裁委员会受理下列争议案件：国际的或涉外的争议案件；涉及中国香港特别行政区、中国澳门特别行政区或中国台湾地区的争议案件；中华人民共和国大陆（内地）争议案件。其示范仲裁条款如下：

译文：凡因本合同引起的或与本合同有关的任何争议，均应提交中国国际经济贸易仲裁委员会，按照申请仲裁时该会现行有效的仲裁规则进行仲裁。仲裁裁决是终局的，对双方均有约束力。

Any dispute arising from or in connection with this Contract shall be submitted to China International Economic and Trade Arbitration Commission（CIETAC）for arbitration which shall be conducted in accordance with the CIETAC's arbitration rules in effect at the time of applying for arbitration. The arbitral award is final and binding upon both parties.

译文：凡因本合同引起的或与本合同有关的任何争议，均应提交中国国际经济贸易仲裁委员会北京总会/_____分会（仲裁中心），按照仲裁申请时中国国际经济贸易仲裁委员会现行有效的仲裁规则进行仲裁。仲裁裁决是终局的，对双方均有约束力。

Any dispute arising from or in connection with this Contract shall be submitted to China International Economic and Trade Arbitration Commission（CIETAC）Beijing General Assembly _____ Sub‐Commission（Arbitration Center）for arbitration which shall be conducted in accordance with the CIETAC's arbitration rules in effect at the time of applying for arbitration. The arbitral award is final and binding upon both parties.

2. 新加坡国际仲裁中心（SIAC）

新加坡国际仲裁中心英文名为：Singapore International Arbitration Center，英

文简称为：SIAC。其仲裁规则也最大限度地以 UNCITRAL 仲裁规则为基础，当事人有很大自主权。新加坡仲裁中心主要以解决建筑工程、航运、银行和保险方面的争议见长。

由于新加坡法院历史上持有对仲裁予以干涉的态度，所以新加坡仲裁中心未广泛地为世界各国和地区选择。对于中国与欧美公司的贸易，各方妥协的结果往往会选择在新加坡国际仲裁中心进行仲裁。

SIAC 自 1991 年作为一个独立的非营利性组织开始运作以来，SIAC 的仲裁裁决已在许多司法管辖区执行，包括澳大利亚、中国、印度、印度尼西亚、约旦、泰国、英国、美国和越南以及其他《纽约公约》签署成员。SIAC 是一个全球性的仲裁机构，为来自世界各地的当事人提供仲裁服务。

新加坡仲裁委员会拥有一个由来自 40 多个司法管辖区的 500 多名专家组成的国际仲裁小组。SIAC 的仲裁小组拥有来自 25 个司法管辖区的 100 多名经验丰富的能源、工程、采购和建筑领域的仲裁员。

《新加坡国际仲裁中心仲裁 SIAC 规则》为有效、专业和可执行地解决涉及不同法律制度和文化的各方的各种规模和复杂性的国际争端提供了最新的程序框架。

SIAC 的示范仲裁条款为：

译文：凡因本合同而产生的或与本合同有关的任何争议，包括合同的存在、效力或终止等任何问题，应提交新加坡国际仲裁中心（简称"中心"），并按其现行有效的规则，在新加坡进行最终仲裁。本合同签订后，若"中心"对其仲裁规则有所修订，则按"中心"已通过且生效的最新修订规则进行仲裁。"中心"的现行规则或上述修订规则应被视为本条的一部分。

可选内容：

仲裁庭将由＿＿＿＿＿＿位由中心主席指定的仲裁员组成。

仲裁语言为＿＿＿＿＿＿。

本合同以＿＿＿＿＿＿的法律为其适用法律。

Any dispute arising out of or in connection with this contract, including any question regarding its existence, validity or termination, shall be referred to and finally resolved by arbitration in Singapore in accordance with the Arbitration Rules of the Singapore International Arbitration Centre（"SIAC Rules"）for the time being in force, which rules are deemed to be incorporated by reference in this clause.

The Tribunal shall consist of＿＿＿＿＿＿arbitrator（s）to be appointed by the Chairman of the SIAC.

The language of the arbitration shall be＿＿＿＿＿＿.

This contract is governed by the laws of＿＿＿＿＿＿.

3. 国际商会仲裁院（ICC）

国际商会仲裁院英文名为：The International Court of Arbitration of International Chamber of Commerce，英文简称为：ICC。其成立于 1923 年，属于国际商会的一部分。国际商会本身于 1919 年成立于法国巴黎，其目的是促进国际商事活动的进行。它是一个国家间的商会，现有国家会员 60 多个。其仲裁院的成立也是延续其促进和维护国际商事活动的目的。国际商会仲裁院总部和其秘书局设在法国巴黎，与任何国家没有关系，尽管它是根据法国法律设立。国际商会仲裁院的委员来自 40 多个国家和地区，他们都具有法律背景和国际商事法律及争议解决的专业经验。国际商会的仲裁员从世界范围内遴选，其仲裁的一个主要特点是可以在世界的任何一个地方进行仲裁程序。国际商会仲裁院秘书局的工作人员也来自不同的国家，能够使用多种语言进行工作。

4. 伦敦国际仲裁院（LCIA）

伦敦国际仲裁院英文名为：The London Court of International Arbitration，英文简称为：LCIA。它是世界上最古老的仲裁机构，成立于 1892 年。原名为：London Chamber of Arbitration，1903 年起使用现名。1986 年起，伦敦国际仲裁院改组成为有限责任公司，其董事会管理其活动。

伦敦国际仲裁院设在伦敦，在仲裁案件中其主要作用是指定仲裁员和对案件进行一些辅助性的管理。它也设有仲裁员名册，仲裁员的成分也是多种多样，可以适应各种类型案件的需要。

除上述综合性的国际仲裁机构外，还有一些专业性的仲裁机构，例如：

5. FOSFA-油脂油料行业仲裁机构

FOSFA 全称为 The Federation of Oils, Seeds and Fats Associations Ltd，译为国际油、油籽和油脂协会。FOSFA 建立于 1971 年，总部位于伦敦，是由此前已经存在的 4 个协会合并而成。协会中历史最悠久的可以追溯到 1863 年。FOSFA 的会员涉及多个领域，包括油籽、油和油脂或花生的商贸领域，或者是为这些商贸往来提供相关服务的业务领域，其会员包括生产商和加工商、货主和经销商、贸易商、经纪人和代理商、监管人、分析师、船东、船舶经纪、储罐公司、仲裁员、顾问、律师、保险公司等一系列服务于大宗粮油贸易的相关人员。发展至今已在世界 67 个国家和地区拥有 700 多名会员，是世界油、油籽、油脂和花生领域从事国际贸易合同颁布和贸易仲裁的重要国际性行业组织机构。FOSFA 拥有一系列的标准合同，这些合同规定了油、油籽、油脂和花生商品的各种贸易条款，适用于产自全世界不同产区、用不同方式运输和用不同贸易条款交易的油、油籽、油脂和花生商品，世界上 85% 的油和油脂贸易是按该协会提供的合同条款交易的。该协会的合同由专门委员会制订，为适应国际贸易实务的需要并使制订的合同条款公平，委员成员来自多个国家、各个贸易环节，并且买卖双方人数相等。FOSFA 的许多合同是通用合同，与世界其他贸易协会的合同是一致的，随着国际贸易条款的改变和情况的变化 FOSFA 定期对合同进行更新和修订。

当发生合同争端时，为避免将案件提交法院所造成的耽搁和有关费用，该协会还提供仲裁服务。合同争端一般由熟悉当前市场做法和行为的商业人士来进行裁决。该协会每年平均处理 80 件案例。如当事人一方对仲裁结果不满意，可有权再次上诉，协会也为其指定一个上诉裁决团进行裁决，裁决团的仲裁员必须是从事或已经从事过此类贸易的协会会员。

仲裁条款往往明确地写在合同上，例如：

Arbitration：Disputes that cannot be settled amicably will be referred to arbitration by FOSFA in London，UK，as per FOSFA contract number 13。

范例 1：成套设备出口的合同

CONTRACT	合同
No. :	合同号
Date：	日期
Place：	地址
This CONTRACT (hereinafter referred to as the Contract) is made by and between:	本合同（以下简称本合同）由以下双方签订：
Shanghai XXX Grain & Oil Engineering and Technology Co. , Ltd. , a company established and existing under the laws of the People's Republic of China, represented by its Board Chairman, Mr. XXX, hereinafter referred to as the Seller, and AAA Internacional de Mexico S. A. de C. V. , a company established and existing under the laws of The United States of Mexico, represented by its Managing Director Mr XXX, hereinafter referred to as the Buyer,	上海 XXX 粮油工程技术有限公司，一家根据中华人民共和国法律成立并存续的公司，由其董事长 XXX 先生代表，以下简称卖方，和墨西哥 AAA 公司，一家根据墨西哥合众国法律成立并存在的公司，由其常务董事 XXX 先生代表，以下简称买方，
The Seller and the Buyer shall be collectively hereinafter referred to as the Parties.	卖方和买方在以下统称为双方。
It is hereby agreed as follows：	双方特此约定如下：

ARTICLE 1. SUBJECT OF THE CONTRACT 1. 1. The Seller agrees to sell to the Buyer, and the Buyer agrees to purchase from the Seller Equipment of Sesame seed Oil Refining Plant with processing capacity of 30 tons of sesame oil in specifications per appendix 2 per day, hereinafter referred to as the Equipment, as per the specification contained in the Appendix No. 1 attached hereto the Contract, hereinafter referred to as the Specification. 1. 2. The Seller agrees to supply to the Buyer, and the Buyer agrees to purchase from the Seller the Technical Service, including full set of Technical Documentations (in English), and technical services such as installation directing, start-up, trial-running the Equipment to ensure it running in accordance with the technical indexes stipulated in the Appendix No. 2 attached hereto the Contract, hereinafter referred to as the Technical Service.	第一条 本合同的标的: 卖方同意销售给买方,买方同意向卖方购买加工能力为每天 30 吨芝麻油加工精炼成套设备,规格见附件 2,以下简称设备,按照本合同附录 No. 1 中的规格,以下简称规范。 1. 2. 卖方同意向买方提供,买方同意向卖方购买技术服务,包括全套技术文件(英文)和安装指导、启动、试运行等技术服务,确保设备按照合同附录 No. 2 规定的技术指标运行,以下简称技术服务。
ARTICLE 2. PRICE 2. 1. The total amount of the Contract is USD475, 000. 00 (say U. S. Dollars Four Hundred and Seventy-five Thousand only). 2. 2. The above-stated prices of the Contract shall be FOB Qingdao / Xingang port, China, in accordance with the valid INCOTERMS-2020.	第二条 价格 2. 1. 合同总额为 USD 475,000. 00 美元。 2. 2. 本合同的上述价格应为 FOB 青岛/新港,中国,符合 2020 年国际贸易术语解释通则的有效期。

ARTICLE 3. TERMS OF PAYMENT

The Buyer transfers the payment (in US dollars) for the Equipment and Technical Service into the Seller's account by the following steps:

3. 1. The sum equal to 20% of the total amount of the Contract, that is US $ 95,000.00 (Say U. S. Dollars Ninety-five Thousand only), as first payment, must be transferred by the Buyer to the Seller's account directly within thirty (30) calendar days from the date when the Contract has been both signed by the Parties.

3. 2. The sum equal to 20% of the total amount of the Contract, that is US $ 95,000.00 (Say U. S. Dollars Ninety-five Thousand only), must be transferred by the Buyer to the Seller's account directly within five (5) working days after the Seller fax to the Buyer informing that the Equipment is ready for packing, and at least thirty (30) calendar days before the shipment date.

3. 3. The sum equal to 30% of the total amount of the Contract that is US $ 142,500.00 (Say U. S. Dollars One Hundred Forty - two Thousand and Five Hundred only), will be paid by the Buyer to the Seller through their banks by presenting to the buyers Bank the Original Shipping Documents against Payment at sight.

第三条　付款方式

买方通过以下步骤将设备和技术服务的付款（以美元计算）转入卖方账户：

3. 1. 总和等于合同总额的20%，即 95,000.00 美元，作为第一次付款，买方须在合同签署日三十（30）日内转移到卖方账户。

3. 2. 合同总额的 20%，即 95,000.00 美元，买方须在卖方传真通知买方设备准备包装后五（5）个工作日内直接转移至卖方账户，并且至少在装运日期前三十（30）日内。

3. 3. 总和等于合同总额的30%的 US $ 142,500.00，买方将通过银行托收方式支付，卖方向买方银行提交正本航运单据，买方银行凭单据支付货款。

3.4. The sum equal to 20% of the total amount of the Contract that is US $ 95,000.00 (Say U. S. Dollars Ninety-five Thousand only), will be transferred by the Buyer to the Seller's account directly after the Buyer receives the equipment and fifteen (15) calendar days before the Seller's technicians departure from China to the Buyer's working site in Mexico.	3.4. 总和等于合同总额的 20%的 95,000.00 美元，将由买方在收到设备十五（15）日内，转移到卖方账户，在卖方的技术人员从中国出发到买方在墨西哥的工作地点之前。
3.5. The sum equal to 10% of the total amount of the Contract that is US $ 47,500.00 (Say U. S. Dollars Forty – seven Thousand and Five Hundred only), must be transferred by the Buyer to the Seller's account within five (5) banking days from the date of the Trial Running Report has been both signed by the representatives of the Parties certifying that the Equipment is running at or better than the technical index stipulated in Appendix 2 attached hereto the Contract.	3.5. 合同总额的 10% 为 US $47,500.00，须由双方代表在试运行报告上签署证明设备运行符合或优于本合同附件 2 规定的技术指标，在五（5）个银行工作日内由买方支付给卖方。
ARTICLE 4. PROCEDURE AND TERMS OF DELIVERY	**第四条　交付程序和交付条款**
4.1. The Seller shall finish fabricating, and be ready for packing loading the Equipment on board within one hundred and twenty (120) days after the date of receiving first payment paid by the Buyer as per Clause 3.1 of the Contract, and thirty (30) days after the date of receiving secondary payment paid by the Buyer as per Clause 3.2 of the Contract.	4.1. 卖方应在收到买方根据合同第 3.1 条支付的第一次付款之日起一百二十（120）天内，以及收到买方根据合同第 3.2 条支付的二次付款之日起三十（30）天内，完成制造并准备包装设备。

4.2. The Buyer will be in charge of booking shipping space, and inform the Seller details, such as: name of the vessel, voyage, and estimated arrival date at loading port by sending fax at least thirty (30) days before the date of shipment. Meanwhile, the Buyer should transfer the secondary payment to the Seller as per Clause 3.2 of the Contract.

4.2. 买方将负责订舱，并在装运日期前至少三十（30）天通过传真通知卖方详情，如：船舶名称、航程和在装运港的预计到达日期。同时，买方应按本合同第3.2条的规定将二次付款转让给卖方。

4.3. The Buyer may send his representative or appoint a surveyor to check the equipment while it is being manufactured to check the quality and recommend changes if required.

4.3. 买方可派其代表或指定检测员对设备进行检查，以检查质量，并在需要时提出更换建议。

4.4. Within three (3) days after the date of the Equipment has been loaded on board; the Seller shall send the Buyer with shipping advice by fax advising the details of shipments.

4.4. 在设备装载日期后三（3）天内，卖方应通过传真向买方发送装运通知，告知装运细节。

4.5. Within fifteen (15) days after the date of the Equipment is loaded on board, the Seller shall present the bank for negotiation with the following original documents:

4.5. 在设备装船后的十五（15）天内，卖方应提交银行以下正本议付单据：

(1) Commercial Invoice;

(2) Packing List;

(3) Full set of ocean Bill of Lading;

(4) Certificate of Origin;

(5) Certificate of Conformance.

（1）商业发票；

（2）装箱单；

（3）全套海运提单；

（4）原产地证书；

（5）合格证。

4.6. Within thirty (30) days from the date of the Equipment is unloaded at destination, the Buyer accompanied by official of inspection bureau or local chamber of commerce, should have finished inspection of the Equipment.

4.6. 自设备到达目的地之日起三十（30）天内，买方应在检验局或当地商会官员的陪同下完成对设备的检查。

4.7. Within thirty (30) days after the arrival of the Equipment at the destination port, should the quality, specification, or quantity be found not in conformity with the packing list, except those claims for which the insurance company or the owners of the vessel are liable, the Buyer shall, on the strength of the certificate issued by the Inspection Bureau or chamber of commerce and photograph as well as claim report (in English) with numbers of B/L, containers, packing cases as well as missing or broken parts, have the right to claim for compensation.	4.7. 在设备到达目的港后三十（30）天内，如果发现质量、规格或数量与装箱单不符，除保险公司或装载船只的所有者负责的索赔外，买方应根据检验局或商会出具的照片和索赔报告，报告附提单号、集装箱号、包装箱号以及丢失或破损部件，有权要求赔偿。
4.8. The Seller shall, at his own cost, supply all the missing or broken equipment or parts to the Buyer as soon as possible but no later than fifty (50) days from date of the claim received.	4.8. 卖方应负责在收到索赔之日起五（50）天内向买方提供所有丢失或损坏的设备或部件。
4.9. The Buyer should take proper measures for the Equipment to keep away from rainstorm, hurricane, dust and wet as well as prevention against stealing. All losses or damages caused by improper storage will be borne by the Buyer.	4.9. 买方应采取适当的措施，使设备远离暴雨、飓风、灰尘和潮湿，并防止被盗。因储存不当而造成的所有损失或损害都将由买方承担。
ARTICLE 5. PACKING MARKING AND STORAGE	第五条 包装标记和储存
5.1. The Equipment should be packed in export package. Such package should be suitable for transshipment and loading or unloading by crane and fork lifter. The Seller shall be liable to the Buyer for any damages of the Equipment resulting from inadequate package.	5.1. 设备应采用出口包装的方式进行包装。该包装应适用于通过起重机和叉车进行转运和装卸。由于包装不当造成的设备损坏，卖方应对买方负责。

5.2. Within each package, the Seller is obliged to prepare a packing list in both Chinese/English language and indicate the Contract number, shipped contents, net weight and gross weight.

5.3. Large, heavy and long packages and boxes with the weight of more than 500 kg or height of more than one meter shall be marked with the '+' sign or 'CG' in red to indicate the center of gravity. The slinging places for the crane equipment shall also be marked.

5.4. Places for the Equipment shall be marked with the numbers and have a serial number of the Equipment.

5.5. The Seller shall mark the packages which should be stored in the Buyer's roofed space with a red triangle in the upper right corner of the packages and with letters ES of minimum 10 cm size.

5.6. Marking shall be made with the indelible paint in English and include the following:

Full name of the consignee and address:

Destination port

Equipment No.

Gross weight

Net weight

5.2. 在每个包装内，卖方有义务准备一份中英文装箱单，并注明合同编号、装运内容物、净重和毛重。

5.3. 重量大于 500 公斤或高度大于 1 米的大、重、长包装和盒子应用红色字体"+"标志或"CG"表示重心。起重机设备的吊处也应标明。

5.4. 设备的位置应标明编号，并标有设备的序列号。

5.5. 对应存放在买方屋顶空间的包装上，卖方应在包装的右上角标记一个红色三角形，并标明至少 10 cm 大小的字母 ES。

5.6. 标记应使用不褪色漆用英文说明以下内容：

收货人的全名及地址：

目的地

设备 No.

毛重

净重

ARTICLE6. TECHNICAL DOCUMENTATIONS	第六条 《技术证明文件》
6. 1 Within forty（40）days from the date of receiving the first payment paid by the Buyer as per clause 3. 1 of the Contract, the Seller shall undertake to send technical documentations as listed below to the Buyer by express mail（DHL or EMS）and before second payment as per appendix 3. 2:	6. 1 在收到买方根据合同第3. 1条支付的第一次付款之日起四十（40）天内，卖方应承诺向买方快递（DHL 或 EMS）之前根据附录3. 2发送以下技术文件:
1）Complete set of layout drawings - Indicating the installation position of the Equipment and the weight, overall dimension of everyone;	1）全套布置图-标明设备安装位置及重量、外形尺寸;
2）Technological flowsheet;	2）技术流程图;
3）Technological pipeline specifications with the indication of pipeline diameters, marks of pipeline armature and instrumentations;	3）管道工艺规格，包括管道直径、管道电枢标志、仪表标识;
4）Pipelines' details as gates, stop valves and so on;	4）管道的闸门、截止阀等细节;
5）Drawings of the foundation including diameters of bolts, platforms, passages and ladders;	5）基础图纸，包括螺栓、平台、通道、梯子的直径;
6）Equipment descriptions;	6）设备描述;
7）Cables specifications;	7）电缆规范;
8）Descriptions and specification of instrumentations.	8）对仪器仪表的描述和规范。
6. 2 After receiving the fourth payment paid by the Buyer as per clause 3. 4 of the Contract, the Seller shall be obliged to send technical documentations immediately:	6. 2 在卖方收到买方按本合同第3. 4条支付的第四次付款后，卖方有义务立即发送技术文件:

1）Operating manuals, including norms of technological process, as well as the description of possible emergencies and the remediation measures.	1）操作手册，包括技术流程规范，以及可能发生的紧急情况的描述和补救措施。
2）Instructions on technical maintenance of the Equipment;	2）设备技术维护说明；
3）Instructions on installation	3）安装说明
6.3. All documentations specified in clauses 6.1 and 6.2 of the Contract should be in English. In the documentation, metric units should be used to specify weights and dimensions (deviations up to 2% are allowed in pipes and fittings).	6.3. 本合同第6.1条和第6.2条中规定的所有文件均应为英文。在文件中，应使用公制单位来指定重量和尺寸（管道和配件中允许的偏差最高为2%）。
ARTICLE 7. INSTALLATION DIRECTING AND TRIAL RUNNING SERVICE	第七条 安装指导和试运行服务
7.1. It is agreed that the installation of the Equipment shall mean installation as per the documents listed in the above Article 6. The installation shall not include production of any extra units, devices, etc., except for those required hereunder and listed in the Appendix 1 attached hereto the Contract.	7.1. 双方同意，本设备的安装应是指按照上述第6条所列的文件进行安装。安装不包括生产任何额外的装置、设备等，但本合同要求和本合同附件1中列出的装置除外。
7.2. The Seller should send his qualified technicians without the harmful habits to the Buyer's working site within fifteen (15) days after receiving the fourth payment paid by the Buyer as per Clause 3.4 of the Contract as well as the literal confirmation sent by the Buyer confirming that all preparation work has been ready	7.2. 卖方应在收到买方根据合同第3.4款支付的第四次付款以及买方确认设备安装的所有准备工作已经准备就绪后，派其合格的技术人员到买方工作现场。买方工作现场的工作时间最多为70（70）个工作

for installation of the Equipment. The working period in the Buyer's working site will be at most seventy (70) working days, 8 hours per day. In some special cases, the working time can be extended to ten (10) hours but the over-working days must be limited in three (3) times per week.

7.3. After installation work being finished and receiving the written request of the Buyer certifying all preparation work for trial running is ready, the Seller will send his technicians to adjust and start-up the equipment in operation of the manufacturing capacity or better than the parameters specified in the Appendix 2 attached hereto the Contract within twenty (20) days from the date of this action start.

7.4. The Buyer is obliged to provide preparation of an industrial premise, supporting facilities of the plant, transportation of raw material and finished products, removal of all exhausted products, ventilation as well as electric wiring up to the control panel.

7.5. During the working periods in the Buyer's site, the Buyer will be obliged to provide the Seller's technicians with accommodations, three meals a day and traffic vehicle. The Buyer should be also obliged to pick up and send back the Sellers technicians from hotel to working site punctually.

日，每天 8 小时。在某些特殊情况下，工作时间可以延长到十（10）个小时，但过度工作的天数必须限制在每周三（3）次内。

7.3. 安装工作完成后，收到买方的书面要求，证明所有试运行准备工作就绪，卖方将在本行动开始之日起二十（20）天内派其技术人员调整和启动生产，生产能力达到或优于本合同附件 2 规定的参数。

7.4. 买方有义务提供工业厂房的准备、工厂的配套设施、原材料和成品的运输、所有成品的清除、通风以及控制面板的电线。

7.5. 在买方现场工作期间，买方有义务为卖方技术人员提供住宿、每天三餐和交通车辆。买方还应及时将卖方技术人员送回工作现场。

7.6. The Buyer shall provide the Seller´s technicians with a separate room on territories of the Buyer, and also take appropriate measures to ensure the safety of tools and other belongings of the experts.

7.7. In case if it is necessary to prolong the stay period of Seller's technicians in the Buyer's region, not dependent on the Seller's reasons, the Buyer shall have to compensate extraly to the Seller at fifty (50) U. S. dollars each person per day, except cases arising from the force-majeure circumstances.

7.8. The Buyer is obliged to provide with：

1）Qualified construction or installation team and working personnel in required quantity on demand of the Seller listed in the Appendix 4 attached hereto the Contract；

2）Power facilities and auxiliary materials according to the Appendix 3 attached hereto the Contract；

3）Chemical reagents to control the technological process；

4）Auxiliary devices, tools, the elevating mechanisms necessary for realization of installation listed in the Appendix 5 attached hereto the Contract；

5）Sufficient quantity of raw materials and auxiliary materials.

7.6. 买方应为卖方的技术人员提供一个单独的房间，并采取适当措施，确保专家的工具和其他物品的安全。

7.7. 如果有必要延长卖方技术人员在买方地区的停留期，而不考虑卖方的原因，买方必须向卖方每人每天额外赔偿五十（50）美元，但因不可抗力情况引起的情况除外。

7.8. 买方有义务提供：
1）符合本合同附件 4 所列卖方要求的合格的施工或安装团队和工作人员；

2）根据本合同附件 3 所规定的电力设施和辅助材料；

3）化学试剂控制工艺过程；

4）本合同附件 5 规定的辅助设备、工具、实现安装所需的升降机构；

5）有足够数量的原材料和辅助材料。

7.9. In case the preconditions provided by the Buyer do not meet the requirements specified in the Appendix 3 attached hereto the Contract (for example short of raw materials for tests), the Seller is entitled to stop the running test and recall his technicians back. Thus the Buyer should bear all cost on re-invitation again to continue the tests.

7.10. During implementation of starting-up and running test and guarantee tests, the Seller is obliged to train the personnel of the Buyer, it includes:

1) How to start-up the Equipment;

2) Basic operation of controlling system;

3) Regular routine inspection;

4) Elementary maintenance services;

5) Safety precautions and emergency treatment.

7.11. When the Equipment, after the trial running and guarantee tests, fully acts as per requirement stipulated in Appendix 2 attached hereto the Contract, the representatives of the Parties shall sign the report. Date of signing the Act for tests is considered the date of putting the Equipment in the full-scale operation.

7.9. 如果买方提供的先决条件不符合本合同附件3规定的要求（如缺少可供试验的原材料），卖方有权停止运行试验并召回其技术人员。因此，买方应承担再次邀请继续测试的所有费用。

7.10. 在实施启动、运行试验和保证试验过程中，卖方有义务对买方人员进行培训，包括：

1）如何启动设备；

2）控制系统的基本操作；

3）定期例行检查；

4）基本维护服务；

5）安全预防措施和紧急处理措施。

7.11. 当设备在试运行和保证试验后，完全符合本合同附件2的要求时，应由双方代表签字签署报告。签署试验法案的日期被视为使设备投入全面运行的日期。

ARTICLE 8. WARRANTIES

8. 1. The warranty period for operational use of the Equipment hereunder shall be twelve (12) months from the date when the Equipment has been put into operation, or eighteen (18) months from the date when the equipment has been delivered, which ever comes first.

8. 2. If the delivered Equipment does not meet the agreed requirements or the characteristics specified in the Appendix 2 attached hereto the Contract, or lose these properties before the expiration of the guarantee period, the Seller at own expense will provide elimination of defects or replacement of the defective equipment by new one with the appropriate quality. In such cases the guarantee period shall be prolonged on the replaced units and mechanisms respectively. Any (serviceable) parts of the Equipment replaced by the Seller become the property of the Buyer, and the replaced (defective) parts become the property of the Seller.

8. 3. During the guarantee period the Buyer is released from any charges concerning to delivery, replacement and/or repair of defective parts, components and systems of the Equipment, exception of supplying the Seller's personnel with accommodation and three meals a day when they are working in the Buyer's place for replacement or repairing purpose.

第八条　保证

8. 1. 本合同项下设备的运行使用保修期为设备投入运行之日起十二（12）个月，或设备交付之日起十八（18）个月。

8. 2. 如果交付的设备不符合约定的要求或合同附件 2 规定的特性，或在保证期届满前失去这些属性，卖方将自费提供消除缺陷或将有缺陷的替换质量合适的新设备。在这种情况下，已更换的单位和机构应分别延长保修期。由卖方更换的设备的任何（可用的）部件应成为买方的财产，而更换的（有缺陷的）部件成为卖方的财产。

8. 3. 在保证期内，买方将免除任何有关交付、更换和/或修理有缺陷的设备部件、部件和系统的任何费用，但为卖方人员每天提供住宿和三餐，在买方场所工作进行更换或维修除外。

8.4. The Seller's warranty shall not apply and the Seller shall bear no liability for any damage caused to the Equipment as a result of incompliance with the operating rules contained in the operation manual supplied by the Seller, misuse or any other causes for which the Seller is not responsible.	8.4. 损坏是由于不按照卖方提供的操作手册使用，而是误用或任何其他原因，这些损坏卖方的保证不适用，卖方也不承担任何损坏的责任。
8.5. The warranty for the Equipment shall become void and null if the Buyer or any other persons on his behalf make any modifications, alterations or repairs without discussing the same with the Seller and without writing consent made by the Sellers.	8.5. 如果买方或任何其他代表人员未与卖方讨论且未经卖方书面同意进行任何修改或维修，则设备的保证无效。
8.6. The Seller warrants that productivity parameters shall meet those specified in the Appendix 1 attached hereto the Contract.	8.6. 卖方保证，生产率参数应满足本合同附件 1 中规定的要求。
8.7. The Seller also warrants that the consumption of power and materials shall comply with the parameters specified in the Appendix 2 attached hereto the Contract.	8.7. 卖方还保证，电力和材料的消耗应符合本合同附件 2 中规定的参数。
8.8. Guarantee of the Seller are valid only when the qualities of raw material and auxiliary materials meet the qualities stipulated in the Appendix 3 attached hereto the Contract.	8.8. 卖方的保证只有在原材料和辅料的质量达到本合同附件 3 中规定的质量时才有效。
ARTICLE 9. CONSEQUENTIAL DAMAGES AND LIABILITY	第九条 间接损害赔偿金和责任
9.1. It is agreed by the Parties that the Seller is not obliged to reimburse the Buyer for any injuries and damages caused to personnel or	9.1. 双方同意，卖方没有义务赔偿买方对本合同标的未涵盖的人员或产品造成的任何伤害

products that are not covered by the subject matter hereof, and any other losses and the loss of profit.

9.2. The Buyer should carry the responsibility on protection of the personnel of the Seller when they are working on territory of the Buyer's factory; but the Buyer should not carry the responsibility for death and/ or physical injuries of the workers of the Seller if it was a consequence of infringement of safety precautions regulations.

9.3. In any case of receiving that the Seller's technicians are physically injured, the Buyer must assist in rendering the first medical aid.

ARTICLE 10. PENALTIES

10.1. In case of delays in delivery through the Seller's fault for more than thirty (30) calendar days, the Seller shall pay to the Buyer a penalty of 0.05% of the amount of cost of so delayed Equipment for each delayed day.

10.2. In case of a delay on the Seller's fault to execute the obligations of delivery, more than sixty (60) calendar days, the Buyer is entitled to terminate the Contract unilaterally. Thus the Seller is obliged to return to the Buyer the all paid money under the Contract within thirty (30) working days after the date of receipt of the notice in writing of the Buyer about unilateral cancellation of the Contract.

和损害，以及任何其他损失和利润损失。

9.2. 当卖方人员在买方工厂区域工作时，买方应承担保护责任；但如果是违反安全防范规定的后果，买方不承担卖方工人的死亡和/或人身伤害的责任。

9.3. 在收到卖方的技术人员身体受伤的任何情况下，买方必须协助提供首次医疗援助。

第十条 处罚

10.1. 如果因卖方的过错而延迟交付超过三十（30）个日历天，卖方应向买方支付该延迟设备费用的0.05%的罚款。

10.2. 如果卖方未能履行交货义务超过六十（60）个日历天，买方有权单方面终止本合同。因此，卖方有义务在收到买方单方面解除合同的书面通知之日起三十（30）个工作日内将合同项下的所有款项返还给买方。

10. 3. In case of delay on the Buyer´s fault to pay for the Equipment according to Article 3 of the Contract for more than thirty (30) calendar days, the Buyer shall pay to the Seller the penalty at the rate of 0, 05 % of the sum of so delayed amount per day of payment delay. In this case, the Seller's relevant obligations may be delayed accordingly.

10. 4. In case of delay on the Buyer´s fault to pay for the Equipment according to Article 3 of the Contract for more than sixty (60) calendar days, the Buyer is entitled to terminate the Contract unilaterally. In this case, the Seller shall no longer bear any obligations of the Contract and shall not return the money paid by the Buyer.

10. 5. No later than five (5) working days from the date of receipt of such written notice of the Observant Party requiring for penalty, the Delinquent Party shall accept or refuse to pay the same by a notice in writing. If no response is given by the Delinquent Party within five (5) working days, the penalty shall be deemed as accepted and should be paid to the account specified for this purpose to the Observant Party.

10. 6. The fact that the Delinquent Party has paid all penalties shall not release such party from further completion of his obligations stipulated in the Contract.

10. 3. 如果买方未能根据合同第三条支付设备费用超过三十（30）个日历日，买方应向卖方支付每天延迟付款金额的0.05%的违约金。在这种情况下，卖方的相关义务可能会相应地延迟。

10. 4. 如果买方未能按合同第三条的规定支付设备费用超过六十（60）个日历天，买方有权单方面终止合同。在这种情况下，卖方不再承担合同的任何义务，不得退还买方支付的款项。

10. 5. 从收到遵守方要求处罚的书面通知之日起的五（5）个工作日内，违约方应以书面通知接受或拒绝支付该通知。如果违约方在五（5）个工作日内未作出回应，罚款应视为已接受，并应支付给遵守方为此目的指定的账户。

10. 6. 违约方已支付所有罚款，并不免除该方进一步履行合同中规定的义务。

ARTICLE 11. FORCE-MAJEURE	第十一条 不可抗力
11. 1. Neither party shall be responsible for its failure to execute all or any of its obligations hereunder if such failure is due to force majeure events, such as floods, fires, earthquakes and any other acts of God as well as hostilities, civil disorders, political revolts and strikes arising at any time upon the execution hereof.	11. 1. 任何一方均不对其未能全部或任一义务负责。如果这是由于不可抗力事件，如洪水、火灾、地震和任何其他的行为以及敌对行动、内乱、政治反抗和罢工出现在执行任何时候。
11. 2. The party so failing to perform its obligations hereunder should without delay inform the other party in writing about the commencement, duration and termination of such events, but in any case no later than 15 days following the date of commencement and termination of such events. The facts referred to in the notice must be confirmed by the Chamber of Industry or any other competent body or organization in the country where such events arise.	11. 2. 因此未能履行其在本协议项下的义务的一方应立即书面通知对方该事件的开始、持续和终止，但在任何情况下不迟于该事件开始和终止日期后的 15 天。通知中提及的事实必须得到工业商会或发生此类事件的国家的任何其他主管机构或组织的确认。
11. 3. In case of such notice from any one of the Parties regarding any force majeure events, the term fixed for the execution of the Contract shall be automatically prolonged for a period of time equal to that of such force majeure events, but in no excess of 30 calendar days.	11. 3. 如果任何一方通知不可抗力事件，本合同的执行期限应自动延长，延长时间与不可抗力事件相同，但不超过 30 个日历天。
11. 4. If force majeure events last more than 15 days in succession, representatives of the Seller and the Buyer shall consult each other and decide on steps to be taken to provide for further execution of obligations to be completed hereunder.	11. 4. 如果不可抗力事件连续超过 15 天，卖方和买方代表应相互协商，决定采取措施进一步履行本协议项下的义务。

ARTICLE 12. ARBITRATION, APPLICA-BLE LAW AND JURISDICTION

12. 1. All disputes and disagreements arising out of the Contract or in connection with it shall be settled through amicable negotiations between the Parties.

12. 2. If the Parties fail to reach any agreement, the dispute shall be referred to the International Commercial Court of Arbitration under the Chamber of Commerce and Industry in Stockholm, Sweden, whose awards shall be final and binding for both Parties.

12. 3. It is agreed that in the arbitration procedure there shall be applied the Regulations of the International Commercial Court of Arbitration of the Chamber of Commerce and Industry in Stockholm, Sweden. In the resolution of disputes, the Parties shall apply the financial law of Swiss. The Parties shall apply to the International Commercial Court of Arbitration under the Chamber of Commerce and Industry in Stockholm, Sweden, should any dispute arise in relation to a short delivery and the quality of the products, payments for the Equipment, exaction of any losses and penalties, or failure to execute, or inadequate execution of, obligations hereunder.

12. 4. It is agreed that disputes shall be settled and awards shall be issued by one and

第 12 条　仲裁、适用的法律和司法管辖权

12.1. 因本合同或与本合同有关的所有争议和分歧，应经双方友好协商解决。

12.2. 如果双方未能达成任何协议，争议应提交瑞典斯德哥尔摩商会国际商事仲裁法院，该仲裁裁决为最终裁决，对双方均具有约束力。

12.3. 双方同意，在仲裁程序中应适用瑞典斯德哥尔摩工商会国际商事仲裁法庭条例。在解决争议时，双方应适用瑞士的金融法。如果就短交货和产品质量、设备付款、任何损失和罚款的要求、未能履行或未履行本协议项下的义务发生任何争议，双方应向瑞典斯德哥尔摩工商会下的国际商事法庭提出申请。

12.4. 双方同意解决争议，并由同一名仲裁员作出裁决。如

the same arbitrator. If the Parties fail to appoint the arbitrator within 40 days, such arbitrator shall be appointed by the Chairman. All arbitration costs and expenses shall be covered and borne by the party to the arbitration.	果双方未能在 40 天内指定仲裁员，该仲裁员应由主席指定。所有仲裁费用和费用应由仲裁方承担。
12.5. The language in which all disputes shall be considered shall be English.	12.5. 应考虑所有争议的语言应为英语。
ARTICLE 13. GENERAL PROVISIONS	第十三条 一般规定
13.1. All amendments, alterations, modifications and additions to the Contract shall be valid and effective only if the same have been executed in writing and duly signed by the Parties.	13.1. 本合同的所有修改、变更、修改和补充只有在双方书面签署并经双方正式签署后才有效。
13.2. The Seller may not assign, delegate or transfer any of his rights and obligations hereunder without the prior consent of the Buyer.	13.2. 未经买方事先同意，卖方不得转让、委托或转让其在本协议项下的任何权利和义务。
13.3. All attachments, appendixes and schedules enclosed hereto shall be incorporated as an integral part hereof.	13.3. 本协议的所有附件、附录和附件应作为本协议的组成部分。
13.4. This Contract is made in English in 2 original copies, each has same validity. And each party shall retain one of the copies.	13.4. 本合同英文正本一式两份，每份同等有效。双方各保留一份。
13.5. This Contract becomes effective from the date when both signed by the Parties.	13.5. 本合同自双方签字之日起生效。
13.6. This Contract shall be valid as of the date of its execution and shall remain in effect and force until the expiry of the warranty period specified in the Art. 8 hereof, except for arbitration reservation that shall apply prior to the expiry of the period during which any claims may be brought hereunder.	13.6. 本合同自签订之日起生效，并一直有效至第 8 条规定的保修期届满为止，在本协议提出索赔期满之前适用的仲裁保留除外。

SELLER： SHANGHAI XXX GRAIN & OIL ENGI-NEERING AND TECHNOLOGY CO. , LTD. 　　Add. ：Fl. 26, Bldg. B, JIMAO Mansion, No. 100 HUAIHAI Road, SHANGHAI, 　　P. R. of China. 　　Tel. +86 - 21 - 66666666, Fax. +86-21- 88888888,	卖方： 上海 AAA 粮油工程技术有限公司 地址：中国上海市淮海路 100号金茂大厦 B 座 26 层 Tel. +86-21- 66666666, Fax. +86-21- 88888888,
BUYER： AAA INTERNACIONAL DE MEXICO S. A. de C. V. 　　P. O. BOX. 860, 　　MEXICO 　　Tel. 　　　　　Fax.	买方： 墨西哥 XXX 公司 P. O. BOX. 860, 墨西哥 Tel. 　　　　　Fax.

农产品合同

CONTRACT	合同
Enschede, March 11, 2021	恩斯赫德，2021 年 3 月 11 日
We herewith confirm having concluded the following transaction under contract number PO-21.1771, subject to the terms and conditions set forth in this agreement:	根据本协议中规定的条款和条件，我们确认按照合同编号 PO-21.1771 完成以下交易：

1. Buyer: XXX B. V.
        Enschede, Netherlands
2. Seller: BEIJING XXX CO. LTD
        BEIJING, China
3. Quantity: 10 x 20 container of about 18 Metric Tons each, total about 180 MT
	1. 买方：荷兰 XXX 公司
	        荷兰恩斯赫德
	2. 卖方：北京 XXX 有限公司
	        中国北京
	3. 数量：10 x 20 规格的集装箱，每个约 18 公吨，总计约 180 公吨

4. Commodity: Chinese Hulled Sunflowerkernels, Confectionary Grade 5. Specifications: Crop2020/2021, Double Cleaned Quality Moisture: 7.5 % max. Purity: 99.95 % min. Impurities: 0.05 % max. Broken kernels: 10.0 % max. Absolutely free from stones, glass, metal pieces, plastic, wood and other injurious impurities hazardous to human health, sound and merchantable quality, fit for human consumption, free of alive and dead weevils, fumigated at the time of shipment in containers	4. 商品：中国脱壳葵花仁，糖果级 5. 产品规格：2020/2021 年产，双倍清洗质量 水分：最高7.5 %。 纯度：99.95 % min。 杂质：最多0.05 %。 破碎的籽粒：最多为10.0 %。 绝对不含石头、玻璃、金属制品、塑料、木材和其他有害人体健康的有害杂质，声音和商品质量，适合人类食用，不含活的和死的象鼻虫，在集装箱运输时熏蒸

6. Packing: in new strong multiply paper bags of 25 kg or 50 lbs net weight, at buyers option, suitable for ocean transport and ports handling	6. 包装：采用 25 公斤或 50 磅净重的新型强力多重纸袋，供买家选择，适合海运和港口处理
7. Marks on bags:	7. 袋子上的标记：
Hulled Sunflowerkernels	脱壳葵花仁
25 kg net or 50 lbs net（depends on packing）	25 公斤净或 50 磅净（取决于包装）
PO-1771 / expiry date（to be printed with 18 months from shipment month, May shipment to show 11-2022 as expiry etc）	PO-1771 /有效期（从装运月份起 18 个月内，5 月装运显示 2022 年 11 月到期等）
Store in a cool and dry place	储存在阴凉干燥的地方
（No other marks to appear）	（不显示其他标记）
8. Price: USD 1325（one thousand three hundred and twenty five US Dollars only）per Net Metric Ton CFR Rotterdam	8. 价格：每吨净公吨 1325 美元，到岸价荷兰鹿特丹港
9. Shipment: May – September 2021, 2 containers to be shipped per month	9. 装运：2021 年 5 月至 9 月，每月运送 2 个集装箱
10. Payment: Cash against documents	10. 付款：托收
11. Insuranc: To be covered by buyers upon loading on vessel	11. 保险：由买方在货已装船时投保
12. Arbitration: Disputes that cannot be settled amicably will be referred to arbitration by FOSFA in London, UK, as per FOSFA contract number 13	12. 仲裁：无法友好解决的争议将由 FOSFA 机构在英国伦敦根据 FOSFA 合同编号 13 提交仲裁
13. Other terms and Conditions: At least 20 kg of silica gel to be placed in each container to avoid moisture condensation. During July – August – September, please increase silica gel	13. 其他条款和条件：每个集装箱中至少放置 20 公斤硅胶，以避免水分凝结。在 7 月 -8 月 -9 月期间，请将硅胶增加

to 30 kgs and place carton along the walls and top of the bags to reduce the risk of condensation.	至 30 公斤，并在墙壁和袋子顶部放置纸箱，以减少冷凝的风险。
14. Destination：Rotterdam, Holland	14. 目的地：荷兰鹿特丹
15. Documents to be presented：	15. 向银行提交的单据如下：
Signed commercial invoice	已签署的商业发票
Full set shipped clean on board, dated, signed and stamped, ocean Bills of Lading, mentioning freight prepaid and notifybuyer with full address	全套海运提单，注明日期，已签字和盖章，显示运费已付，通知栏写买方公司并注有地址
Weight and quality certificate issued by CIQ	CIQ 颁发的重量和质量证书
Certificate of origin Form – A issued by Chamber of Commerce	由商会签发的 Form–A 原产地证书
Fumigation certificate issued by CIQ to mention fumigation took place in FCL′s and fumigation treatment：Aluminium Phosphide	CIQ 颁发的熏蒸证书，证明集装箱已被磷化铝熏蒸处理
Phytosanitary certificate issued by CIQ	由 CIQ 颁发的植物检疫证书
Please sign and return, the validity of this contract is unaffected by the non–return of the countersigned.	请签字并返还，本合同的有效期不受会签人不返还的影响。
BUYER SELLER	买方 卖方

后　记

依靠完善的合同保护企业合法权益，这是本书的宗旨。其前提是国家的法治，即良法善治。首先是国家要有制定得很好的法律制度，要有良法，做到"有法可依"。否则，社会没有规则，只靠拳头（权力、势力）解决问题，那么，再完善的合同也无法保护企业合法的权益。良法的标准是什么？一是作为上层建筑的组成部分，要适合生产力发展的需要，能够促进生产力的发展和社会的进步。二是从价值方面能够体现公平、正义，抑恶扬善，符合最广大人民群众追求幸福生活的需要。三是从立法技术方面，要简洁明了，便于理解和执行；具有法的安定性，给社会创造稳定的预期；具有谦抑性，不滥用国家强制力。

其次，在有良法的前提下，还需要善治。即这些制定得良好的法律制度得到全体国民很好的遵守。一方面，这需要国家强制力保证法律的实施。另一方面，需要对国民进行法律知识的普及和教化，让国民养成自觉遵纪守法的习惯。

在合同法领域，诚实信用是基础。企业能够在经济交往中重合同、守信用，就能不断提升自己的信用水平，获得更多社会好评和更多优质的合作伙伴。否则，企业接连违约，将导致资信急遽降低，不仅会大大提高企业的融资成本、导致企业股票债券等金融资产价值缩水，还会吓跑企业的合作伙伴、投资人，让企业付出惨痛的代价。

然而，法律不会主动维护企业被侵犯的权利，还需要企业有斗争的意志，依法维护自己的合法权益。而合同就是这种斗争的武器。"契约精神"也包含为合同权利而斗争的精神。

图书在版编目（CIP）数据

企业合同管理法律实务应用全书／戚庆余，胡朝阳
著 . —北京：中国法制出版社，2024.1
（企业合规管理指南丛书）
ISBN 978-7-5216-3270-5

Ⅰ.①企… Ⅱ.①戚… ②胡… Ⅲ.①企业—经济合
同—合同法—基本知识—中国 Ⅳ.①D923.6

中国国家版本馆 CIP 数据核字（2023）第 026279 号

责任编辑：韩璐玮（hanluwei666@163.com）　　　　　　　封面设计：周黎明

企业合同管理法律实务应用全书
QIYE HETONG GUANLI FALÜ SHIWU YINGYONG QUANSHU

著者/戚庆余，胡朝阳
经销/新华书店
印刷/三河市紫恒印装有限公司
开本/710 毫米×1000 毫米　16 开　　　　　　　　　　印张/ 21.5　字数/ 258 千
版次/2024 年 1 月第 1 版　　　　　　　　　　　　　　2024 年 1 月第 1 次印刷

中国法制出版社出版
书号 ISBN 978-7-5216-3270-5　　　　　　　　　　　　　定价：79.00 元

北京市西城区西便门西里甲 16 号西便门办公区
邮政编码：100053　　　　　　　　　　　　　　　　　传真：010-63141600
网址：http：//www.zgfzs.com　　　　　　　　**编辑部电话：010-63141790**
市场营销部电话：010-63141612　　　　　　　　**印务部电话：010-63141606**

（如有印装质量问题，请与本社印务部联系。）